BB
Bücher des Betriebs-Beraters

Vermögensverwaltung in Vormundschafts- und Nachlaßsachen

Begründet von

Rechtsanwalt Dr. Oskar Möhring

weitergeführt von

Rechtsanwalt Dr. Rolf Beisswingert

und

Rechtsanwalt Dr. Hans Klingelhöffer,

beide München

7., völlig neubearbeitete Auflage 1992

Verlag Recht und Wirtschaft GmbH
Heidelberg

1. Auflage 1939
3. Auflage 1943
4. Auflage 1955
5. Auflage 1963 · ISBN 3-8005-6128-X
6. Auflage 1981 · ISBN 3-8005-6131-X
7. Auflage 1992 · ISBN 3-8005-1041-3

Die Deutsche Bibliothek − CIP-Einheitsaufnahme

Möhring, Oskar:

Vermögensverwaltung in Vormundschafts- und Nachlaßsachen / begr. von Oskar Möhring. − 7., völlig neubearb. Aufl. / weitergeführt von Rolf Beisswingert und Hans Klingelhöffer. − Heidelberg : Verl. Recht und Wirtschaft, 1992

(Bücher des Betriebs-Beraters)
ISBN 3-8005-1041-3

NE: Beisswingert, Rolf [Bearb.]

ISBN 3-8005-1041-3

© 1991 Verlag Recht und Wirtschaft GmbH, Heidelberg

Das Werk einschließlich aller seiner Teile ist urheberrechtlich geschützt. Jede Verwertung außerhalb der engen Grenzen des Urheberrechtsgesetzes ist ohne Zustimmung des Verlages unzulässig und strafbar. Das gilt insbesondere für Vervielfältigungen, Übersetzungen, Mikroverfilmungen und die Einspeicherung und Verarbeitung in elektronischen Systemen.

Satz: Lichtsatz Michael Glaese GmbH, 6944 Hemsbach

Offsetdruck: Druckerei Schmich KG, 6915 Dossenheim b. Heidelberg

Buchbinderische Verarbeitung: Josef Spinner Großbuchbinderei GmbH, 7583 Ottersweier

∞ Gedruckt auf säurefreiem, alterungsbeständigem Papier nach ANSI-Norm

Printed in Germany

Vorwort

Oskar Möhring, der im Jahre 1984 verstorbene Begründer dieses Werkes, hatte die 6. Auflage 1981 vorgelegt. Die Verfasser, die mit Oskar Möhring lange Jahre zusammengearbeitet haben, führen das Werk fort und stellen nunmehr die 7. Auflage vor.

Der Text ist in zahlreichen Passagen völlig überarbeitet, ergänzt und aktualisiert. Dies gilt insbesondere für die Kapitel „Testamentsvollstreckung" und „Vergütung des Testamentsvollstreckers". Neu ist das Kapitel „Der Vermögensverwalter im Steuerrecht".

Der Text stellt den Rechtszustand zum 1. 1. 1992 dar, berücksichtigt also bereits das neue Betreuungsgesetz. Ausführungen über die Vormundschaft über Volljährige und die Zwangspflegschaft sind nicht mehr enthalten. Ebenso war es nicht mehr nötig, die früher sehr umfangreiche Rechtsprechung zur Vergütung des Vormunds und Pflegers darzustellen, da nunmehr eine gesetzliche Regelung vorliegt.

Das Buch ist für die Praxis bestimmt. Es verwertet die Rechtsprechung bis Mai 1991 und die anwaltliche Praxis der Verfasser. Das Schrifttum wird jeweils unabgekürzt bei den einzelnen Fundstellen zitiert.

Da gerade die Vermögensverwaltung durch die Praxis geprägt ist, sind die Verfasser für Hinweise, Erfahrungen und Kritik der Leser dankbar.

München, im Juli 1991

Rolf Beisswingert
Hans Klingelhöffer

Inhaltsverzeichnis

Abkürzungsverzeichnis 18

A. Grundsätze des Vormundschaftsrechts

- I. Einführung 21
- II. Die Stellung des Vormunds, Betreuers und Pflegers innerhalb des Systems der öffentlichen Fürsorge 22
  1. Doppelgleisigkeit des vormundschaftlichen Amtes.... 22
  2. Grundsatz der Selbständigkeit bei Ausübung des Amtes von Vormund, Betreuer und Pfleger 23
- III. Arten der Vormundschaft 25
  1. Alleinvormund und Mitvormund; Einzelbetreuer und mehrere Betreuer 25
  2. Vormund und Gegenvormund 27
  3. Vormundschaft über Minderjährige und Betreuung... 29
- IV. Auswahl des Vormunds und Betreuers 30
  1. Grundsatz 30
  2. Ermessens- und Beurteilungsspielraum bei der Auswahl des Vormunds 31
  3. Der berufene Vormund und Betreuer 32
  4. Verwandtenprivileg gemäß § 1779 Abs. 2 33
  5. Religiöses Bekenntnis, Zugehörigkeit zu einer politischen Gruppe und gesellschaftliche Stellung des Vormunds 34
  6. Verwaltung von größeren Vermögensmassen, insbesondere von Industrie- und Handelsunternehmen 34
  7. Ausschlußgründe bei der Auswahl des Vermögensverwalters 35
  8. Abweichende Auswahlgrundsätze für besondere Pflegschaften 36
  9. Ablehnung einer Vormundschaft oder Betreuung 36
- V. Das Verhältnis von Vormund und Mündel (Betreuer und Betreuter) bei der Vermögensverwaltung 37
  1. Das Interesse des Mündels 37

	2. Haftung des Mündels für den Vormund gemäß § 278	38
	3. Einstehenmüssen des Mündels für den Vormund gemäß § 254	38
VI.	**Vormund, Betreuer und Vormundschaftsgericht**	41
	1. Vormundschaftsrichter und Rechtspfleger	41
	2. Bestellung des Vormunds und Betreuers	41
	a) Allgemeines	41
	b) Bestellung zum Vormund unter Vorbehalt	42
	c) Rechtliche Bedeutung der Bestallungsurkunde	42
	3. Unterstützung und Beratung des Vormunds durch das Vormundschaftsgericht	43
	4. Entlassung des Vormunds oder Betreuers	44
	5. Haftung des Vormundschaftsgerichts	45
VII.	**Der Vormund/Betreuer als gesetzlicher Vertreter des Mündels/Betreuten**	46
	1. Allgemeines	46
	2. Beschränkungen der Vertretungsmacht	46
	a) Höchstpersönliche Rechtsgeschäfte des Mündels	47
	b) Willenserklärungen gemäß §§ 112, 113	47
	c) Interessenkollision und Konfessionsverschiedenheit zwischen Mündel und Vormund	47
	d) Schenkungen des Vormunds aus dem Mündelvermögen	48
	e) Erteilung von Vollmachten an Dritte durch den Vormund	49
	f) Dauerwirkung von Vollmachten über das Ende der Vormundschaft hinaus	51
	g) Gesetzlicher Ausschluß der Vertretungsmacht des Vormunds wegen Interessenkollision sowie das Verbot des Selbstkontrahierens	52
	aa) Rechtsgeschäfte zwischen dem Ehegatten und den Verwandten des Vormunds einerseits und dem Mündel andererseits (§ 1795 Abs. 1 Nr. 1)	52
	bb) Rechtsgeschäfte zwischen Vormund und Mündel hinsichtlich durch Real- und Personalsicherheiten gesicherter Forderungen des Mündels gegen den Vormund (§ 1795 Abs. 1 Nr. 2)	53
	cc) Begriff des Rechtsstreits im Sinne von § 1795 Abs. 1 Nr. 3	54

dd) Verbot des Selbstkontrahierens gemäß §§ 1795 Abs. 2, 181 55
ee) Der Mündel in einer Erbengemeinschaft 57
3. Die Haftung des Vormunds (Betreuers) gegenüber dem Mündel (Betreuten) 58

B. Vermögenssorge des Vormunds bei der Verwaltung des Mündelvermögens

I. Grundsätze der vormundschaftlichen Vermögensverwaltung   63
    1. Der Begriff der wirtschaftlichen Vermögensverwaltung 63
    2. Der Vormund als Vermögensverwalter 64

II. Bestandsaufnahme des Mündelvermögens und Prüfungspflicht bei Übernahme der Vermögensverwaltung 65

III. Die laufende Verwaltung des Mündelvermögens 71
    1. Periodische Rechnungslegung für das verwaltete Mündelvermögen 71
    2. Die Rechnungslegung im einzelnen 73
       a) Schema der geordneten Gegenüberstellung von Einnahmen und Ausgaben 73
       b) Rechnungslegung bei einem Handelsgewerbe durch eine Bilanz sowie Erstellung einer Geldverkehrsrechnung 76
    3. Verschiedene Vermögensmassen (Geschäfts- und Privatvermögen sowie Anwartschaften) 77
    4. Schema einer Geldverkehrsrechnung 77
    5. Die formelle und materielle Prüfung der Rechnungslegung durch das Vormundschaftsgericht 79
    6. Gerichtliche Prüfung der Schlußrechnung 81
       a) Mitwirkungsbefugnisse des Vormundschaftsgerichts bei Abgabe der Schlußrechnung 81
       b) Herausgabe des Mündelvermögens an den Vormund 82
       c) Entlastungserklärung des Mündels 83
    7. Rechtliche Nachwirkungen über das Ende der Vormundschaft hinaus 84

IV. Anlage des Mündelvermögens ... 85
1. Prüfung bei Übernahme der Verwaltung ... 85
2. Schuldentilgung ... 86
3. Haushaltsführung ... 86
4. Allgemeine Anlagegrundsätze, insbesondere mündelsichere Werte ... 87
5. Anlage in Grundbesitz ... 90
6. Geschäftskauf oder Beteiligung ... 91

C. Die vormundschaftsgerichtliche Genehmigung

I. Wesen, Inhalt und Wirkung der Genehmigung ... 92
1. Das Verfahren bis zur Entscheidung über die Genehmigung ... 92
2. Inhalt und Form der Genehmigung ... 94
   a) Verhältnis von Rechtsgeschäft und Genehmigung ... 94
   b) Schlüssiges Verhalten ... 94
   c) Vor- und Nachgenehmigung ... 95
3. Das Negativattest ... 96

II. Genehmigung unter Auflagen oder Bedingungen ... 97

III. Wirkung und Wirksamkeit der Genehmigung ... 98
1. Bestandskraft ... 98
2. Kausal- und Erfüllungsgeschäft ... 98
3. Genehmigung bei Geldanlage ... 99
4. Rechtsbehelfe ... 99

IV. Verhältnis zu anderen Genehmigungen ... 100

V. Genehmigung einseitiger Rechtsgeschäfte ... 101

VI. Mitteilung der Genehmigung an den Vertragspartner ... 102

VII. Notwendigkeit der Genehmigung bei einzelnen Rechtsgeschäften ... 103
1. Allgemeines ... 103
2. Wertpapierdepot ... 103
3. Grundstücksgeschäfte ... 103
4. Erwerbsgeschäft und Gesellschaftsvertrag ... 104
5. Treuhandschaft ... 106

6. Kreditaufnahme 106
7. Bürgschaften 107
8. Betreuung und vormundschaftsgerichtliche
   Genehmigung 107

D. Pflegschaften des Familienrechts

1. Allgemeines 108
2. Die einzelnen Pflegschaften 108
   a) Ergänzungspflegschaft 108
   b) Abwesenheitspflegschaft 110
   c) Pflegschaft für eine Leibesfrucht 111
   d) Pflegschaft für unbekannte Beteiligte 111
   e) Pflegschaft für Sammelvermögen 111
   f) Beistandschaft 112

E. Nachlaßpflegschaft

I. **Verwaltung durch den Nachlaßpfleger** 113
   1. Inhalt und Bedeutung der Nachlaßpflegschaft 113
   2. Aufgaben des Nachlaßpflegers 116
   3. Dürftige Nachlässe 119
II. **Voraussetzungen der Anordnung** 120
   1. Der Nachlaß vor der Annahme der Erbschaft 120
      a) Sicherungsmaßnahmen 120
      b) Ungewißheit des Erbes 122
      c) Antrag eines Nachlaßgläubigers 122
      d) Uneinigkeit von Miterben 123
   2. Zuständigkeit, Beschwerdeverfahren 124
   3. Nachlaßpflegschaft in Fällen mit Auslandsberührung . 124
III. **Der Nachlaßpfleger zwischen Gericht, Erben und Gläubigern** 126
   1. Nachlaßpfleger und Nachlaßgericht 126
   2. Nachlaßpfleger und Erbe 127
   3. Nachlaßpfleger und Nachlaßgläubiger 128

Inhaltsverzeichnis

- IV. **Der Nachlaßpfleger im Rechtsstreit** ... 129
- V. **Aufhebung der Nachlaßpflegschaft** ... 130
  1. Voraussetzungen ... 130
  2. Beschwerderecht ... 130
  3. Wirkungen der Aufhebung ... 131
- VI. **Verhältnis der Nachlaßpflegschaft zu anderen Pflegschaftsarten** ... 132

F. Nachlaßverwaltung

- I. **Information des Erben über sein Haftungsrisiko** ... 134
  1. Aufgebot der Nachlaßgläubiger ... 134
  2. Aufschiebende Einrede ... 135
  3. Inventarerrichtung (Inhalt und Rechtsfolgen) ... 136
  4. Beschränkung der Haftung auf den Nachlaß ... 137
- II. **Nachlaßverwaltung und Nachlaßverwalter** ... 137
  1. Verhältnis zum Nachlaßkonkurs ... 137
  2. Keine Konfusion von Recht und Verbindlichkeit ... 138
  3. Vorherige Verwaltungshandlungen des Erben ... 138
  4. Grundsätze der Nachlaßverwaltung ... 139
  5. Grundsätze für die Auswahl des Nachlaßverwalters ... 139
- III. **Verfahrensrecht** ... 140
  1. Antrag ... 140
  2. Anordnung und Ablehnung des Antrags auf Nachlaßverwaltung ... 140
  3. Beschwerdemöglichkeiten ... 142
  4. Notwendigkeit und Inhalt der Bekanntmachung ... 143
  5. Kostenvorschuß ... 143
  6. Wirkung der Anordnung auf den Zivilprozeß ... 143
  7. Grundbuchrechtliche Fragen ... 145
- IV. **Inlandsnachlaß bei ausländischem Erbstatut** ... 145
- V. **Aufgaben und Tätigkeit des Nachlaßverwalters** ... 145
  1. Sammlung des Nachlasses ... 145
  2. Bedeutung der Trennung von Privatvermögen des Erben und Nachlaß ... 146

Inhaltsverzeichnis

	3. Berichtigung von Nachlaßverbindlichkeiten	148
	4. Aufrechnung gegenüber einer Nachlaßforderung	149
VI.	**Rechte und Pflichten des Nachlaßverwalters**	151
	1. Ansprüche des Nachlaßverwalters	151
	2. Befriedigung der Nachlaßverbindlichkeiten durch Versilberung des Nachlasses	151
	3. Der Nachlaßverwalter als Interessenwahrer der Nachlaßgläubiger und der Erben; Aufsicht des Nachlaßgerichts	153
	a) Unterstützung und Aufsicht des Nachlaßgerichts ..	153
	b) Der Nachlaßverwalter als Interessenwahrer der Nachlaßgläubiger	154
	c) Das Rechtsverhältnis zwischen Nachlaßverwalter und Erben	155
	aa) Der Nachlaßverwalter als Vertreter des Erben oder Partei kraft Amtes	155
	bb) Der Erbe und die gewillkürte Prozeßstandschaft des Nachlaßverwalters	156
	cc) Haftung des Nachlaßverwalters gemäß §§ 1915, 1833	156
VII.	**Beendigung der Nachlaßverwaltung**	157
VIII.	**Vergleichsverfahren**	161
IX.	**Nachlaßkonkursverfahren**	162

G. Testamentsvollstreckung

I.	**Allgemeines, Bedeutung, Abgrenzung**	165
II.	**Anordnung der Testamentsvollstreckung durch Erklärung des Erblassers**	166
	1. Form der Ernennung	166
	2. Persönliche Voraussetzungen für das Amt des Testamentsvollstreckers	169
	3. Beschränkungen und Erweiterungen der Testamentsvollstreckung	170
III.	**Die rechtliche Stellung des Testamentsvollstreckers**	172
	1. Grundsatz	172

13

Inhaltsverzeichnis

	2. Insbesondere: Vorerben- und Nacherben-Testamentsvollstrecker............................	172
	3. Der Testamentsvollstrecker als treuhänderischer Vermögensverwalter des Nachlasses; Nachlaß als Sondervermögen	174
	4. Der Testamentsvollstrecker im Prozeß	175
	5. Testamentsvollstreckung und Vollmacht............	175
IV.	**Beginn der Testamentsvollstreckung**	177
	1. Annahme und Ablehnung des Amtes...............	177
	2. Das Testamentsvollstreckerzeugnis	177
	3. Eintragung der Testamentsvollstreckung in öffentliche Register..	178
	a) Handelsregister	178
	b) Grundbuch	179
	4. In-Sich-Geschäfte des Testamentsvollstreckers	180
V.	**Arten der Testamentsvollstreckung**	181
	1. Abwicklungsvollstreckung	181
	2. Anordnung eines Auseinandersetzungsverbotes	182
	3. Schenkungen des Testamentsvollstreckers	183
	4. Verwaltungsvollstreckung........................	184
	a) Grundsatz	184
	b) Testamentsvollstreckung bei Einzelunternehmen ...	184
	c) Testamentsvollstreckung bei Personengesellschaften	185
	d) Verwaltung von GmbH-Anteilen	187
	5. Dauertestamentsvollstreckung	188
	6. Vermächtnis-Testamentsvollstreckung	189
	7. Sonstige Aufgaben des Testamentsvollstreckers; Verhältnis zu den Erben............................	190
	8. Vermögensanlage durch den Testamentsvollstrecker...	191
	9. Die Auseinandersetzung unter den Miterben.........	191
	10. Rechnungslegung	192
VI.	**Ende des Testamentsvollstreckeramtes**	192
	1. Faktisches Erlöschen............................	192
	2. Kündigung durch den Testamentsvollstrecker	193
	3. Entlassung des Testamentsvollstreckers	194

VII. Die Testamentsvollstreckung in der Praxis des Internationalen Privatrechts ... 196
1. Grundsatz ... 196
2. Hinweise für die Gestaltung von letztwilligen Verfügungen ... 197
3. Zuständigkeit des Nachlaßgerichts gemäß § 2200 ... 198

H. Vergütung des Vermögensverwalters

I. Allgemeines ... 199
II. Aufwendungsersatz und Vergütung im Vormundschaftsrecht ... 200
1. Gesetzliche Grundlage ... 200
2. Aufwendungen des Vermögensverwalters ... 200
3. Spezielle gesetzlich geregelte Aufwendungen ... 202
4. Fristen ... 203

III. Höhe der Vergütung des Vormundes (Pflegers, Betreuers) ... 204
1. Gesetzliche Regelung ... 204
2. Die Ermittlung der Vergütung ... 204
3. Vertragliche Abreden über die Vergütung ... 207
4. Vergütungsanspruch bei fehlerhafter Bestellung ... 207
5. Vergütung des Gegenvormunds ... 208
6. Vergütung des Beistandes ... 209
7. Verfahrensrechtliche Fragen ... 209

IV. Nachlaßpflegschaft ... 210
1. Kosten der Nachlaßpflegschaft ... 210
2. Vergütung des Nachlaßpflegers ... 210
   a) Grundsatz ... 210
   b) Vertragliche Vereinbarungen ... 211
   c) Höhe der Vergütung ... 211
3. Aufwendungsersatzanspruch des Nachlaßpflegers ... 212
   a) Grundsatz ... 212
   b) Probleme bei Grundbesitz ... 212
   c) Schuldner des Anspruches auf Aufwendungsersatz ... 213
4. Verfahren hinsichtlich der Ansprüche des Nachlaßpflegers auf Auslagenersatz und Vergütung ... 213

Inhaltsverzeichnis

	a) Grundsatz	213
	b) Festsetzung der Vergütung durch das Nachlaßgericht	214
5.	Internationales Privatrecht	215
V.	**Nachlaßverwalter**	215
1.	Gesetzlich statuierter Vergütungsanspruch	215
2.	Höhe der Vergütung	216
3.	Verfahren	217
VI.	**Die Vergütung des Testamentsvollstreckers**	218
1.	Einführung	218
2.	Höhe der Vergütung	219
	a) Bestimmung durch den Erblasser	219
	b) Vereinbarung mit den Erben	219
	c) Höhe der Vergütung bei Fehlen einer Bestimmung durch den Erblasser oder einer Vereinbarung	220
	aa) Arten der Vergütung	220
	bb) Allgemeine Grundsätze für die Ermittlung der Vergütung	222
	cc) Berechnung der Vergütung	222
	dd) Tabelle der Richtsätze für die Vergütung von Testamentsvollstreckern	224
3.	Testamentsvollstrecker mit Führungsaufgaben	231
4.	Aufwendungsersatz	233
	a) Allgemeines	233
	b) Insbesondere: Prozeßkosten	234
5.	Herausgabe von durch Dritte gezahlten Honorars?	234
6.	Mehrwertsteuer	235
7.	Fälligkeit, Geltendmachung und Entnahme der Vergütung	236
8.	Mehrere Testamentsvollstrecker	237
9.	Vergütungsansprüche des vermeintlichen Testamentsvollstreckers	238

I. Der Vermögensverwalter im Steuerrecht

I.	Steuerliche Pflichten des Vermögensverwalters	239
1.	Steuerliche Pflichten der gesetzlichen Vertreter	239

2. Steuerliche Pflichten der Vermögensverwalter 240
II. **Steuerliche Behandlung der Vergütung des Vermögensverwalters bei seiner eigenen Besteuerung** 243
    1. Einkommensteuer 243
    2. Umsatzsteuer 244
III. **Steuerliche Abzugsfähigkeit der Vergütung des Testamentsvollstreckers** 245
    1. Erbschaftsteuer 245
    2. Einkommensteuer 246
    3. Zusammenfassung 248

Sachregister 249

Abkürzungsverzeichnis

a. A.	anderer Ansicht
a. a. O.	am angegebenen Ort
AktG	Aktiengesetz v. 6. 9. 1965
AnfG	Gesetz betr. die Anfechtung von Rechtshandlungen außerhalb des Konkursverfahrens v. 20. 5. 1898
AnwBl	Anwaltsblatt
AO	Abgabenordnung v. 16. 3. 1976
BayerNO	Bayerische Nachlaßordnung
BayObLG	Bayerisches Oberstes Landesgericht
BayObLGZ	Entscheidungen des Bayerischen Obersten Landesgerichts in Zivilsachen
BB	Betriebs-Berater
BFH	Bundesfinanzhof
BGB	Bürgerliches Gesetzbuch v. 18. 8. 1896
BGBl	Bundesgesetzblatt
BGH	Bundesgerichtshof
BGHZ	Entscheidungen des Bundesgerichtshofes in Zivilsachen
BRAGO	Bundesrechtsanwaltsgebührenordnung
BStBl	Bundessteuerblatt
BT	Bundestag
BVerfG	Bundesverfassungsgericht
BVerfGE	Entscheidungen des Bundesverfassungsgerichts
BWNotZ	Mitteilungen aus der Praxis, Zeitschrift für das Notariat in Baden-Württemberg
DB	Der Betrieb
DFG	Deutsche Freiwillige Gerichtsbarkeit
DJZ	Deutsche Juristen-Zeitung
DNotZ	Deutsche Notar-Zeitschrift
DR	Deutsches Recht
DRiZ	Deutsche Richterzeitung
EFG	Entscheidungen der Finanzgerichte
EG	Europäische Gemeinschaft
EGBGB	Einführungsgesetz zum Bürgerlichen Gesetzbuch vom 18. 8. 1896
ErbStDV	Erbschaftsteuer-Durchführungsverordnung v. 19. 1. 1962

Abkürzungsverzeichnis

ErbStG	Erbschaftsteuer- und Schenkungsteuergesetz vom 17. 4. 1974
EStG	Einkommensteuergesetz v. 7. 9. 1990
FamRZ	Zeitschrift für das gesamte Familienrecht Ehe und Familie im privaten und öffentlichen Recht
FGG	Gesetz über die Angelegenheiten der freiwilligen Gerichtsbarkeit v. 17. 5. 1898
FGO	Finanzgerichtsordnung
GBO	Grundbuchverordnung v. 5. 8. 1935
GG	Grundgesetz v. 23. 5. 1949
GKG	Gerichtskostengesetz v. 26. 7. 1957
GmbH	Gesellschaft mit beschränkter Haftung
HGB	Handelsgesetzbuch v. 10. 5. 1897
HRR	Höchstrichterliche Rechtsprechung
JFG	Jahrbuch für Entscheidungen in Angelegenheiten der freiwilligen Gerichtsbarkeit und des Grundbuchrechts, herausgegeben von Viktor Ring
JMBl	Justizministerialblatt
JR	Juristische Rundschau
JurBüro	Das juristische Büro
JW	Juristische Wochenschrift
JZ	Juristenzeitung
KG	Kammergericht
KGJ	Jahrbuch für Entscheidungen des Kammergerichts in Sachen der freiwilligen Gerichtsbarkeit, in Kosten-, Stempel- und Strafsachen, herausgegeben v. Reinhold Johow und Viktor Ring
KO	Konkursordnung v. 20. 5. 1898
KostO	Kostenordnung v. 26. 7. 1957
LG	Landgericht
LM	Lindenmaier/Möhring, Nachschlagwerk des Bundesgerichtshofes
LZ	Leipziger Zeitschrift, München-Berlin-Leipzig
MDR	Monatsschrift für Deutsches Recht
MilReg	Militärregierung
MSA	Minderjährigenschutzabkommen v. 5. 10. 1961
mwN	mit weiteren Nachweisen
NJW	Neue Juristische Wochenschrift
NJW RR	NJW Rechtsprechungsreport – Zivilrecht
NWB	Neue Wirtschaftsbriefe

OGH	Oberster Gerichtshof für die britische Zone
OGHZ	Entscheidungen des Obersten Gerichtshofes für die britische Zone in Zivilsachen
OHG	Offene Handelsgesellschaft
OLG	Oberlandesgericht
OLGZ	Entscheidungen des Oberlandesgerichts in Zivilsachen
RdL	Recht der Landwirtschaft
Recht	Das Recht, Zeitschrift für den deutschen Juristenstand, Berlin
RFH	Reichsfinanzhof
RG	Reichsgericht
RGZ	Entscheidungen des Reichsgerichts in Zivilsachen
RJA	Reichsjustizamt
Rpfleger	Der deutsche Rechtspfleger
RPflG	Rechtspflegergesetz v. 15. 11. 1969
RStBl	Reichssteuerblatt
Seuff. Archiv	Archiv für die Entscheidungen der obersten Gerichte in den deutschen Staaten
SJZ	Süddeutsche Juristenzeitung
StGB	Strafgesetzbuch v. 2. 1. 1975
UStG	Umsatzsteuergesetz v. 29. 5. 1967
VglO	Vergleichsordnung v. 26. 2. 1935
VerschG	Verschollenheitsgesetz v. 15. 1. 1951
VersR	Versicherungsrecht
VStG	Vermögensteuergesetz v. 17. 4. 1974
VVG	Versicherungsvertragsgesetz v. 30. 5. 1908
WarnRspr	Rechtsprechung des Reichsgerichts auf dem Gebiete des Zivilrechts, herausgegeben von Dr. Otto Warneyer
WM	Wertpapier-Mitteilungen
ZAkDR	Zeitschrift der Akademie für Deutsches Recht
ZIP	Zeitschrift für Wirtschaftsrecht
ZPO	Zivilprozeßordnung v. 12. 9. 1950
ZuSEG	Zeugen- und Sachverständigenentschädigungsgesetz
ZVG	Zwangsversteigerungsgesetz v. 24. 3. 1897

Paragraphen ohne Gesetzesangabe sind solche des BGB.

A.
Grundsätze des Vormundschaftsrechts

I. Einführung

Die Vorauflagen dieses Buches haben – der gesetzlichen Regelung gemäß – vom Amt des Vormunds und Pflegers gesprochen. Gegenstand dieses Amtes war die Betreuung von Minderjährigen, Entmündigten und Gebrechlichen. Die praktisch größte Bedeutung kam der krankheits- und altersbedingten Pflegschaft zu.

Dieses Bild des Gesetzes und der Rechtspraxis hat sich grundlegend durch das sogenannte Betreuungsgesetz vom 12. 9. 1990[1] geändert, das das Recht der Vormundschaft und Pflegschaft für Volljährige auf eine neue Grundlage gestellt hat.

Dieses Gesetz hat das Recht der eigentlichen Vermögensverwaltung nicht geändert, sondern nur in einigen Punkten korrigiert. Gleichwohl muß man sich vor Augen halten, daß die bisher vertraute Figur des Vormunds und Pflegers – mit Ausnahme des Vormunds für Minderjährige – der Vergangenheit angehört und an seine Stelle der Betreuer getreten ist, dessen Kompetenzen flexibel nach den Bedürfnissen des Betreuten ausgestaltet sind.

Ein weiteres kommt hinzu: Ein Betreuer, also die Person, deren Funktionen früher der Vormund und der Pfleger wahrgenommen haben, darf nur bestellt werden, soweit die Betreuung erforderlich ist. Gemäß § 1896 Abs. 2 ist die Betreuung nicht erforderlich, „soweit die Angelegenheiten des Volljährigen durch einen Bevollmächtigten oder durch andere Hilfen, bei denen kein gesetzlicher Vertreter bestellt wird, ebensogut wie durch einen Betreuer besorgt werden können". Diese Bestimmung bezieht sich auf die Möglichkeit, für den Fall der Hilfsbedürftigkeit wegen eines körperlichen, geistigen oder seelischen Defektes bereits zu einem Zeitpunkt einen Vertreter zu bestellen, indem man noch gesund ist. Die Tragweite dieser Bestimmung kann gar nicht hoch genug eingeschätzt werden. Sie wird in der Praxis – nach entsprechender Aufklärungsarbeit – dazu führen, daß jeder, der einen Ehevertrag abschließt oder eine letztwillige Verfügung errichtet, gleichzeitig den Fall regeln will, wer ihn vertritt,

---

[1] BGBl 1990 I 2002.

wenn er seine Angelegenheiten nicht mehr besorgen kann. Bereits jetzt betreuen häufig Kinder, Ehegatten, Freunde und Nachbarn gebrechliche Personen und üben eine Vollmacht aus, die auf rechtlich tönernen Füßen steht, sich jedoch in der Praxis bewährt hat. Die jetzt vom Gesetz vorgesehene Vollmacht stellt die Tätigkeit der Vertrauten der gebrechlichen Person auf eine solide Grundlage und wird die bisherige Gebrechlichkeitspflegschaft und voraussichtlich auch die Betreuung in weitem Umfange überflüssig machen.

Für das Gebiet der Vermögensverwaltung bedeutet dies, daß ein großer Teil nicht mehr nach den Regeln des Vormundschaftsrechtes – sei es aufgrund direkter Anwendung, sei es aufgrund Verweisung – abgewickelt wird, sondern nach den Regeln der rechtsgeschäftlichen Vollmacht und des zugrunde liegenden Geschäftsbesorgungsvertrages. Allerdings sind der Tätigkeit des vom Betreuten eingesetzten Bevollmächtigten Grenzen gezogen, da der Aufgabenkreis des Betreuers auch darin bestehen kann, die Rechte des Betreuten gegenüber seinem Bevollmächtigten wahrzunehmen (§ 1896 Abs. 3).

Im folgenden werden der Vormund, Betreuer und Pfleger in einem Atemzuge genannt. Wenn nur kurz vom Vormund oder vom Vormundschaftsrecht die Rede ist, sind damit auch der Pfleger und Betreuer bzw. die Pflegschaft und Betreuung gemeint.

II. Die Stellung des Vormunds, Betreuers und Pflegers innerhalb des Systems der öffentlichen Fürsorge

1. Doppelgleisigkeit des vormundschaftlichen Amtes

Vormund, Pfleger und Betreuer werden als gesetzliche Vertreter der ihnen anvertrauten Personen und der ihnen zur Verwaltung überlassenen Vermögen im Rahmen der öffentlichen Fürsorge tätig. Obwohl die öffentliche Fürsorge und damit öffentlich-rechtliche Elemente das gesamte Vormundschafts-, Pflegschafts- und Betreuungsrecht bestimmen, zeigt die gesetzliche Regelung im Bürgerlichen Gesetzbuch, daß die „Ämter" von Vormund, Pfleger und Betreuer privatrechtlicher Natur sind. Diese Vermögensverwalter handeln trotz der Überlagerung ihrer Ämter durch eine öffentliche Verwaltungsaufgabe privatrechtlich. Zwischen dem Vermögensträger und seinem Verwalter besteht ein durch besondere Schutz- und

Obhutspflichten gekennzeichnetes Schuldverhältnis. Wegen der zugleich öffentlich-rechtlichen Prägung der zivilrechtlich geregelten Ämter kann im Vormundschaftsrecht von einer Verschränkung von öffentlichem und privatem Recht gesprochen werden[2]. Die Stellung von Vormund und Betreuer, nämlich das Recht und die Pflicht, als Privatmann im öffentlichen Interesse für die Person und das Vermögen des Mündels bzw. Betreuten zu sorgen (§§ 1793, 1902), kann nach der zitierten Entscheidung des Bundesverfassungsgerichts als „doppelgleisig" betrachtet werden. Vormund, Betreuer und Pfleger bekleiden die ihnen anvertrauten Ämter trotz des starken öffentlich-rechtlichen Einschlags nicht in Ausübung öffentlicher Gewalt, sie führen ihre Ämter vielmehr auf privatrechtlicher Grundlage[3]. Sie sind daher auch nicht als sogenannte beliehene Unternehmer bzw. Privatpersonen anzusehen.

Bei der Vermögensverwaltung kann eine Kollision zwischen den Grundsätzen öffentlich-rechtlicher Haushaltsführung (Erhaltung des bestehenden Vermögens und Risikovermeidung) und privatwirtschaftlichen Prinzipien einer „wirtschaftlichen Vermögensverwaltung" (so § 1811 Satz 2), das heißt Vermehrung des bestehenden Vermögens unter Übernahme eines Risikos, eintreten. Gerade die Vorschriften über die Vermögensverwaltung, insbesondere die Anlage- und Rechnungslegungsvorschriften, schrecken viele Personen ab, das private Amt des Vormunds zu übernehmen[4].

2. Grundsatz der Selbständigkeit bei Ausübung des Amtes von Vormund, Betreuer und Pfleger

Vormund, Betreuer und Pfleger üben ihre Tätigkeit selbständig und in eigener Verantwortung aus. Gleichwohl kann der Staat mit Hilfe des Vormundschaftsgerichts, der Bestellung eines Gegenvormunds (§ 1792) oder eines Gegenpflegers kontrollierend einwirken. Bei besonders einschneidenden Maßnahmen, wie der Unterbringung, bedarf der Betreuer der Genehmigung des Vormundschaftsgerichts (§ 1906 Abs. 2).

Das Gesetz statuiert nunmehr ausdrücklich eine Beratungspflicht des Vormundschaftsgerichts gegenüber Vormund und Betreuer (§ 1837 Abs. 1); daneben steht die Aufsicht des Vormundschaftsgerichts (§ 1837 Abs. 2).

---

2 BVerfG 10. 2. 1960, BVerfGE 10, 302 (326).
3 RG 31. 3. 1931, RGZ 132, 257 (259).
4 Bundestagsdrucksache 11/4528 v. 11. 5. 1989, S. 50 1. Sp.

In der Praxis geschieht es häufig, daß der Vormund bei schwierigen Problemen um eine Entscheidung des Vormundschaftsgerichts bittet, sei es, daß er sich durch die Entscheidung des Vormundschaftsgerichts von einer etwaigen Haftung freistellen will, sei es, daß er nicht ausreichende Sach- und Rechtskenntnisse besitzt. Dies widerspricht der vom Gesetz gewollten Rollenverteilung von Vormundschaftsgericht einerseits sowie Vormund und Betreuer andererseits. Das Vormundschaftsgericht kann zwar den Vormund auf Rechtsfolgen aufmerksam machen, ihm zweckmäßige Maßnahmen empfehlen, es ist aber gehindert, ihm bindende Anweisungen zu erteilen und ihn damit von der ihm kraft Gesetzes zugewiesenen Entscheidungsverantwortung zu entlasten. Innerhalb seines Aufgaben- und Pflichtenkreises müssen Vormund, Betreuer und Pfleger ihre Entscheidungen stets selbst treffen und hierfür auch die Verantwortung allein tragen.

Das Aufsichtsrecht des Vormundschaftsgerichts gemäß § 1837 erschöpft sich in der Kontrolle der Rechtmäßigkeit vormundschaftlichen Handelns; keinesfalls ist das Vormundschaftsgericht befugt, dem Vormund oder Betreuer bei Ermessensfragen bindende Anweisungen zu erteilen; es findet keine Zweckmäßigkeitskontrolle statt. Der Vormund muß also Weisungen des Vormundschaftsgerichts nicht befolgen, wenn seine Entscheidung über Vornahme oder Unterlassung einer Maßnahme noch zweckmäßig und nicht pflichtwidrig ist[5]. Handelt der Vormund willkürlich, verweigert er beispielsweise die Erfüllung eines unstreitigen Anspruchs, so kann das Vormundschaftsgericht einschreiten, um die Belastung des Mündelvermögens mit Prozeßkosten zu vermeiden. Allerdings kann dieses Einschreiten nicht darin bestehen, daß das Vormundschaftsgericht in der Sache selbst eine Entscheidung trifft noch ist es berechtigt, eine vom Vormund getroffene Entscheidung zu genehmigen oder nicht zu genehmigen; es kann nur, wenn es anderer Ansicht als der Vormund ist, seine Anschauung durch Entlassung des Vormunds Geltung verschaffen, sofern hierfür die gesetzlichen Voraussetzungen vorliegen[6].

Allerdings darf der Grundsatz der Selbständigkeit und Eigenverantwortung nicht dahin mißverstanden werden, daß damit das Vormundschaftsgericht von seiner Amtshaftung im Interesse des Fiskus entlastet wird[7].

---

5 BGH 30. 3. 1955, BGHZ 17, 106 (116).
6 BayObLG 26. 1. 1917, BayObLGZ 18, 12–16.
7 So aber RG 14. 3. 1911, RGZ 75, 230–234.

III. Arten der Vormundschaft

1. Alleinvormund und Mitvormund; Einzelbetreuer und mehrere Betreuer

Das Gesetz geht, wie sich aus den Regelungen der §§ 1775, 1899 ergibt, vom Regelfall der Einzelvormund bzw. Einzelbetreuung aus. Andere Formen der Vormundschaft und Betreuung, wie die Vereinsvormundschaft und -betreuung (§§ 1791 a, 1900), sind gegenüber der Einzelvormundschaft und -betreuung subsidiär.

Selbst wenn die Eltern von ihrem Benennungsrecht gemäß § 1776 Gebrauch gemacht und mehrere Personen zum Vormund berufen haben, steht es im freien Ermessen des Vormundschaftsgerichts, wieviele der Berufenen zum Vormund bestellt werden.

Die Vorteile einer Einzelvormundschaft bzw. Einzelbetreuung liegen in der eindeutigen Verantwortung eines Vormunds bzw. Betreuers für die Person und das Vermögen des Mündels bzw. Betreuten, weiter darin, daß Entscheidungen schneller getroffen werden können. Sind mehrere Vormünder oder Betreuer bestellt, besteht die Gefahr von Meinungsverschiedenheiten oder sonstigen Kollisionen zwischen den Berufenen bei der Personen- und Vermögensvorsorge. Es müssen daher besondere Umstände vorliegen, damit nach pflichtgemäßem Ermessen mehrere Vormünder für einen Mündel bestellt werden können.

Auf dem Gebiet der Betreuung Volljähriger kommt die Bestellung mehrerer Betreuer vor allem dann in Betracht, wenn die Eltern eines Betroffenen, insbesondere eines geistig behinderten Kindes, das volljährig geworden ist, geeignet und bereit sind, das Amt des Betreuers gemeinsam zu übernehmen. Mehrere Betreuer sind auch dann zu bestellen, wenn verschiedene Angelegenheiten des Betroffenen besondere Kenntnisse verlangen, beispielsweise dann, wenn umfangreiches und schwierig zu verwaltendes Vermögen vorhanden ist. In diesem Fall kann es geboten sein, die Sorge für die wirtschaftlichen Belange des Betroffenen einer erfahrenen Person zu übertragen, während die Sorge für die übrigen Angelegenheiten einem nahen Verwandten übertragen wird [8].

Die Bestellung eines Mitvormunds kann geboten sein, wenn das deutsche Mündel Auslandsvermögen besitzt, das der deutsche Inlandsvormund

---
[8] Bundestagsdrucksache 11/4528 v. 11. 5. 1989, S. 130.

wegen großer Entfernung vom zu verwaltenden Vermögen oder wegen mangelnder Sachkenntnis (insbesondere des ausländischen Rechts) nicht verwalten kann. Ebenso ist die Bestellung eines ausländischen Mitvormunds erforderlich, wenn Unterhaltsansprüche des Mündels gegen seinen im Ausland lebenden Vater durchgesetzt werden sollen. In diesem Fall soll ein Sondervormund mit klar abgegrenztem Tätigkeitsbereich bestellt werden. Eine Kollision zwischen Maßnahmen des für das Inland zuständigen Vormunds und des Sondervormunds, der die Belange des Mündels im Ausland wahrnimmt, ist nicht zu befürchten, „wenn in der Bestellung des Sondervormunds das ihm vorbehaltene Tätigkeitsgebiet ausdrücklich und abgrenzend vermerkt wird. Die Einsetzung eines solchen Sondervormunds für Auslandszwecke ist zwar im Gesetz nicht ausdrücklich geregelt; insoweit besteht eine Lücke, die entsprechend der Regelung über den Mitvormund, dem ein bestimmter Wirkungskreis zugewiesen werden kann, auszufüllen ist"[9]. Auch wenn die Gefahr einer Kollision aufgrund der klar abgegrenzten Tätigkeitsgebiete bei Bestellung eines Sondervormunds gering ist, sollte die Bestellung eines (ausländischen) Mitvormunds die Ausnahme bleiben, da der nach deutschem Recht bestellte Auslandsvormund nicht den notwendigen persönlichen Kontakt zum Mündel hat. Außerdem wird die Rechtsstellung des Vormunds und Betreuers häufig nicht mit vergleichbaren Instituten ausländischer Rechtsordnungen übereinstimmen.

Soweit es um die Vormundschaft über Minderjährige geht, besteht eine Regelungslücke im Gesetz nicht, und zwar wegen des Übereinkommens über die Zuständigkeit der Behörden und das anzuwendende Recht auf dem Gebiet des Schutzes von Minderjährigen vom 5. 10. 1961. Danach erstreckt sich grundsätzlich die vormundschaftliche Verwaltung auf die Person und das gesamte Vermögen des Minderjährigen, gleichviel, an welchem Ort sich die Vermögensgegenstände befinden. Allerdings kann das Vormundschaftsgericht einen ausländischen Sondervormund für die Verwaltung ausländischen Mündelvermögens einsetzen (Art. 6 MSA).

Für den umgekehrten Fall, daß ein deutscher Vormund neben einem bereits im Ausland bestellten Vormund für einen deutschen Mündel bzw. einen ausländischen Mündel mit Wohnsitz in Deutschland bestellt werden soll, hat die Rechtsprechung aus einer analogen Anwendung des § 47 FGG die Befugnis des deutschen Vormundschaftsgerichts abgeleitet, einen inländischen Sondervormund zu bestellen. Aus der entsprechenden

---

9 LG Berlin 26. 1. 1934, JW 1934, 1295 f.; OLG Braunschweig 9. 2. 1954, JZ 1955, 382 mit Anm. Kerdel.

Anwendung des § 47 FGG soll sich ergeben, daß die Bestellung eines inländischen Sondervormunds neben dem bereits berufenen Vormund erfolgen kann, um „unter Umständen die Interessen des Mündels auch gegen den ausländischen Vormund durchsetzen zu können"[10].

Diese Rechtsprechung, die, weil im Verhältnis zur DDR ergangen, ohnehin obsolet geworden sein dürfte, höhlt die vom deutschen Recht gewollte Allzuständigkeit des Einzelvormunds, auch des ausländischen, aus, indem sie mehreren Vormündern sich überschneidende oder gar deckende Aufgabenkreise zuweist. Sofern Maßnahmen eines ausländischen Vormunds deutschen Behörden mißfallen, kann daher für den Mündel nicht gegen den Willen des ausländischen Vormunds ein Mit- (besser: Gegen-) vormund eingesetzt werden. § 47 FGG ist eine Verfahrensnorm, die lediglich die Zuständigkeit des Gerichts begründet, jedoch materielle Wirkungen nicht entfaltet. Sinn und Zweck des § 47 FGG ist es, zum einen das für den im Ausland lebenden Mündel geltende Gesetz zu respektieren und zum anderen dem deutschen Mündel nur im Konfliktfall nicht den Schutz eines deutschen Mitvormunds vorzuenthalten. Somit kann ein deutsches Vormundschaftsgericht nur dann einen inländischen Mitvormund bestellen, wenn zwingende Gründe ein Einschreiten im Interesse des Mündels gebieten, z. B. bei einem Verstoß gegen den deutschen ordre public (vgl. Art. 16 MSA).

Verlagert der minderjährige Mündel seinen Wohnsitz oder ständigen Aufenthalt in das Gebiet der Bundesrepublik Deutschland, so muß die im Ausland angeordnete Vormundschaft als weiterbestehend angesehen werden (Art. 7 MSA). Der ausländische Vormund kann nicht durch Bestellung eines deutschen Mitvormunds ausgeschaltet werden. Nur wenn eine klare und eindeutige Kompetenzverteilung möglich ist, ist in Ausnahmefällen an die Bestellung von Mitvormündern, insbesondere bei der Vermögensverwaltung, zu denken.

2. Vormund und Gegenvormund

Eine weitere Form der Vormundschaft kennt das Gesetz neben dem Mitvormund (Mitvormundschaft mehrerer gleichrangiger Vormünder) in der Person des Gegenvormunds (Mitvormundschaft mit unterschiedlichen Aufgaben der Vormünder). Diese Regelung existiert nur bei der Vor-

---

10 OLG Braunschweig 9. 2. 1954, JZ 1955, 382.

mundschaft über Minderjährige, also nicht bei der Betreuung. Ein „Gegenbetreuer" existiert in der gesetzlichen Neuregelung nicht.

Während die Bestellung mehrerer Vormünder (Mitvormünder) nur bei Vorliegen besonderer Gründe, also als Ausnahme, vorgesehen ist (§ 1775), soll ein Gegenvormund in der Regel (nicht bei Amts- und Mitvormundschaft) immer dann bestellt werden, wenn mit der Vormundschaft eine umfangreiche Vermögensverwaltung verbunden ist (§ 1792). Der Gegenvormund ist nicht Stellvertreter des Vormunds, sondern nur Kontrollorgan (§ 1799), weil es zu seinen gesetzlichen Pflichten gehört, Mängel einer vormundschaftlichen Verwaltung dem Gericht anzuzeigen. Er trägt zugleich eigene Verantwortung für die rechnungsmäßige Behandlung von Vormundschaftssachen beim Bestandsverzeichnis, bei der jährlichen Abrechnung und bei der Schlußrechnung (§§ 1802 Abs. 1, 1842, 1892 Abs. 1). Seine Innengenehmigung ist u. a. in den Fällen des § 1810 (Anlegung von Mündelgeld), seine Außengenehmigung bei der Verfügung über dem Mündel zustehende Leistungsansprüche (§§ 1809, 1812, 1813 Abs. 2) erforderlich. Letzteres gilt auch bei der Überlassung von Gegenständen an den Mündel gemäß § 1824.

Im übrigen gelten für die Stellung des Gegenvormundes im wesentlichen dieselben Vorschriften wie für den Vormund, z. B. seine Verantwortung gegenüber dem Mündel, seine Bestellung und Entlassung usw.

Unterschiede zwischen den Pflichten von Gegenvormund und denjenigen des Vormunds bestehen insbesondere bei der Rechenschaftspflicht gegenüber dem Vormundschaftsgericht. Die periodische Abrechnung gemäß § 1840 hat der Vormund vor ihrer Einreichung beim Vormundschaftsgericht mit einem Nachweis des Vermögensbestandes dem Gegenvormund vorzulegen (§ 1842). Die Schlußrechnung bei Beendigung der Vormundschaft, die der Vormund dem Gegenvormund gemäß § 1891 vorlegen muß, muß kein Bestandsverzeichnis enthalten. Die Pflicht des Vormunds, die Schlußrechnung einschließlich eines Vermögensverzeichnisses vorzulegen, besteht insoweit nur dem Mündel gegenüber. Der Mündel hat bei Beendigung der Vormundschaft seine volle Geschäftsfähigkeit erlangt und kann nunmehr selbst das ihm ausgehändigte Vermögen betrachten und die Schlußrechnung nachprüfen. Zu diesem Zeitpunkt ist eine Gegenkontrolle durch den Gegenvormund nicht mehr vonnöten. Gerade in dieser Regelung zeigt sich der unterschiedliche Pflichtenkreis von Vormund und Gegenvormund. Dem Gegenvormund obliegt es nur, den Vormund in seiner Tätigkeit zu überwachen und darauf zu achten, daß dieser pflichtgemäß handelt. Dem Gegenvormund steht weder das Recht noch die Pflicht zu, Vermögen anstelle des Vormundes oder neben ihm zu verwalten oder das Mündel zu vertreten[11]. Die Kontrollpflicht des Gegenvormunds umfaßt auch die Aufgabe, möglichst bald nach der Bestellung des Vormunds sich über das vorhandene Mündelvermögen und die sichere Anlegung der dazugehörigen Wertpapiere Kenntnis zu verschaffen[12].

Ob zum Schutz des Mündelvermögens neben dem Vormundschaftsgericht noch ein Gegenvormund als weiteres Kontrollorgan fungierten soll, ist danach zu entscheiden, ob die Vermögensverwaltung erheblich ist. Dazu muß die Verwaltung, nicht unbedingt auch das zu verwaltende Vermögen selbst, erheblich sein. Umgekehrt rechtfertigt ein erhebliches Vermögen als solches nicht die Bestellung eines Gegenvormunds, wenn die Verwaltung keine besonderen Probleme aufwirft[13]. Eine erhebliche Vermögensverwaltung, die die Bestellung eines Gegenvormunds erfordert, ist dann anzunehmen, wenn fortlaufende Einnahmen und Ausgaben für den Mündel erfolgen und der Vormund nicht die genügende Erfahrung, Kenntnis oder Zeit besitzt, die laufenden Geschäfte zu überwachen und zu verbuchen sowie eine prüfungsfähige Abrechnung zu erstellen.

In der Praxis wird eine Gegenvormundschaft nur selten angeordnet. In der Mehrzahl der Fälle von Vormundschaft ist die Verwaltung nicht erheblich und die Aufgabe, geeignete Persönlichkeiten als Gegenvormund zu finden, schwierig.

3. Vormundschaft über Minderjährige und Betreuung

Das Betreuungsgesetz vom 12. 9. 1990 beseitigt die Unterscheidung zwischen Vormundschaft über Minderjährige und Volljährige. Die Vormundschaft über Volljährige und die Gebrechlichkeitspflegschaft sind im Institut der Betreuung zusammengefaßt. Die Unterscheidung zwischen endgültiger und vorläufiger Vormundschaft (die bei Volljährigen angeordnet werden konnte) ist entfallen.

Die Unterscheidung bezieht sich nicht nur auf das Lebensalter des Mündels bzw. Betroffenen, sondern auch auf den Aufgabenkreis von Vormund und Betreuer. Ersterer hat die Sorge für alle Angelegenheiten des ihm anvertrauten minderjährigen Mündels, letzterer leitet seine Funktion

---
11 BGH 14. 3. 1956, NJW 1956, 789 f.
12 RG 15. 1. 1912, RGZ 79, 9–16.
13 BayObLG 4. 4. 1913, Recht 1913 Nr. 1960.

aus der Hilfsbedürftigkeit des Betreuten ab. Die Aufgabe des Betreuers endet dort, wo der Betreute keiner Hilfe bedarf.

Allerdings erklärt das Gesetz zahlreiche Bestimmungen der Vormundschaft über Minderjährige, insbesondere diejenigen, die sich auf die Vermögensverwaltung beziehen, für entsprechend anwendbar (§ 1908i). Bestimmte Unterschiede zwischen der bisherigen Vormundschaft über Volljährige und derjenigen über Minderjährige hat auch die Neuregelung für die Betreuung übernommen: Der Betreuer bedarf zum Abschluß eines Miet- und Pachtvertrages oder zu einem anderen Vertrag, durch den der Betreute zu wiederkehrenden Leistungen verpflichtet wird, der Genehmigung des Vormundschaftsgerichts, wenn das Vertragsverhältnis länger als 4 Jahre dauern oder vom Betreuer Wohnraum vermietet werden soll (§ 1907 Abs. 3). Es ist davon auszugehen, daß diese Regelung, welche dem früheren § 1902 Abs. 2 Satz 1 entspricht, auch für Lebensversicherungsverträge für den Erlebnis- und Todesfall mit laufender Prämienzahlungspflicht gilt. Die Rechtsprechung hat zur früheren Regelung in § 1902 Abs. 2 Satz 1 festgestellt, daß die Möglichkeit des Mündels, den Versicherungsvertrag zu kündigen, nicht gegen die Genehmigungspflicht angeführt werden kann, da eine Kündigung des Vertrages, ohne einen Vermögensverlust zu erleiden, nicht möglich ist. Aus diesem Grunde bedarf auch der Abschluß eines solchen Lebensversicherungsvertrages der Genehmigung des Vormundschaftgerichts[14].

Das Gesetz hat in § 1908 auch die frühere Regelung übernommen, wonach der Betreuer eine Ausstattung aus dem Vermögen des Betreuten nur mit Genehmigung des Vormundschaftsgerichts versprechen oder gewähren kann (§ 1908).

IV. Auswahl des Vormunds und Betreuers

1. Grundsatz

Das Vormundschaftsrecht des BGB beruht auf dem Bestallungsgrundsatz; danach tritt eine Vormundschaft nicht kraft Gesetzes, sondern nur aufgrund gerichtlicher Anordnung ein. Entsprechendes gilt für die Pflegschaft und Betreuung. Eine Ausnahme enthält nur § 1791 c (Amtsvormundschaft des Jugendamtes).

---

14 BGH 30. 6. 1958, BGHZ 28, 78–84.

Das Vormundschaftsgericht soll eine Person als Vormund auswählen, die nach ihren persönlichen Verhältnissen und ihrer Vermögenslage sowie nach den sonstigen Umständen zur Führung der Vormundschaft geeignet ist (§ 1779 Abs. 2 Satz 1). Für die Betreuung formuliert das Gesetz allgemeiner: Zum Betreuer bestellt das Gericht eine natürliche Person, die geeignet ist, in dem gerichtlich bestimmten Aufgabenkreis die Angelegenheiten des Betreuten zu besorgen und ihn hierbei im erforderlichen Umfang persönlich zu betreuen (§ 1897 Abs. 1).

Eine Fehlentscheidung bei der Auswahl des „richtigen" Vormunds oder Betreuers kann zu schwerwiegenden, nicht zu korrigierenden Schäden führen. Die Güte der Personen- und Vermögenssorge ist nicht von der Person des Vormunds zu trennen. Das Auswahlermessen des Vormundschaftsgerichts bei der Berufung des Vormunds bzw. Betreuers ist in verschiedenen Stufungen eingeschränkt. Bei der Vormundschaft begrenzen zunächst der Wille der Eltern, die Meinung des Kindes, die Interessen des Staates und der Kirche, schließlich die Unfähigkeit und Untauglichkeit einer Person als Vormund die Auswahlfreiheit des Vormundschaftsgerichts. Bei der Betreuung muß das Gericht das Vorschlagsrecht des zu Betreuenden beachten (§ 1897 Abs. 4).

Es ist zu beachten, daß das Auswahlrecht des Vormundschaftsgerichts diesem auch im Fall des § 1671 Abs. 5 obliegt. In diesem Fall ordnet das Familiengericht die Vormundschaft an, das Vormundschaftsgericht wählt den Vormund aus[15].

2. Ermessens- und Beurteilungsspielraum bei der Auswahl des Vormunds

Da die Bestellung des Vormunds öffentlichen Charakter trägt[16], sind auf sie die allgemeinen Grundsätze des Verfassungs- und Verwaltungsrechts anzuwenden, „zumal Entscheidungen auf dem Gebiet der freiwilligen Gerichtsbarkeit ... materiell zum Bereich der Verwaltung gehören"[17].

Bei der Auswahl des geeigneten Vormunds oder Betreuers ist zwischen der Beurteilung einer Person nach dem Tatbestandsmerkmal „geeignet sein" und der Rechtsfolge dieser Prüfung, also der eigentlichen Auswahl, zu unterscheiden. Die Geeignetheit des Vormunds oder Betreuers stellt einen

---
15 BayObLG 20. 9. 1977, FamRZ 1977, 823 f.
16 BayObLG 28. 10. 1958, FamRZ 1959, 373.
17 LG Würzburg 22. 7. 1971, FamRZ 1972, 391 (393).

unbestimmten, gerichtlich auch im Beschwerdeweg nach § 27 FGG voll überprüfbaren Rechtsbegriff dar. Dem auswählenden Vormundschaftsgericht steht dabei ein entsprechender Beurteilungsspielraum zu, um die Eignung festzustellen.

Hat das Vormundschaftsgericht eine nach § 1779 Abs. 2 geeignete Person gefunden, „soll" diese auch zum Vormund ausgewählt werden, wobei der Beurteilungsspielraum vom Gesetz durch die Rücksichtnahme auf Religion und Verwandtschaft des Mündels (§ 1779 Abs. 2 Satz 2 und 3) konturiert wird. Damit kommt zum Ausdruck, daß das Vormundschaftsgericht bei der eigentlichen Auswahl an seine zuvor gebundene Feststellung, eine geeignete Person gefunden zu haben, gebunden ist. Es kann aber, sofern besondere Umstände vorliegen, auch von der Bestellung des ausgewählten Vormunds absehen, insbesondere wenn das Interesse des Mündels gefährdet würde. Zwischen mehreren geeigneten Personen kann das Vormundschaftsgericht die Auswahl treffen, wobei auch solche Gründe berücksichtigt werden können, die selbst nicht im Gesetz niedergelegt sind, sofern diese Gründe erheblich sind [18]. Das Vormundschaftsgericht muß angeben, warum es von mehreren geeigneten Personen bestimmte Personen ausgeschieden hat und welche sachlichen Erwägungen für die Auswahl des Vormunds oder Betreuers ausschlaggebend waren. Die Judikatur hat mehrfach im Anschluß an verwaltungsrechtliche Grundsätze von „pflichtgemäßem" oder „eingeschränktem Ermessen" gesprochen [19].

3. Der berufene Vormund und Betreuer

Gemäß § 1776 Abs. 1 ist als Vormund berufen, wer von den Eltern des Mündels benannt ist. Das elterliche Recht besteht nicht, wenn der Mündel von einer anderen Person als seinem Vater oder seiner Mutter oder deren Ehegatten als Kind angenommen ist.

Bei der Betreuung ist das Benennungsrecht allgemein: Schlägt der Volljährige eine Person vor, die zum Betreuer bestellt werden kann, so ist diesem Vorschlag zu entsprechen, wenn es dem Wohl des Volljährigen nicht zuwiderläuft.

---

18 LG Würzburg s. Fn. 17.
19 BayObLG 22. 11. 1974, RPfleger 1975, 91 f.

4. Verwandtenprivileg gemäß § 1779 Abs. 2

Verwandte und Verschwägerte werden bei der Auswahl als Vormund bevorzugt. Allerdings gibt es im Gegensatz zur früheren Regelung keine Pflicht mehr, Verwandte oder Verschwägerte anzuhören; vielmehr besteht diese Anhörung nur noch als Sollvorschrift.

Indes fehlt Verwandten und Verschwägerten häufig die Bereitschaft, allein aufgrund altruistischer Erwägungen für die Person und das Vermögen des Mündels zu sorgen, so daß das gesetzgeberische Motiv in § 1779 Abs. 2 leer läuft.

Das Betreuungsgesetz enthält eine Privilegierung von Verwandten und Verschwägerten nicht. Gleichwohl ist bei der Auswahl von Verwandten und Verschwägerten als Betreuer für den älteren Menschen darauf zu achten, daß der Pflegebedürftige durch die Auswahl und Bestellung naher Angehöriger keine psychischen Schäden erleidet. Die Gefahr von Interessengegensätzen zwischen erbberechtigten Verwandten, die in der Vermögenssorge eine Art vorweggenommener Erbfolge erblicken können, und dem älteren Betreuten muß vermieden werden [20].

In der Regel wird es dem Wohl des zu Betreuenden entsprechen, zumindest den Bereich der Vermögenssorge einem familienfremden, sachkundigen Dritten zu übertragen, um eine möglichst objektive Führung der Vermögensverwaltung zu gewährleisten. Die damit einhergehende Versachlichung bürokratisiert zwar die Betreuung des Mündelvermögens, hindert aber die Gefahr von emotional gefärbten und familiär beeinflußten Entscheidungen. Die Distanz eines Dritten zur Familie und zu den in ihr angelegten Gegensätzen läßt das Wohl des Mündels als alleinige Richtlinie stärker hervortreten [21].

Verwandte oder Verschwägerte haben kein subjektives Recht auf Bestellung, sie können lediglich verlangen, daß das Vormundschaftsgericht einen fehlerfreien Ermessensgebrauch ausübt [22]. Falls Verwandte bei der Auswahl des Vormunds übergangen werden, können sie keine Beschwerde aus eigenem Recht gemäß § 20 Abs. 1 FGG einlegen [23]. Allerdings kann sich eine Beschwerdebefugnis aus § 57 Abs. 1 Nr. 9 FGG ergeben, sofern der Beschwerdeführer ein objektiv berechtigtes Interesse daran hat, sich um das Wohl des Mündels zu kümmern [24].

---
20 BayObLG 10. 2. 1958, BayObLGZ 1958, 373 (375).
21 BayObLG 10. 2. 1905, BayOblGZ 1905, 84 (90).
22 KG 20. 1. 1939, JFG 19, 93.
23 LG Mannheim 26. 10. 1962, MDR 1963, 596.
24 LG Mannheim s. Fn. 23 und BayObLG 22. 11. 1974, RPfleger 1975, 91 f.

5. Religiöses Bekenntnis, Zugehörigkeit zu einer politischen Gruppe und gesellschaftliche Stellung des Vormunds

Bei der Auswahl des Vormunds ist auch auf das religiöse Bekenntnis des Mündels Rücksicht zu nehmen. Dabei soll möglichst ein dem Mündel konfessionsgleicher Vormund bestellt werden[25]. Die genannte Regelung ist verfassungsgemäß, da sie weder eine Benachteiligung noch eine Bevorzugung eines bestimmten Glaubensbekenntnisses enthält[26].

Fraglich ist, inwieweit das weltliche Bekenntnis und/oder das Auftreten sowie das Ansehen des als Vormund Auszuwählenden in der Gesellschaft bei der Auswahl berücksichtigt werden müssen. Wenn auch in einem Einzelfall (Kind mit strenggläubigem und konservativ eingestelltem Vater soll einen ganz links orientierten Pfleger erhalten)[27] die Bestellung des Pflegers aufgrund parteipolitischer Erwägungen abgelehnt wurde, so hat die politische Einstellung in der Regel außer Betracht zu bleiben. Sobald aber das politische Bekenntnis gegen eine weltliche Religion ausgerichtet ist, kann eine Person übergangen werden, da der Mündel, dessen wohlverstandenes Interesse allein maßgebend ist, nicht politischen Indoktrinationen ausgesetzt sein soll. Ebenso kann die gesellschaftliche Stellung einer Person für die Auswahl als Vormund ausschlaggebend sein. Alter, Familienstand, gesellschaftliche Stellung sowie Privatvermögen sollen der Persönlichkeit und den Vermögensverhältnissen des Mündels entsprechen, um eine sachgerechte Führung der Vormundschaft zu gewährleisten.

Die vorgenannten Gesichtspunkte gelten zunächst nur für die Vormundschaft über Minderjährige und die Pflegschaft. Soweit es um die Interessen des Betreuten und ein harmonisches Zusammenwirken zwischen Betreutem und Betreuer geht, sind sie jedoch entsprechend auf die Auswahl des Betreuers anzuwenden.

6. Verwaltung von größeren Vermögensmassen, insbesondere von Industrie- und Handelsunternehmen

Besondere Anforderungen an die Persönlichkeit des Vormunds sind zu stellen, wenn ein größeres Vermögen, zu dem Handels- oder Industriebetrieb gehören, zu verwalten ist. Neben Vertrauenswürdigkeit und Erfah-

---

25 KG 27. 12. 1912, KGJ 43 A S. 41.
26 BayObLG 4. 6. 1954, BayObLGZ 1954, 132 (135).
27 BayObLG 4. 7. 1924, BayObLGZ 1924, 225.

rung muß der einzusetzende Vermögensverwalter ausreichende Geschäftskenntnisse besitzen, um die Mündelinteressen nicht zu gefährden.

Das Vormundschaftsgericht ist notfalls gehalten, Auskünfte über die Person des auszuwählenden Vormunds einzuholen. Als mögliche Auskunftsstellen kommen hierbei vor allem die Industrie- und Handelskammern, Banken, die Anwaltskammer, Industrie-, Handels- und Berufsverbände in Betracht. Darüber hinaus sollte sich das auswählende Vormundschaftsgericht in einem Auswahlgespräch ein persönliches Bild vom präsumtiven Vormund oder Betreuer verschaffen.

7. Ausschlußgründe bei der Auswahl des Vermögensverwalters

Entsprechend den aufgezeichneten Auswahlgrundsätzen können begrifflich drei verschiedene Fallgruppen von Ausschlußgründen von Vermögensverwaltern unterschieden werden, wobei die genannten Grundsätze entsprechend für Betreuer und Betreuten gelten:

a) Die Vorteile für die Person und das Vermögen gehen einher mit psychischen Schäden beim Pflegebedürftigen (sogenanntes Kriterium des psychischen Schadensminimums bei Schäden für die Person des Mündels). Die Gefahr psychischer Schäden ist gerade bei der Bestellung von nahen Angehörigen zum Vormund besonders groß. Gerade der erwachsene Betreute empfindet die Betreuung durch einen Angehörigen als herabwürdigend und sieht angstvoll, wie er zum hilflosen Patienten wird. Aber auch bei der Auswahl familienfremder Vermögenspfleger muß sorgfältig darauf geachtet werden, daß eine Schädigung des seelischen Wohles des Betreuten auf das geringstmögliche Maß beschränkt wird.

b) Zwischen Vormund und Mündel bestehen in vermögensrechtlicher Hinsicht dauernde Interessengegensätze (Kriterium der Interessenpolarität bei möglichen Schäden für das Vermögen des Mündels). Ein dauernder Interessenkonflikt besteht zwischen Mündel und Vormund, wenn der Vermögensverwalter Erbschafts- oder Pflichtteilsansprüche gegen den Mündel geltend machen kann. Auch sonstige bereits bestehende vermögensrechtliche Ansprüche lassen den Vormund in der Regel als nicht geeignet erscheinen, für das Vermögen interessengerecht zu sorgen.

c) Der Vormund ist aufgrund mangelnder Fähigkeiten nicht geeignet, den ihm übertragenen Aufgaben nachzukommen und die Interessen des Mündels zu wahren (Kriterium der Unfähigkeit des Vormunds mit Gefahr für Person und Vermögen des Mündels). Daß der Vormund zur Führung der

Vermögensverwaltung persönlich geeignet sein muß, steht außer Frage. Doch gerade der Bereich einer Vermögensverwaltung erfordert nach Art und Umfang des zu verwaltenden Vermögens besondere fachliche Fähigkeiten, um ökonomisch sinnvoll im Interesse des Mündels liegende Entscheidungen treffen zu können. Der Vermögensverwalter ist aber kein besserer Buchhalter, der losgelöst von der Sorge für die Person des Mündels nur „objektive" Entscheidungen zu treffen hat. Die Sorge für das Vermögen kann eben nicht von der Sorge für die Person des Vermögensinhabers getrennt werden.

8. Abweichende Auswahlgrundsätze für besondere Pflegschaften

Bei der Pflegschaft für unbekannte Beteiligte (§ 1913) sowie bei der einzigen Sachpflegschaft für Sammelvermögen gemäß § 1914 können die Auswahlgrundsätze des § 1779 Abs. 2 naturgemäß nicht gelten. Im übrigen gelten für die Pfleger die gleichen Überlegungen wie bei der Auswahl des Vormunds. Dies gilt auch für den Ergänzungspfleger. Allerdings ist darauf hinzuweisen, daß § 1916 bestimmt, daß für eine nach § 1909 angeordnete Pflegschaft die Vorschrift über die Berufung zur Vormundschaft nicht anwendbar ist. Gerade in den Fällen, in denen eine Pflegschaft nötig ist, mag es häufig geboten sein, den Pfleger gerade nicht aus dem Kreis der Verwandten und Verschwägerten auszuwählen, um so eine möglichst objektive Führung der Pflegschaft zu gewährleisten[28].

9. Ablehnung einer Vormundschaft oder Betreuung

Gemäß § 1785 besteht für jeden Deutschen die Pflicht, die ihm angetragene Vormundschaft auch zu übernehmen. Ohne diese Pflicht müßte die Einzelvormundschaft als Institution preisgegeben werden. Die öffentlich-rechtliche Verpflichtung, die Vormundschaft zu übernehmen, trifft nur deutsche Staatsangehörige. Anders die Regelung bei der Betreuung: Gemäß § 1898 ist der vom Vormundschaftsgericht Ausgewählte verpflichtet, die Betreuung zu übernehmen, ohne daß es auf seine Staatsangehörigkeit ankommt. Bei Ausländern, die in der Bundesrepublik Deutschland wohnen, wird sogar als Betreuer eher ein Landsmann ausgewählt werden[29].

---

28 BayObLG 16. 12. 1958, FamRZ 1959, 125 f.
29 BT-Drucksache 11/4528 S. 129.

Das Gesetz enthält in § 1786 eine detaillierte Regelung der Gründe, aus denen die Übernahme der Vormundschaft abgelehnt werden kann. Der wichtigste Fall ist derjenige der Frau, welche zwei oder mehr Kinder hat oder glaubhaft macht, daß ihr die obliegende Fürsorge für ihre Familie die Ausübung des Amtes besonders erschwert (§ 1786 Abs. 1 Nr. 1). Dieses Ablehnungsrecht muß entsprechend auch für den Mann gelten, der den Haushalt führt. Um der Pflicht zur Übernahme der Vormundschaft Nachdruck zu verleihen, kann das Vormundschaftsgericht Ordnungsstrafen verhängen. Diese Regelung ist nicht mehr zeitgemäß, ganz abgesehen davon, daß man von der Amtsführung eines Vormunds, den man dazu gezwungen hat, wenig Segensreiches erwarten kann.

Lehnt der ausgewählte Vormund die Übernahme ab, so ist er, sofern ihm ein Verschulden (§ 276) zur Last fällt, dem Mündel für den Verzögerungsschaden verantwortlich (§ 1787). Entsprechendes gilt für den Betreuer (§ 1908i). Den ausgewählten Vormund trifft nicht nur eine öffentlich-rechtliche Pflicht gegenüber der staatlichen Gemeinschaft, sein Amt zu übernehmen, sondern auch eine privatrechtliche Pflicht zur vorläufigen Übernahme des Amtes aufgrund eines bereits mit der Auswahl entstehenden gesetzlichen Schuldverhältnisses zum Mündel.

V. Das Verhältnis von Vormund und Mündel (Betreuer und Betreuter) bei der Vermögensverwaltung

1. Das Interesse des Mündels

Durch die Bestellung zum Vormund bzw. Betreuer entsteht zwischen Vormund und Mündel bzw. Betreuer und Betreutem ein auf Dauer angelegtes gesetzliches Schuldverhältnis, das eine Geschäftsbesorgung im Sinne von § 675 zum Gegenstand hat. Das Interesse des Mündels ist im Rahmen der Geschäftsbesorgung das entscheidende inhaltliche Kriterium für das Handeln des Vormunds. Allerdings ist der Begriff des Interesses aufgrund seines weiten, begriffslogischen Spielraums nicht eindeutig und damit einer im Einzelfall orientierten Auslegung zugänglich.

Zunächst sind die Wünsche des Mündels oder Betreuten anzuhören, zu beachten und zu respektieren. Man muß also das Interesse allein vom Standpunkt und der Person des Mündels herleiten. Allein diese Ansicht wird dem Achtungsanspruch des Mündels oder Betreuten und seiner menschlichen Würde (Art. 2 GG) gerecht, denn er selbst ist und bleibt Inhaber seiner unveräußerlichen Rechte; diese werden durch den Vormund oder Betreuer lediglich gewahrt und geltend gemacht. Das Amt des Vormunds und Betreuers ist fremdnützig. Sie sind nicht dazu berufen, die fehlende Selbstbestimmung des Mündels oder Betreuten zu ersetzen. Es ist auch nicht das Ziel insbesondere der Betreuung, den Betreuten in seiner Behinderung zu belassen oder niederzuhalten. Die Betreuung ist vielmehr ihrer Natur nach ein nicht auf Dauer angelegtes Amt. Das Interesse des Betreuten geht dahin, die rechtlichen wie tatsächlichen Einschränkungen abzustreifen, sobald die Voraussetzungen für die Betreuung weggefallen sind (§ 1908d). Es muß daher das primäre Interesse der Betreuung sein, daß der Betreute sein Selbstbestimmungsrecht wiedererlangt.

Bei der Vormundschaft über Minderjährige treten die vorgenannten Gesichtspunkte deshalb zurück, weil, soweit keine dauernde Behinderung vorliegt, die Vormundschaft mit Erreichung der Volljährigkeit kraft Gesetzes endet.

2. Haftung des Mündels für den Vormund gemäß § 278

Für die Schäden, die der Vormund bzw. Betreuer als gesetzlicher Vertreter (§§ 1793, 1902) einem Dritten zufügt, haftet der Mündel bzw. Betreute mit seinem Vermögen nach § 278 Satz 1. Voraussetzung dafür ist, daß ein Schuldverhältnis entweder kraft Rechtsgeschäftes oder kraft Gesetzes zwischen dem Geschädigten und dem Mündel besteht. Darüber hinaus wird die verschuldensunabhängige Garantiehaftung des Mündels für den Vormund gemäß § 278 bereits dann bejaht, wenn zwischen dem geschädigten Dritten und dem Mündel eine sogenannte Sonderverbindung besteht, kraft derer eine besondere Rücksichtnahme und Loyalität hinsichtlich der Interessen des Dritten geboten ist. Eine solche Sonderverbindung ohne Bestehen von besonderen Rechten und Pflichten kann sich z.B. aus einer laufenden Geschäftsbeziehung oder aus Vertragspflichten der Vertragsparteien nach Abwicklung eines Vertrages ergeben.

3. Einstehenmüssen des Mündels für den Vormund gemäß § 254

Es ist umstritten, inwieweit ein Schadensersatzanspruch des Mündels gegen einen Dritten gemäß § 254 Abs. 2 Satz 2 wegen eines mitwirkenden Verschuldens des Vormunds als gesetzlichem Vertreter zu kürzen ist.

Nach der Rechtsprechung[30] stellt die Verweisung des § 254 Abs. 2 Satz 2 auf § 278 eine Rechtsgrundverweisung dar, so daß zwischen dem Mündel und dem Schädiger bereits eine Sonderverbindung bestehen muß, um ein anrechenbares Mitverschulden des Vormunds bei der Schadenshöhe berücksichtigen zu können. Dagegen erblickt das Schrifttum[31] in § 254 Abs. 2 Satz 2 lediglich eine Rechtsfolgeverweisung, so daß die einzelnen Tatbestandsmerkmale des § 278, insbesondere eine bereits bestehende Sonderverbindung für die Anwendbarkeit des § 254 Abs. 2 Satz 2, nicht mehr zu prüfen sind.

Ob eine Rechtsgrund- (und damit eine Haftungsprivilegierung des Mündels) oder eine Rechtsfolgeverweisung (und damit eine Haftungsverschärfung für den Mündel) vorliegt, kann methodisch nicht von der verweisenden Norm selbst her bestimmt werden, sondern nur mit Hilfe von Wertungen, die sich jeweils an den verschiedenen Ergebnissen orientieren. Sieht man in § 254 Abs. 2 Satz 2 lediglich eine Rechtsfolgeverweisung, so müssen Kinder und Betreute immer für das Fehlverhalten ihres Vormundes oder Betreuers als den gesetzlichen Vertreter einstehen. Dies widerspricht dem Gedanken, daß die Garantiehaftung des § 278 nur dann gerechtfertigt ist, sofern ein Einfluß auf das Tätigwerden des Erfüllungsgehilfen oder des Vertreters ausgeübt werden kann.

Diese Einflußnahme entfällt aber bei gesetzlichen Zwangsvertretern, bei deren Auswahl nicht wie anderen gesetzlichen Vertretern der Vertretene durch Vertrag oder Wahl mitwirken kann. Andererseits dient die Garantiehaftung des § 278 dem Schutz des Rechtsverkehrs: Die Vorteile, die jemand aus dem arbeitsteiligen Zusammenwirken mit seinem Erfüllungsgehilfen oder aus der Repräsentation durch den gesetzlichen Vertreter sieht, erfordern ein unbedingtes und damit verschuldensunabhängiges Einstehenmüssen für den gesetzlichen Vertreter.

Bei der Abwägung zwischen dem Individualinteresse des Mündels und dem allgemeinen Verkehrsinteresse ist maßgebend, daß Haftungsbeschränkung und Haftungsbegründung nicht von verschiedenen Voraussetzungen abhängig sein können. Der Mündel haftet für ein schuldhaftes Verhalten des Vormunds nur dann gemäß § 278, wenn bereits eine Sonderverbindung besteht. Deshalb ist es geboten, den Schadensersatzanspruch des Mündels gemäß § 254 Abs. 2 Satz 2 nur dann wegen eines schuldhaften Verhaltens des Vormunds zu kürzen, wenn bereits eine Son-

---

30 BGH 31. 3. 1960, BGHZ 33, 136–144.
31 *Larenz*, Schuldrecht 13. Aufl. 1982, 499f.

derverbindung zwischen Schädiger und Mündel besteht. § 254 Abs. 2 Satz 2 ist somit als Rechtsgrundverweisung zu verstehen.

Schädigt der Vormund als gesetzlicher Vertreter vorsätzlich die Mündelinteressen, so handelt er bei Gelegenheit seiner Pflichterfüllung; der Vertretene braucht sich in diesem Fall das Verschulden des Vormunds nicht als Mitverschulden anrechnen zu lassen. Veruntreut der Vormund eingehende Mündelgelder, und fordert der Mündel wegen mangelnder Aufsicht des Vormundschaftsgerichts gegenüber dem untreuen Vormund Schadensersatz vom Fiskus, so braucht sich der Mündel diesen Anspruch nicht wegen des strafbaren Verhaltens seines Vormunds als gesetzlichem Vertreter nach §§ 254 Abs. 2 Satz 2, 278 kürzen zu lassen[32].

Dagegen muß sich der Mündel seinen Schadensersatzanspruch gegenüber dem Vormundschaftsgericht wegen eines mitwirkenden Verschuldens seines gesetzlichen Vertreters mindern lassen, wenn der Vormund die ihm neben dem Vormundschaftsgericht obliegende Überwachungspflicht schuldhaft vernachlässigt. Verabsäumt es das Vormundschaftsgericht, das Ausscheiden des Mündels als Gesellschafter aus einem Handelsunternehmen im Handelsregister eintragen zu lassen, und macht der Mündel nunmehr einen Schadensersatzanspruch gegenüber dem Staat wegen der diesen treffenden Vertrauenshaftung gemäß § 15 Abs. 1 HGB geltend, so muß sich der Mündel das pflichtwidrige Unterlassen des Vormundes gemäß § 254 Abs. 2, 278 anrechnen lassen[33]. Den Vormund trifft neben dem Vormundschaftsgericht eine Pflicht, von sich aus zu prüfen, ob die eintragungspflichtigen Tatsachen im Handelsregister vermerkt wurden[34].

Das gleiche gilt, wenn bei einem Grundstückskaufvertrag des Mündels der Auflassungsanspruch aus dem Kaufvertrag nicht auf Betreiben des Vormunds durch eine Auflassungsvormerkung abgesichert wird[35] oder der Vormund es unterläßt, rechtzeitig durch Inflation entwertete Anleihen durch Anmeldung bei der zuständigen Behörde aufwerten zu lassen.

In all diesen Fällen besteht eine aus dem Amt des Vormunds fließende besondere Schutz- und Kontrollpflicht, für den Mündel tätig zu werden. Wenn ein Vormund eingesetzt ist, darf der Rechtsverkehr darauf vertrauen, daß nicht nur der Mündel selbst vor Schaden bewahrt wird, sondern auch, daß der Vormund darüber wacht, daß eigene Schadensersatz-

---

32 BGH 31. 3. 1960 Fn. 30.
33 BGH 24. 6. 1965, FamRZ 1965, 505 f.
34 RG 12. 7. 1933, RGZ 41, 353 (355).
35 RG 10. 7. 1935, JW 1935, 3530.

ansprüche des Mündels sowohl bei ihrer Entstehung als auch bei ihrer Abwicklung als ein Gebot des eigenen Interesses verhindert oder in ihrem Umfang begrenzt werden. Dem Mündel bleibt es unbenommen, sich im Innenverhältnis zum Vormund wegen einer positiven Pflichtverletzung des zwischen ihm und dem Vormund bestehenden gesetzlichen Schuldverhältnisses schadlos zu halten. Um die bestehenden Rückgriffsansprüche des Mündels nicht an einer möglichen Insolvenz des Vormundes scheitern zu lassen, kann das Vormundschaftsgericht dem Vormund aufgeben, eine ausreichende Haftpflichtversicherung abzuschließen (§ 1837 Abs. 2 S. 2). Die Versicherungsprämie kann der Vormund als Aufwendungen geltend machen (§ 1835 Abs. 2)[36].

VI. Vormund, Betreuer und Vormundschaftsgericht

1. Vormundschaftsrichter und Rechtspfleger

Der Schwerpunkt der dem Vormundschaftsgericht zugewiesenen Aufgaben liegt in der Tätigkeit des Rechtspflegers, der als Vormundschaftsgericht handelt. Die Aufgabenzuweisung ergibt sich aus § 3 RPflG; welche Aufgaben dem Richter vorbehalten bleiben, ist in § 14 RPflG niedergelegt. Es mag im Einzelfall zweifelhaft sein, ob diese Diversifikation richtig ist. Es ist jedoch festzustellen, daß sich in der Praxis die Zuweisung der Aufgaben an den fachkundig ausgebildeten und erfahrenen Rechtspfleger bewährt hat, auch soweit es um den Kontakt zu Vormund und (in Zukunft) Betreuer geht.

2. Bestellung des Vormunds und Betreuers

a) Allgemeines

Die Bestellung zum Vormund ist eine mit Hilfe des Privatrechts gestaltete Regelung der Justizverwaltung, da aufgrund der Bestellung zugleich ein nach privatrechtlichen Grundsätzen zu beurteilendes gesetzliches Schuldverhältnis zwischen Vormund und Mündel entsteht. Um die Bestandskraft dieses Justizverwaltungsaktes nicht zu gefährden, ist die Anfech-

---

36 RG 7. 11. 1938, JW 1939, 155.

Grundsätze des Vormundschaftsrechts

tung der Erklärung des Vormundes, sein Amt annehmen zu wollen, wegen Irrtums ausgeschlossen[37]. Dies entspricht dem Grundsatz, daß Verfahrenshandlungen, gleich welcher Art, nicht den Regeln über privatrechtliche Willenserklärungen gemäß §§ 104 ff. unterliegen.

Während die Erklärungshandlung des Vormunds auch in einem schlüssigen Verhalten liegen kann, reicht ein konkludentes Verhalten auf seiten des Rechtspflegers nicht aus, um von einem wirksamen Bestellungsakt sprechen zu können[38]. Falls sich jemand mit Duldung des Vormundschaftsgerichts als Vormund geriert, kommt das bloße Dulden keiner Bestellung gleich. Die Bestellung soll mittels Handschlag an Eides Statt erfolgen und soll eine Belehrung über den Pflichtenkreis des Vormunds enthalten. Mit der Bestellung erlischt das Ablehnungsrecht des Vormundes gemäß § 1786 Abs. 2.

b) Bestellung zum Vormund unter Vorbehalt

Während die Benennung des Vormunds durch die Eltern gemäß § 1786 von einem zukünftigen ungewissen Ereignis abhängig gemacht werden oder diese nur innerhalb eines bestimmten Zeitraumes erfolgen darf, kann das Amt des Vormunds selbst nicht bedingt oder befristet sein, da der Vertrauensschutz außenstehender Dritter in den rechtlichen Bestand der Vormundschaft gewahrt werden muß. Dagegen ist kraft ausdrücklicher Anordnung in § 1790 die Möglichkeit gegeben, die Entlassung des Vormundes vorzubehalten, falls ein bestimmtes Ereignis (nicht) eintritt. Damit wird klargestellt, daß das Amt des Vormunds nicht automatisch von selbst endet, sondern immer eines besonderen Verfahrensaktes als actus contrarius zur Bestellung selbst bedarf. Somit ist für jeden jederzeit erkennbar, ob das Amt des Vormunds noch besteht oder nicht.

c) Rechtliche Bedeutung der Bestallungsurkunde

Die Bestallungsurkunde gibt (lediglich) Zeugnis davon, daß der Vormund durch das Vormundschaftsgericht bestellt wurde. Für einen Geschäftspartner des für den Mündel handelnden Vormund besitzt die Urkunde keinerlei Legitimationsfunktion; so kann die Bestallungsurkunde keinesfalls als Rechtsscheinträger angesehen werden. Um sicherzugehen, daß die Vertretungsmacht des Vormunds besteht, muß derjenige, der Rechts-

---

37 BayObLG 16. 10. 1959, BayObLGZ 1959, 370 (374).
38 OGH Köln 30. 9. 1948, NJW 1949, 64 f.

geschäfte mit dem Vormund tätigt, Einsicht in die Vormundschaftsakten nehmen, wozu er, sofern er ein berechtigtes Interesse glaubhaft macht (§ 294 ZPO), gemäß § 34 FGG berechtigt ist.

Somit scheidet ein gutgläubiger Erwerb Dritter, die aufgrund der Bestallungsurkunde an das Bestehen der gesetzlichen Vertretungsmacht des Vormunds glauben, aus. Auch der gute Glaube an die Verfügungsmacht wird durch die Bestallungsurkunde nicht geschützt. Somit trägt der außenstehende Dritte das Risiko, daß die Vertretungsmacht des Vormunds nicht besteht. Er hat allenfalls gemäß § 179 Ansprüche aus der Eigenhaftung des Vormunds als Vertreter ohne Vertretungsmacht[39].

Die Aushändigung der Bestallungsurkunde hat auch keine konstitutive Bedeutung, da das Amt des Vormunds bereits mit der Bestellung selbst beginnt. Sofern der Rechtspfleger schuldhaft falsche Angaben in der Bestallungsurkunde macht, z. B. über den Wirkungskreis, haftet der in Vormundschaftssachen handelnde Rechtspfleger gemäß § 839 Abs. 1 dem geschädigten Dritten auf Schadensersatz, wobei der Anspruch gegen den Staat (Art. 34 GG) zu richten ist. Angesichts der anderweitigen Ersatzmöglichkeiten (§ 839 Abs. 1 Satz 2), wozu insbesondere die Geltendmachung von Schadensersatzansprüchen gegen den Vormund selbst gehört, sowie der möglichen Minderung des Anspruchs wegen Mitverschuldens ist die Staatshaftung ein rechtlich schwach ausgeprägtes Surrogat.

3. Unterstützung und Beratung des Vormunds durch das Vormundschaftsgericht

Das Gesetz hat das Amt des Vormunds und Betreuers als eigenständig und eigenverantwortlich ausgestaltet. Er genießt allerdings die Beratung des Vormundschaftsgerichts, das ihn gegebenenfalls in seine Aufgaben einführt. Die Neufassung des § 1837, der neben der Aufsichtspflicht auch die Beratungspflicht statuiert, gilt auch für die Betreuung.

Handelt der Vormund pflichtwidrig, so ist das Vormundschaftsgericht gehalten einzuschreiten, wobei es nicht auf ein Verschulden des Vormunds, sondern allein auf die objektive Gefährdung des Mündels oder Betreuten ankommt. Solches Einschreiten wird stets nur das letzte Mittel sein. Zunächst wird das Vormundschaftsgericht, soweit vertretbar, die Eigenverantwortung des Vormunds und Betreuers respektieren und es bei einer Beratung oder Ermahnung belassen.

---

39 RG 12. 10. 1910, RGZ 74, 263–268.

4. Entlassung des Vormunds oder Betreuers

Gemäß §§ 1882–1889 wird die Vormundschaft entweder kraft Gesetzes oder durch einen besonderen Verfahrensakt des Vormundschaftsgerichts beendet. Die Entlassung des Vormunds durch das Vormundschaftsgericht beendigt auch dessen Amt. Die Entlassung des Vormunds ist der notwendige actus contrarius zu seiner Bestellung gemäß § 1789 und teilt dessen Charakter als Justizverwaltungsakt. Das Amt des Vormundes kann nicht durch eine privatrechtliche Willenserklärung oder sonstige faktische Handlung des Vormunds selbst enden. Die genannte Regelung gilt auch für den Gegenvormund und den Pfleger. Für den Betreuer ergibt sich dies aus § 1908 b.

Als weitestgehende Eingriffsmöglichkeit besitzt das Vormundschaftsgericht als Aufsichtsorgan des Vormundes die Möglichkeit, den Vormund zu entlassen, wenn die Fortführung des Amtes das Interesse des Mündels gefährden würde, oder wenn sich im nachhinein die Untauglichkeit des Vormunds aufgrund der in § 1781 erwähnten Gründe herausstellt.

Der Betreuer ist zu entlassen, wenn seine Eignung, die Angelegenheiten des Betreuten zu besorgen, nicht mehr gewährleistet ist oder ein anderer wichtiger Grund für die Entlassung vorliegt (§ 1908 b Abs. 1).

Ein Verschulden ist nicht Voraussetzung für die Entlassung des Vormunds oder Betreuers, es genügt eine objektive Gefährdung der Interessen des Mündels oder Betreuten, wobei eine gewisse Wahrscheinlichkeit für eine Schädigung ausreicht[40].

Beispielhaft können folgende Gründe für eine Entlassung des Vormunds sprechen: Dauernder Interessenwiderstreit zwischen Vormund und Mündel[41], Wegzug oder Erkrankung des Vormundes, Entfremdung zwischen Mündel und Vormund, Fehlen von Rechtskenntnissen und/oder kaufmännischen Erfahrungen, sofern eine umfangreiche Vermögensverwaltung gegeben ist[42].

Keinesfalls kann die gesetzliche Eingriffsbefugnis des Vormundschaftsgerichts dazu führen, daß faktisch das Vormundschaftsgericht anstatt des Vormundes handelt.

---

[40] BayObLG 26. 3. 1976, RPfleger 1977, 254f.
[41] BayObLG 29. 8. 1958, BayObLGZ 1958, 244 (246).
[42] OLG Karlsruhe 26. 4. 1918, JW 1920, 502.

5. Haftung des Vormundschaftsgerichts

Sofern das Vormundschaftsgericht die ihm obliegenden Amtspflichten gegenüber dem Mündel schuldhaft verletzt, kann der Mündel gegen den Staat einen Amtshaftungsanspruch gemäß § 839 in Verbindung mit Art. 34 GG geltend machen. Hierbei ist zunächst zu prüfen, ob das Vormundschaftsgericht eine Amtspflicht verletzt hat. Die Amtspflicht kann sich unmittelbar aus dem Gesetz (z. B. mangelnde oder unzureichende Überwachung des Vormunds, unzulässige Genehmigung eines genehmigungspflichtigen Geschäfts des Vormunds), der Verordnung, dem Gewohnheitsrecht oder den allgemein von der Rechtsprechung anerkannten, zum Teil mit Verfassungsrang ausgestalteten Rechtsgrundsätzen, wie z. B. den Grundsätzen der Verhältnismäßigkeit, der Erforderlichkeit und Tauglichkeit der ausgewählten Mittel, ergeben[43]. Die in Frage stehende Amtspflicht muß gerade auch den Schutz des Mündels selbst bezwecken; sie darf nicht nur im Interesse der Allgemeinheit bestehen und sich damit lediglich als begünstigender Reflex für den Mündel darstellen. Nimmt sich das Vormundschaftsgericht einer Sache an, obwohl es nicht tätig werden muß, kann eine Amtshaftung „kraft Autorität des Amtes" gegeben sein[44]. Sofern das Vormundschaftsgericht lediglich der Vorwurf eines fahrlässigen Verhaltens trifft, trägt der Mündel die Beweislast dafür, daß er keine anderweitige Ersatzmöglichkeit gemäß § 839 Abs. 1 Satz 2 hat, da die Ersatzmöglichkeit eine negative Tatbestandsvoraussetzung des Amtshaftungsanspruchs darstellt. Als anderweitige Ersatzmöglichkeit kommt insbesondere ein Anspruch gegen den Vormund wegen positiver Forderungsverletzung des zwischen ihm und dem Mündel bestehenden gesetzlichen Schuldverhältnisses in Betracht. Grundsätzlich kann der Mündel gemäß § 839 Abs. 1 Satz 2, der den Staat vor einer zu weit gehenden Inanspruchnahme schützen will, auf seinen Schadensersatzanspruch gegen den Vormund verwiesen werden. Wenn aber der Vormund nicht haftet, etwa mangels Verschulden, ist eine anderweitige Ersatzmöglichkeit auch bei Pflichtwidrigkeit des Vormunds nicht gegeben. Auch hierbei braucht sich der Mündel nicht auf einen, wirtschaftlich gesehen, wertlosen Anspruch gegen einen zahlungsunfähigen Vormund verweisen zu lassen. Der Vormund übt ein Amt aus, das auch öffentlich-rechtlichen Charakter trägt, er wird auch im Interesse der staatlichen Gemeinschaft tätig[45].

---

43 RG 3. 11. 1914, RGZ 85, 416 (418 f.); RG 26. 1. 1923, JW 1923, 828 Nr. 6; BGH 19. 6. 1961, FamRZ 1961, 473 f.
44 BGH 19. 6. 1961 Fn. 43.
45 BVerfG 10. 2. 1960, BVerfGE 10, 302 (326).

Strittig ist, inwieweit sich der Mündel seinem Amtshaftungsanspruch, der sich gegen den Staat gemäß Art. 34 GG richtet, gemäß §§ 254, 839 Abs. 3, insbesondere wegen Nichtgebrauchmachens eines Rechtsmittels, kürzen lassen muß. Da in der Regel den Mündel selbst kein Verschulden trifft, kommt eine Schadenskürzung gemäß § 254 nur wegen eines mitwirkenden Verschuldens des Vormunds als gesetzlichem Vertreter in Betracht.

VII. Der Vormund/Betreuer als gesetzlicher Vertreter des Mündels/Betreuten

1. Allgemeines

Gemäß § 1793 steht dem Vormund das Recht und die Pflicht zu, für die Person und das Vermögen des Mündels zu sorgen und den Mündel zu vertreten. Für die Betreuung erklärt § 1902, daß der Betreuer in seinem Aufgabenkreis den Betreuten gerichtlich und außergerichtlich vertritt. Die Regelung der Betreuung ist deshalb allgemein gehalten, weil es eine allgemeine Personen- und Vermögensfürsorge des Betreuers nicht gibt, sondern dieser nach der Konzeption der Neuregelungen jeweils nur diejenigen Aufgaben wahrnimmt, bei denen der Betreute der Hilfe bedarf.

Die Sorge für die Person des Mündels ist in §§ 1800, 1801 geregelt. Die Stellung als Vermögensverwalter ergibt sich aus §§ 1802–1832.

Ziel der Personen- und Vermögenssorge ist nicht die Bevormundung, sondern das Wohl und die Interessen des Mündels.

Das Sorgerecht des Vormunds für die Person und das Vermögen des Mündels umfaßt auch die gesetzliche Vertretung des Mündels. Daraus folgt, daß die Vertretungsmacht nicht weiter gehen kann als dem Vormund die Sorge für die Person und das Vermögen des Mündels obliegt.

2. Beschränkungen der Vertretungsmacht

Grundsätzlich ist die Vertretungsmacht des Vormunds unbeschränkt, jedoch erfährt dieser Grundsatz in mehrfacher Hinsicht Durchbrechungen. Die Vertretungsmacht des Vormunds unterliegt folgenden Beschränkungen:

a) Höchstpersönliche Rechtsgeschäfte des Mündels

Wie auch bei der gewillkürten Vertretungsmacht ist die gesetzliche Vertretung des Mündels bei höchstpersönlichen Rechtsgeschäften, insbesondere im Rahmen des Familien- und Erbrechts (z. B. Eheschließung, Abschluß eines Ehevertrages, Errichtung eines Testaments), ausgeschlossen.

Das Betreuungsrecht enthält in § 1903 Abs. 2 eine vergleichbare Regelung: Danach kann sich der Einwilligungsvorbehalt, also die Einwilligung des Vormundschaftsgerichts zu bestimmten Rechtsgeschäften des Betreuten, nicht auf Willenserklärungen beziehen, die auf Eingehung einer Ehe und auf Verfügungen von Todes wegen gerichtet sind.

b) Willenserklärungen gemäß §§ 112, 113

Soweit der Mündel gemäß *§§ 112, 113* partiell geschäftsfähig ist, sind seine Willenserklärungen wirksam und bedürfen nicht der Zustimmung des Vormunds (§§ 183, 184). Zu beachten ist, daß der Abschluß eines Ausbildungsvertrages für den Mündel als Auszubildenden nicht unter § 113 fällt, da der Ausbildungscharakter überwiegt und nicht primär den Austausch von Arbeitsleistungen zum Gegenstand hat. Die entsprechende Regelung für die Betreuung findet sich ebenfalls in § 1903 Abs. 2 beim Einwilligungsvorbehalt.

c) Interessenkollision und Konfessionsverschiedenheit zwischen Mündel und Vormund

Soweit der Vormund aus tatsächlichen oder rechtlichen Gründen verhindert ist, den Mündel zu vertreten (§ 1909 Abs. 1 Satz 1), handelt an seiner Stelle ein hierfür zu bestellender Pfleger (§ 1794).

Die Vertretungsmacht des Vormunds kann teilweise gemäß § 1796 wegen Interessenwiderstreits und gemäß § 1801 wegen Konfessionsverschiedenheit zwischen Mündel und Vormund entzogen werden. In der Praxis wird häufig auf die Generalklausel des § 1796 − der auch für die Betreuung gilt − zurückgegriffen, um die Vertretungsmacht des Vormunds bei erheblichen Interessengegensätzen zwischen Mündel und Vormund (§ 1796 Abs. 2) einzuschränken. Ein erheblicher Interessengegensatz ist dann gegeben, wenn die Forderung des einen Interesses nur auf Kosten des anderen möglich ist. Es muß sich um eine erhebliche Unvereinbarkeit der beiderseitigen Interessen handeln; der Vormund „muß also ein eigenes Interesse haben, so und nicht anders zu handeln, und dieses Interesse muß im Gegensatz zum Interesse des Kindes stehen"[46]. Daraus folgt, daß sich ein Einschreiten erübrigt, wenn der Vormund trotz des möglichen Interessenwiderstreits eine dem Wohle des Kindes gerecht werdende Entscheidung zu treffen vermag.

Ob ein erheblicher Interessengegensatz im Sinne von § 1796 Abs. 2 besteht, hat das Vormundschaftsgericht von Amts wegen zu ermitteln (§ 12 FGG). Ein Verschulden des Vormunds als gesetzlichem Vertreter an dem Entstehen des erheblichen Interessengegensatzes ist nicht erforderlich[47]. Ebenso wie bei der endgültigen Entlassung des Vormunds aus dem Amt stellt auch der teilweise Entzug der Vertretungsmacht immer einen schwerwiegenden Eingriff dar, der erst dann vorgenommen werden kann, wenn andere, weniger einschneidende Maßnahmen nicht möglich sind.

d) Schenkungen des Vormunds aus dem Mündelvermögen

Kraft Gesetzes ist es dem Vormund untersagt, das Mündelvermögen durch Schenkungen zu mindern (§ 1804). Diese gesetzliche Regel ist selbstverständlich und entspricht einem bei der Verwaltung fremden Vermögens stets geltenden Prinzip. Einer entsprechenden Regelung im Betreuungsrecht bedurfte es nicht, da die Befugnisse des Betreuers durch seinen Aufgabenkreis begrenzt sind und eine Schenkung hierzu nicht gehören wird.

Sofern der Mündel gesamthänderisch gebundenes Vermögen besitzt, können die übrigen Gesamthänder in ihrer Mehrheit durch Schenkungen aus dem gesamthänderisch gebundenen Gut den wirtschaftlichen Wert des Anteils schmälern. Innerhalb einer Vermögensgemeinschaft zur gesamten Hand genießt das Mündelvermögen aufgrund der wechselseitigen Bindungswirkung nicht den gleichen Bestandsschutz wie bei einem „bindungslosen" Einzelvermögen. So gehen die Vertretungsregeln des Gesellschaftsrechts den allgemeinen Vertretungsregeln des BGB vor, so daß z. B. die Schenkung eines OHG-Anteils durch Mehrheitsbeschluß der Gesellschafter nicht gemäß § 134 in Verbindung mit § 1804 unwirksam ist[48].

---

46 OLG Hamm 8. 5. 1963, FamRZ 1963, 580, BayObLG 26. 2. 1981, RPfleger 1981, 302.
47 OLG Hamburg 7. 5. 1923, OLGZ 43, 365 f.; OLG Hamm 8. 5. 1963, FamRZ 1963, 580.
48 RG 30. 9. 1929, RGZ 125, 380–384.

e) Erteilung von Vollmachten an Dritte durch den Vormund

Der Vormund ist, insbesondere bei einer umfangreichen Vermögensverwaltung, genötigt, sich fremder, fachkundiger Hilfe (z.B. Rechts- und Steuerberatung, Information und Beratung auf technischen und kaufmännischen Gebieten) zu bedienen, sofern es sich nicht um Rechtsgeschäfte handelt, die er kraft besonderer gesetzlicher Vorschrift oder der Natur der Sache nach persönlich vornehmen muß[49]. Wenn aber außenstehende Dritte Vertretungsmacht mit Wirkungen für und gegen den Mündel erhalten, ist damit naturgemäß eine erhöhte Gefährdung des Mündelinteresses verbunden. Der Vormund muß daher, bevor er sich fremder Hilfe bedient, gewissenhaft prüfen, ob die Hilfe Dritter notwendig und dem Wohle des Mündels förderlich ist.

Mit dem Amt des Vormundes ist es unvereinbar, wenn der Vormund im Wege einer unbeschränkten Generalvollmacht sich seiner sämtlichen Rechte und Pflichten entäußert und damit sein Amt nur noch formal fortbesteht. Inhaltlich käme eine solche unbeschränkte Generalvollmacht der Übertragbarkeit des Amtes selbst gleich. Das auf Zeit verliehene Amt des Vormunds ist aber seinem Inhalt nach nicht durch den Amtsinhaber übertragbar[50]. Gleichwohl kann eine Generalvollmacht für einen bestimmten Teilbereich der vormundschaftlichen Verwaltung zulässig und sogar geboten sein. Eine Übertragung des Amtes des Vormunds liegt hierin nicht. Der Vormund hat allerdings die Erforderlichkeit einer derartigen Vollmacht sorgfältig zu prüfen. Bestellt der Vormund einen Vertreter ohne sachlichen Grund, so kann hierin eine zum Schadenersatz verpflichtende Handlung liegen, die eine teilweise Entziehung der Vertretungsmacht gemäß § 1796 oder gar eine Entlassung gemäß § 1886 rechtfertigt.

Im Interesse des Rechtsverkehrs hängt die Wirksamkeit der dem Dritten erteilten Vollmacht nur davon ab, ob der Vormund sich noch in den Grenzen der ihm kraft Gesetzes erteilten Vertretungsmacht bewegt. Dies bedeutet, daß der Vormund immer dann einen Dritten wirksam bevollmächtigen kann, wenn er sich innerhalb der Grenzen seiner Vertretungsmacht bewegt. Der Bevollmächtigte kann gegenüber Behörden, Gerichten und Dritten auftreten, die seine Vertretungsmacht nicht deshalb in Frage stellen können, weil die Übertragung der Vollmacht pflichtwidrig gewe-

---

49 OLG Hamm 16. 3. 1972, DB 1972, 915f.
50 OLG Dresden 9. 5. 1911, Seuff. Arch. 66 (NF 36) Nr. 155 S. 306; KG 29. 9. 1902, OLGZ 5, 410f.

sen sei. Der Grundbuchrichter hat nicht zu prüfen, ob der Vormund die Vollmacht unter Verletzung seiner Pflichten erteilt hat[51]. Es ist allein Aufgabe des Vormundschaftsgerichts, als Aufsichtsorgan einzuschreiten und den Vormund gegebenenfalls zur Rücknahme der Vollmacht aufzufordern oder ihn zu entlassen.

Soweit der Vormund einen Dritten zulässigerweise für die Vornahme bestimmter Rechtsgeschäfte bevollmächtigt (Gattungsvollmacht), ist zu fragen, ob nicht bereits die Bevollmächtigung selbst der Genehmigung des Vormundschaftsgerichts, insbesondere bei Rechtsgeschäften gemäß §§ 1821, 1822 bedarf. Das Kammergericht[52] lehnt eine Genehmigungspflicht ab. Nach Auffassung des Gerichts folge dies daraus, daß § 1822 Nr. 11 zur Erteilung einer Prokura die Genehmigung fordere; daraus sei zu schließen, daß der Vormund andere Vollmachten ohne solche Genehmigung erteilen könne. Ferner lasse sich eine Vollmachtserteilung zu einem genehmigungsbedürftigen Rechtsgeschäft nicht als das Geschäft selbst ansehen, da sie dieses nur vorbereitet und nicht unmittelbar auf eine Rechtsänderung abziele.

Hierzu ist zunächst zu sagen, daß der Umkehrschluß zu § 1822 Nr. 11 nicht zwingend ist, ebensogut könnte man die Bestimmung analog anwenden. Immerhin stellt die vorgenannte Entscheidung klar, daß die Erteilung der Vollmacht selbst das spätere, genehmigungsbedürftige Rechtsgeschäft nur vorbereitet. Diese Ansicht zieht zwar den Schutzbereich des Mündelwohls und damit den Eingriffsbereich des Vormundschaftsgerichts enger, hat aber die größere Praktikabilität des Vorgehens auf ihrer Seite: Erst wenn das Geschäft abgeschlossen wurde und damit sein Inhalt feststeht, kann das Vormundschaftsgericht auf sicherer Grundlage beurteilen, ob es seine Genehmigung erteilen kann oder nicht. Eine Vorauseinwilligung würde das Mündelwohl nur unzureichend schützen. Die vom rechtsgeschäftlich bestellten Vertreter des Vormunds abgeschlossenen Rechtsgeschäfte müssen, soweit der Vormund selbst einer Genehmigung bedarf, vom Vormundschaftsgericht genehmigt werden[53].

---

51 OLG Dresden 9. 5. 1911, Fn. 50.
52 Fn. 50.
53 KG 29. 9. 1902, Fn. 50.

f) Dauerwirkung von Vollmachten über das Ende der Vormundschaft hinaus

Fraglich ist es, inwieweit vom Vormund erteilte Vollmachten über die Beendigung des Amts des Vormunds hinaus wirksam sind[54]. Grundsätzlich gilt, daß ein Auftrag im Zweifel nicht durch den Tod und auch nicht durch den Eintritt der Geschäftsunfähigkeit des Vollmachtgebers erlischt. Das gleiche muß bei Wegfall des gesetzlichen Vertreters des Vollmachtgebers gelten. Von diesem Grundsatz der Weitergeltung der Vollmacht über das Ende des Amtes des Vormunds hinaus macht die Rechtsprechung, den Schutz des Mündelvermögens betonend, eine wichtige Ausnahme[55]. Der Vormund kann nämlich eine zeitlich unbeschränkte Vollmacht nur dann rechtswirksam erteilen, wenn ein sachlicher Grund gegeben ist. Hierbei kann an langwierige Prozesse des Mündels oder sich in der Schwebe befindliche Geschäfte gedacht werden. Der Grund für diese Einschränkung liegt darin, daß die Verwaltungsbefugnisse des Vormunds denen des Eigentümers des Vermögens nicht gleichstehen. Die Verwaltung des Vormunds dient dem Schutz des Mündels und soll das Mündelgut erhalten und verbessern. Daher reichen in vermögensrechtlicher Beziehung die Vertretungsbefugnisse des Vormunds über die Dauer der Vormundschaft nur dann hinaus, wenn dies aufgrund des Zwecks der vormundschaftlichen Verwaltung notwendig ist. Auf keinen Fall kann der Mündel durch Vollmachtsverträge des Vormunds auf unbestimmte Zeit auch nach der Volljährigkeit gebunden werden.

Als Regel gilt aber, daß mit dem Amtsende des Vormunds jede Fremdbestimmung zu Lasten des Mündelvermögens aufhören muß. Die bloße Widerrufbarkeit der Vollmacht gemäß § 168 Abs. 2 bietet hier keinen ausreichenden Schutz.

Hat der Vormund eine Vollmacht erteilt und erleidet der Mündel einen Schaden, so kann er Ersatzansprüche gegen den Vormund geltend machen, da der Vormund auch für die von ihm gewählten Erfüllungsgehilfen haftet[56].

Eine Ausnahme von den vorgenannten Grundsätzen, die den Schutz des Geschäftspartners bezwecken, macht die Rechtsprechung dann, wenn der Vertreter bewußt die Vollmacht zum Nachteile des Vertretenen miß-

---

54 KG 25. 10. 1923, JFG 1, 313.
55 RG 26. 4. 1898, RGZ 41, 263 (266).
56 RG 1. 5. 1911, RGZ 76, 185.

braucht und der Dritte dies hätte erkennen müssen[57]. War es dem Geschäftspartner demnach möglich zu erkennen, daß der Vertreter des Mündels seine Vollmacht mißbrauchte, ist er nicht schutzwürdig.

g) Gesetzlicher Ausschluß der Vertretungsmacht des Vormunds wegen Interessenkollision sowie das Verbot des Selbstkontrahierens

Während im Fall des § 1796 das Vormundschaftsgericht nach pflichtgemäßem Ermessen im Einzelfall den Wirkungskreis und damit den Umfang der Vertretungsmacht des Vormunds beschränken kann, besteht in den in § 1795 aufgeführten Fällen eine unwiderlegliche gesetzliche Vermutung für widersprüchliche Interessen von Vormund und Mündel und damit ein vom Willen des Vormundschaftsgerichts unabhängiger, kraft Gesetzes bestehender Ausschluß der Vertretungsmacht des Vormunds. In folgenden Fällen, die kraft Verweisung des § 1908i auch für den Betreuer gelten, geht der Gesetzgeber davon aus, daß eine potentielle Kollision zwischen den Interessen des Vormunds und des Mündels gegeben ist und schließt die Vertretungsmacht des Vormunds aus:

aa) Rechtsgeschäfte zwischen dem Ehegatten und den Verwandten des Vormunds einerseits und dem Mündel andererseits (§ 1795 Abs. 1 Nr. 1)

Unter § 1795 Abs. 1 Nr. 1 fallen sowohl zweiseitige wie einseitige Rechtsgeschäfte; die Gefährdung der Interessen des Mündels, der die Regelung vorbeugen will, kann auch bei einseitigen Rechtsgeschäften eintreten[58]. § 1795 Abs. 1 Nr. 1 findet auf einseitige Rechtsgeschäfte selbst dann Anwendung, wenn diese, „statt durch Erklärung gegenüber der Person, für die sie bestimmt sind, durch Erklärung gegenüber dem Grundbuchamt oder durch anderweitige Betätigung des rechtsgeschäftlichen Willens vorgenommen werden"[59]. Unter den Begriff der Verwandtschaft im Sinne von § 1795 Abs. 1 Nr. 1 fallen sowohl die nach Abstammung mit dem Vormund verbundenen Verwandten im Sinne von § 1589 als auch die kraft Adoption entstehende Verwandtschaft gemäß § 1754, 1767 Abs. 2, nicht dagegen die Verschwägerten (§ 1590 Abs. 1)[60].

---

57 RG 15. 2. 1911, RGZ 75, 299 (301) für Testamentsvollstrecker.
58 BayObLG 30. 7. 1904, BayObLGZ 5, 412 (413 f.); BayObLGZ 30. 6. 1908, Seuff. Arch. 64, 73.
59 KG 16. 11. 1934, JW 1935, 1439.
60 OLG Hamm 14. 9. 1964, FamRZ 1965, 86 f.

bb) Rechtsgeschäfte zwischen Vormund und Mündel hinsichtlich durch Real- und Personalsicherheiten gesicherter Forderungen des Mündels gegen den Vormund (§ 1795 Abs. 1 Nr. 2)

Soweit dem Mündel eine mit akzessorischen Sicherungsrechten versehene Forderung gegen den Vormund zusteht, ist der Vormund gehindert, über die dinglich gesicherten Forderungen zu verfügen (für Verfügungen über sonstige Forderungen bedarf der Vormund der Genehmigung des Gegenvormunds oder des Vormundschaftsgerichts (§ 1812 Abs. 1 und 3)). Die praktische Bedeutung des § 1795 Abs. 1 Nr. 2 liegt in ihrer Anwendung auf das elterliche Vertretungsrecht für minderjährige Kinder (§ 1629 Abs. 2 Satz 1). Insbesondere erbrechtliche Ansprüche der minderjährigen Kinder gegen den überlebenden Elternteil werden häufig durch Bestellung einer Hypothek abgesichert. § 1795 Abs. 1 Nr. 2 will verhindern, daß der Mündel oder das minderjährige Kind statt einer dinglich gesicherten Forderung durch eine Verfügung des Schuldners, der zugleich ihr gesetzlicher Vertreter ist, eine ungesicherte Forderung erhält[61]. Im Falle des § 1795 Abs. 1 Nr. 2 ist die Vertretungsmacht des gesetzlichen Vertreters schlechthin ausgeschlossen, so daß auch dann, wenn der Mündel zur Übertragung der dinglich gesicherten Forderung verpflichtet ist, ein Ergänzungspfleger gemäß § 1909 zu bestellen ist. Somit kann der Vormund den Mündel selbst dann nicht vertreten, wenn das intendierte Rechtsgeschäft hinsichtlich der dinglich gesicherten Forderung lediglich in der Erfüllung einer Verbindlichkeit besteht. Der Wortlaut des § 1795 Abs. 1 Nr. 2 ist insoweit eindeutig[62]. Der gesetzliche Vertreter muß nicht notwendig Eigentümer des Grundstücks sein, auf dem die Hypothek zugunsten der Forderung des Mündels ruht, „denn das Gesetz verlangt nur, daß eine Forderung gegen den elterlichen Gewalthaber begründet und daß diese durch Hypothek gesichert ist"[63]. Eine Übertragung der gesicherten Forderung im Sinne von § 1795 Abs. 1 Nr. 2 liegt auch dann vor, wenn die Person des Schuldners im Wege einer Schuldübernahme gemäß §§ 414ff. ausgewechselt werden soll. Der Vormund ist auch in diesem Fall gehindert, als gesetzlicher Vertreter des Gläubigers einen Übergang seiner Schuld auf den übernehmenden Dritten zu genehmigen[64].

---

61 KG 17. 3. 1902, KGJ 24 A 17 – A 19.
62 KG 23. 8. 1902, OLGZ 5, 362 (363 f.).
63 KG 24. 6. 1912, KGJ A 43, A 147, A 153.
64 RG 26. 2. 1908, RGZ 68, 37.

§ 1795 Abs. 1 Nr. 2 erwähnt lediglich die akzessorischen Sicherungsrechte wie Pfandrecht, Hypothek und Bürgschaft, dagegen wird das in der Praxis sehr häufig anzutreffende nicht akzessorische Grundpfandrecht der Grundschuld nicht aufgezählt. Zu der Frage, ob die Bestimmung analog angewendet werden kann, vertritt die Rechtsprechung keine einheitliche Auffassung. Das Kammergericht bejaht die Anwendung schlechthin, auch wenn keine persönliche Forderung besteht[65]. Dieser Ansicht ist das OLG Braunschweig entgegengetreten[66]. Es meint, man könne allenfalls darüber diskutieren, die Grundschuld der Hypothek gleichzustellen, wenn sie zur Sicherung einer persönlichen Forderung des Mündels gegen den Vormund dient. Eine generelle Gleichstellung würde jedoch bedeuten, daß man die Bestimmung auf jedwede dingliche Rechte an Grundstücken des Vormunds, also auch auf Nießbrauch, Reallasten und Dienstbarkeiten anwenden müsse. Diese Argumentation ist keineswegs zwingend. Hypothek und Grundschuld als Grundpfandrechte sind in ihrer Sicherungsfunktion weitgehend identisch. Lediglich die unterschiedlichen Ausprägungen der Grundpfandrechte in den einzelnen Partikularrechten haben das BGB bewogen, beide Formen der Sicherung des Realkredits aufzunehmen. Erblickt man die ratio legis des § 1795 Abs. 1 Nr. 2 darin, daß dem Mündelvermögen die mit hoher Bonität ausgestatteten gesicherten Forderungen erhalten bleiben sollen, so kann es keinen Unterschied machen, ob die Sicherheit akzessorisch zur Forderung ist oder nicht. Die Lücke des Gesetzes ist daher durch eine analoge Anwendung des § 1795 Abs. 1 Nr. 2 auch auf Sicherungsgrundschulden und Forderungen des Mündels, die lediglich durch eine Grundschuld abgesichert sind, zu schließen.

cc) Begriff des Rechtsstreits im Sinne von § 1795 Abs. 1 Nr. 3

Bei gerichtlichen Auseinandersetzungen zwischen dem Mündel und Verwandten des Vormunds sowie über eine Angelegenheit der in § 1795 Abs. 1 Nr. 2 bezeichneten Art ist die Objektivität des vormundschaftlichen Amtes gefährdet, so daß eine Vertretung des Mündels durch den Vormund kraft Gesetzes ausgeschlossen ist. Zu den Rechtsstreitigkeiten zählen nicht die außergerichtlichen Bemühungen, z. B. die vorprozessuale Abmahnung und die außergerichtliche Geltendmachung eines Pflichtteilsanspruchs gemäß §§ 2303 ff.[67]. Auch soweit es sich um ein nicht

---

[65] KG 24. 11. 1932, HRR 33 NR. 1589.
[66] OLG Braunschweig 19. 5. 1936, JW 1936, 2937 f.
[67] KG 7. 2. 1907, OLGZ 14, 273; BayObLG 25. 9. 1961, FamRZ 1962, 36 f.

streitiges Verfahren innerhalb der freiwilligen Gerichtsbarkeit handelt, fehlt es an dem für § 1795 Abs. 1 Nr. 3 von vornherein vermuteten Interessengegensatz zwischen Mündel und Vormund. Bei dem nicht streitigen Verfahren nach dem FGG wird das Gericht vornehmlich rechtsfürsorgerisch tätig; die Parteien des Rechtsstreits haben lediglich die Stellung von Beteiligten innerhalb des vom Amtsgrundsatz beherrschten Verfahrens. Dies gilt insbesondere für Nachlaßverfahren, in denen nach dem Tode eines Elternteils der überlebende Elternteil ein oder mehrere minderjährige Kinder vertritt. In solchen Fällen kann vielfach erst im Laufe des Verfahrens geklärt werden, ob zwischen dem überlebenden Elternteil und den Kindern wirklich Interessengegensätze bestehen. Würde man in diesen Fällen sofort einen Pfleger bestellen, könnte dies für den Familienfrieden schädlich sein. § 1796 gibt bei Interessengegensätzen eine ausreichende Handhabe, um bei solchen Gegensätzen auf die Bestellung eines Ergänzungspflegers hinzuwirken[68].

dd) Verbot des Selbstkontrahierens gemäß §§ 1795 Abs. 2, 181

§ 1795 Abs. 2 stellt klar, daß der Vormund nicht mit sich selbst kontrahieren darf, wenn es sich um ein Rechtsgeschäft zwischen ihm und dem Mündel handelt. Davon unabhängig ist aber zu beachten, daß § 1795 Abs. 2 in Verbindung mit § 181 voraussetzt, daß der Vormund auf der einen Seite des Rechtsgeschäfts als gesetzlicher Vertreter des Mündels, auf der anderen Seite für sich selbst oder als Bevollmächtigter eines Dritten steht. Diese Vorschrift bedeutet nicht nur ein formelles Ordnungsverlangen, sondern eine Schutzvorschrift im Interesse der Rechtssicherheit im allgemeinen und zum Schutz des Vertretenen im besonderen[69].

In den Bereich des Verbotes gehören nicht der Antrag auf Einigung einer eintragungsfähigen oder eintragungspflichtigen Tatsache im Handelsregister, so daß die Mitwirkung eines Ergänzungspflegers gemäß § 1909 Abs. 1 nicht nötig ist.

Ein Vormund darf an der Auflösung einer Kapitalgesellschaft mitwirken, weil der Auflösungsbeschluß nur ein Akt körperschaftlicher Willensbildung ist, also einen Mehrheitsbescheid darstellt, bei dem jeder Gesellschafter sein Recht auf Mitsprache und Gestaltung der gesellschaftlichen Angelegenheiten wahrnimmt[70].

---
68 BayObLG 25. 9. 1961, Fn. 67.
69 RG 20. 3. 1908, RGZ 68, 172 (175).
70 BGH 26. 1. 1961, DNotZ 1961, 320 mit Anm. *Schelter*, der die Anwendung des § 181 für Gesellschafterbeschlüsse einer Personengesellschaft bejaht; BGH 22. 9. 1969, BGHZ 52, 316 (318); BGH 18. 9. 1975, FamRZ 1975, 686 (688 f.).

Ob der Vormund den Pflichtteil für seinen Mündel verlangt oder nicht, beinhaltet keine rechtsgeschäftliche Handlung. Es kann aber die Entscheidung dieser Frage zu einer Beschwerde führen mit der Folge, daß dem Vormund insoweit die Vertretungsmacht entzogen wird[71].

Im Gegensatz dazu stellt die Anfechtung einer letztwilligen Verfügung gemäß §§ 2078 ff. eine rechtsgeschäftliche Erklärung dar, auch wenn die Anfechtungserklärung dem Nachlaßgericht gegenüber erklärt wird[72]. In der Praxis wird bereits wegen der Prüfung der Frage, ob eine letztwillige Verfügung durch den Mündel (Minderjährigen) anzufechten ist, ein Pfleger bestellt.

Eine rechtsgeschäftliche Erklärung ist auch die Erteilung einer löschungsfähigen Quittung (§ 1144), weil damit zugleich eine Verfügung über die Hypothekenforderung erfolgt[73].

Für jeden Fall ist gesondert zu prüfen und abzuwägen, ob § 1795 Abs. 2 in Verbindung mit § 181 (nicht) anzuwenden ist. Es ist grundsätzlich zu unterstellen, daß das Vertretungsverbot immer dort gilt, wo die Gefahr eines Interessenkonflikts mit einer damit verbundenen Schädigungsmöglichkeit im Zusammenhang steht. Nur wenn dem Vertreter die Vornahme des Rechtsgeschäfts ausdrücklich gestattet ist, ist seine Erklärung auch gültig[74].

Das Vertretungsverbot gilt dann nicht, „wenn nach der Natur des Rechtsgeschäfts eine Gefährdung der Vermögensinteressen des Vertretenen nicht nur im konkreten Einzelfall, sondern abstrakt-generell ausgeschlossen ist; denn dann besteht für ein Vertretungsverbot nach dem Normzweck und aus Gründen der Sicherheit des Rechtsverkehrs kein Bedürfnis"[75].

Daß die Auslegung der Bestimmung im Wege der sogenannten teleologischen Reduktion mit Blick auf den Schutzzweck zu erfolgen hat, wird besonders im Gesellschaftsrecht deutlich. Da bei Gesellschafterbeschlüssen das Zusammenwirken der Gesellschafter zu einem gemeinschaftlichen Nutzen im Vordergrund steht und nicht die Austragung individueller Interessengegensätze, kommt im allgemeinen bei gewöhnlichen Gesellschafterbeschlüssen der Schutzzweck des § 181 nicht zum Tragen. Insbe-

---

71 OLG Hamburg 14. 7. 1930, JW 1931, 1381 mit Anm. *Opet*; BayObLG 24. 5. 1963, FamRZ 1963, 578 f.
72 RG 8. 2. 1934, RGZ 143, 351–354.
73 KG 22. 11. 1906, KGJ 33 A 185, A 186.
74 RG 20. 3. 1908, RGZ 68, 172 (175).
75 BGH 16. 4. 1975, FamRZ 1975, 480 f. (Schenkung unbelasteter Grundstücke/Anm. *Schmidt*.

sondere bei Personengesellschaften stehen die gemeinschaftlichen Belange einer Anwendung des § 181 mit der Folge der Anordnung einer Dauerpflegschaft grundsätzlich entgegen, da dies „eine vertrauensvolle Zusammenarbeit, zumal in Familiengesellschaften" erschwert „und sich unter Umständen lähmend auf Leben und Entwicklung der Gesellschaft" auswirkt[76]. Im Gesellschaftsrecht ist ein Ergänzungspfleger nur dann erforderlich, wenn es sich um strukturelle Entscheidungen handelt; dies ist nicht der Fall, wenn z. B. ein Abschlußprüfer bestellt wird. In diesem Fall ist der Vormund oder Betreuer nicht an der gesetzlichen Vertretung gehindert. Der Schutzwall des § 181 kann jedoch nicht dadurch umgangen werden, daß der gesetzliche Vertreter ermächtigt wird, alle dem Mündel oder Betreuten zustehenden Gesellschafterrechte auszuüben, beispielsweise in der Form eines sogenannten „Bevollmächtigungsvertrages", aufgrund dessen alle Gesellschafterrechte auf den gesetzlichen Vertreter übertragen werden[77].

Beim Abschluß eines Gesellschaftsvertrages muß in jedem Fall für den Mündel ein Ergänzungspfleger bestellt werden, gleichgültig, ob dem Mündel die Stellung eines voll haftenden Gesellschafters oder lediglich eines beschränkt haftenden Kommanditisten eingeräumt wird[78].

ee) Der Mündel in einer Erbengemeinschaft

In allen Fällen, in denen der Vormund nur eine Verbindlichkeit erfüllt, kommt § 181 nicht in Betracht. Sind daher innerhalb einer Erbengemeinschaft Vormund und Mündel beteiligt, so stellt die Auseinandersetzung unter den Erben nur die Erfüllung einer kraft Gesetzes bestehenden Verbindlichkeit dar.

Sofern die Erben eine andere Form der Auseinandersetzung wählen, z. B. den freihändigen Verkauf eines Nachlaßgrundstücks, um den Erlös zu verteilen, handeln die Erben nicht in Erfüllung einer Verbindlichkeit. In diesem Fall ist der gesetzliche Vertreter des Mündels gehindert, im eigenen Namen sowie im Namen des Mündels eine vom Gesetz nicht vorgesehene Erbauseinandersetzung zu betreiben. Dies gilt auch dann, wenn Gesamthandseigentum der Erbengemeinschaft in Bruchteilseigentum umgewandelt wird[79]. Allerdings ist stets zu fragen, ob die, vom Gesetz

---

76 BGH 18. 9. 1975, FamRZ 1975, 686.
77 OLG Hamm 16. 3. 1972, DB 1972, 915 f.
78 KG 18. 11. 1901, KGJ 23 A 89, A 92, A 93; BayObLG 16. 12. 1958, BayObLGZ 1958, 373 (376).
79 BGH 9. 7. 1956, BGHZ 21, 229 (233).

Grundsätze des Vormundschaftsrechts

abweichende, Erbauseinandersetzung dem Mündel nicht einen rechtlichen Vorteil bringt. Dies wird allerdings häufig zu verneinen sein, da der Mündel nach der Auseinandersetzung in der Regel unbeschränkt für die Nachlaßverbindlichkeiten haftet (§ 2060 BGB).

3. Die Haftung des Vormunds (Betreuers) gegenüber dem Mündel (Betreuten)

Durch die Bestellung des Vormunds entsteht zwischen dem Sorgeberechtigten und dem Mündel ein Legalschuldverhältnis auf privatrechtlicher Grundlage. Wenn auch die Berufung zum „Amt" des Vormunds durch einen Hoheitsakt des Vormundschaftsgerichts erfolgt und die Vormundschaft ihrem Wesen nach zu dem Gebiet der staatlichen Wohlfahrtspflege zu rechnen ist, übt der Vormund keine „öffentliche Gewalt" aus, so daß der Vormund nicht als „Beamter" im staatshaftungsrechtlichen Sinne gemäß § 839 in Verbindung mit Art. 34 GG anzusehen ist. Die dem Vormund und Betreuer obliegende Tätigkeit besteht „nicht in der Ausübung hoheitlicher Ordnungs- oder Fürsorgegewalt, sondern in der Verwaltung des Vermögens des Mündels oder Betreuten"[80].

Sofern der Vormund oder Betreuer seine Pflichten verletzt, die aus dem gesetzlichen Schuldverhältnis familienrechtlicher Art zwischen Vormund und Mündel entspringen, macht sich der Vormund gemäß § 1833 schadensersatzpflichtig. Die genannte Bestimmung gilt gemäß § 1908i auch für den Betreuer. Er haftet dem Mündel gemäß § 1833 in Verbindung mit § 1793 für jeden Vermögensschaden (§§ 249 ff.), soweit der Schaden „im Schutzbereich der Pflichtnorm des § 1793 und der Haftungsnorm des § 1833 liegt"[81]. Diese Vorschriften wollen gerade sichern, daß dem Mündel durch eine seinem mutmaßlichen Willen und dem Gebot wirtschaftlicher Vernunft widersprechende Vermögensverwaltung kein Nachteil entsteht.

Das Schuldverhältnis zwischen Vormund und Mündel bzw. Betreuer und Betreutem ist weitgehend dem Verhältnis zwischen dem Inhaber des elterlichen Sorgerechts und dem minderjährigen Kind angepaßt (vgl. § 1800)[82], wobei das Rechtsverhältnis zwischen Vormund und Mündel auf dem Gebiet der Vermögenssorge den Charakter eines treuhänderischen Geschäftsbesorgungsverhältnisses trägt. Der „durch Hoheitsakte

---

80 BGH 24. 6. 1957, BGHZ 24, 393 f. (für den Custodian nach MilRegG 52).
81 So BGH 16. 6. 1971, FamRZ 1971, 574 (576).
82 BGH 30. 3. 1955, BGHZ 17, 109 (115).

bestellte Verwalter fremden Vermögens ist gegenüber dem Inhaber des Vermögens zu einer ordentlichen Verwaltung verpflichtet und haftet für die schuldhafte Verletzung dieser Verpflichtung". Tragender Grund für die Haftung der Verwalter ist die Tatsache, daß sie zur Tätigkeit in einem ihnen fremden Rechts- und Interessenkreis bestellt sind, daß sie fremde Geschäfte besorgen[83].

Da der Vormund zu treuer und gewissenhafter Führung der Vormundschaft verpflichtet ist (§ 1789), verletzt er seine Amtspflicht, wenn er eine Anordnung trifft, die mit Gefahren für den Mündel verbunden ist, wenn ein anderer, gefahrenloser Weg möglich ist, den angestrebten Zweck zu erreichen[84]. Es ist auch denkbar, daß das öffentliche Interesse sich auf die privatrechtlichen Verpflichtungen des Vormunds auswirkt, beispielsweise dann, wenn der Vormund sich pflichtwidrig weigert, Unterhaltsklage gegen den Erzeuger des nichtehelichen Kindes zu erheben[85].

Jeden Vormund trifft grundsätzlich die Pflicht, sich die für eine ordnungsgemäße Geschäftsführung und erfolgreiche Wahrnehmung der Mündelinteressen erforderliche Rechtskenntnis anzueignen[86].

Insbesondere den rechtskundigen Vormund trifft die Pflicht, sorgfältig mögliche Ansprüche des Mündels gegen Dritte sowie die Erfolgsaussichten einer möglichen Klage gewissenhaft zu prüfen und gegebenenfalls rechtzeitig vor Eintritt der Verjährung Klage zu erheben[87].

Zu den Pflichten des Vormunds gehört es auch, dem Vormundschaftsgericht anzuzeigen, daß er aus rechtlichen oder tatsächlichen Gründen an der Vornahme bestimmter Geschäfte gehindert ist und deshalb ein Ergänzungspfleger bestellt werden muß (§ 1909 Abs. 2).

Der Vormund haftet für Verschulden nach § 276; dabei ist nicht auf die persönlichen Eigenschaften und Fähigkeiten des Vormunds abzustellen, vielmehr ist der durchschnittliche, pflichtgetreue Vormund als Maßstab heranzuziehen. Er haftet also nicht nur für die Sorgfalt, die er in eigenen Angelegenheiten anzuwenden pflegt. „Allerdings ist bei der Beurteilung, ob ihn ein Verschulden trifft, darauf Rücksicht zu nehmen, welche Sorgfalt in den Lebenskreisen, denen der Pfleger angehört, geübt wird und billigerweise in diesen Kreisen auch nur erwartet werden kann"[88].

---
83 BGH 24. 6. 1957, BGHZ 24, 393 (395 f.).
84 RG 3. 11. 1914, RGZ 85, 416 (418).
85 KG 3. 3. 1902, OLGZ 4, 414.
86 RG 31. 3. 1931, RGZ 132, 257 (262).
87 RG 18. 2. 1932, WarnRspr. 1932, 157.
88 BGH 15. 1. 1964, FamRZ 1964, 199 f.

§ 288 wird der allgemeine Rechtsgedanke entnommen, wonach derjenige für die anspruchsbegründenden Tatsachen beweispflichtig ist, die in dem von ihm beherrschten und überschaubaren Gefahrenbereich liegen. Diese Beweislastregel ist auch für das gesetzliche Schuldverhältnis zwischen Vormund und Mündel anzuwenden, so daß es bei objektiver Pflichtverletzung dem Vormund obliegt, Tatsachen unter Beweis zu stellen, die sein Verschulden ausschließen.

Es ist umstritten, inwieweit der Vormund, soweit er Dritten zulässigerweise bestimmte Aufgaben der vormundschaftlichen Fürsorge überträgt, für diese gemäß § 278 als seine Erfüllungsgehilfen haftet. Während eine Meinung ausschließlich auf die Zulässigkeit der Übertragung als solcher abstellt und im Falle der zulässigen Übertragung den Vormund lediglich für ein Auswahlverschulden haften läßt, unterscheidet eine andere Meinung danach, ob der Vormund selbst in der Lage gewesen sei, die dem Dritten übertragene Angelegenheit durchzuführen oder ob er notwendigerweise den Dritten habe herbeiziehen müssen. Neben der Pflicht zur gewissenhaften Auswahl hat der Vormund darüber hinaus das Verhalten der von ihm herangezogenen Erfüllungsgehilfen zu überwachen und gegebenenfalls bestimmte Anweisungen zu erteilen. Soweit die Dritten den Mündel bei ihren Hilfsdiensten vorsätzlich schädigen, handeln sie nicht mehr mit Wissen und Wollen des Vormunds (Handeln bei Gelegenheit), so daß eine Haftung des Vormunds entfällt.

Der Vormund kann sich nicht durch den Hinweis entlasten, daß das Vormundschaftsgericht seinerseits seine Kontrollpflichten vernachlässigt habe. Zwar gehört es zu den Aufgaben des Vormundschaftsgerichts, die Tätigkeit des Vormunds zu überwachen und das Mündelinteresse zu wahren. Diese vom Gesetz vorgesehene Aufsicht dient aber nicht dem Interesse des Vormunds, „sondern (ist) zum Schutze des Mündels als weitere Sicherungsmaßregel für die Wahrnehmung der persönlichen und Vermögensinteressen des Mündels angeordnet. Durch die Nachprüfung der Vermögensverwaltung des Vormunds durch das Vormundschaftsgericht anhand der alljährlichen Rechnungslegungen und die fortlaufende Bearbeitung der Akten wird eine Entlastung des Vormunds nicht herbeigeführt und die Verantwortlichkeit für ein dem Vormund bei der Vermögensverwaltung zur Last fallendes Verschulden nicht beseitigt"[89].

Dieser für Vormund, Betreuer und Pfleger weitreichende Pflichtenkreis ist verständlich, wenn man von der bereits erwähnten Rollenverteilung

---

89 KG 2. 4. 1932, JW 1933, 184 f.

von Vormundschaftsgericht und Vormund ausgeht. Vormund und Vormundschaftsgericht sind zwei selbständig handelnde, zur Fürsorge für den Mündel berufene Institutionen. Eine wechselseitige Entlastung findet nicht statt, jedes der beiden Organe der öffentlichen Fürsorge bleibt seinem, ihm gegenüber dem Mündel obliegenden Pflichtenkreis verantwortlich.

Selbst wenn das Amt des Vormunds infolge Zeitablaufs oder sonstiger Umstände (vgl. §§ 1882ff.) geendigt hat, fließen aus dem gesetzlichen Schuldverhältnis familienrechtlicher Art zwischen Vormund und Mündel nachwirkende Schutz- und Obhutspflichten des Vormunds für den Mündel. Insbesondere dann, wenn der Vormund sich gutgläubig oder wider besseres Wissen weiterhin als Vormund geriert, trifft ihn im Falle einer schuldhaften Pflichtverletzung eine Haftung analog § 1833[90].

Der Anspruch aus § 1833 verjährt gemäß § 195 in der regelmäßigen Frist von 30 Jahren, wobei die Verjährung gemäß § 204 Abs. 2 während der Dauer des Vormundschaftsverhältnisses gehemmt ist.

Soweit das Jugendamt als Amtsvormund bestellt wurde (§§ 1791 b, 1791 c), übt das Jugendamt ähnlich wie der frühere Berufsvormund gegenüber dem Mündel zugleich öffentliche Gewalt aus. In diesem Falle konkurriert die Haftungsnorm des § 1833 mit den Grundsätzen des Staatshaftungsrechts bei schuldhafter Verletzung einer Amtspflicht gemäß § 839 in Verbindung mit Art. 34 GG[91]. Da der Amtsvormund nicht gegenüber dem privaten Vormund privilegiert sein und der Mündel nicht deshalb schlechter stehen soll, weil ihm ein Amtsvormund haftet (Subsidiaritätsklausel gem. § 839 Abs. 1 Satz 2, Fiskusprivileg, kurze Verjährung gemäß § 852), geht die Haftung des Amtsvormunds gemäß § 1833 der Staatshaftung gemäß § 839 in Verbindung mit Art. 34 GG vor[92]. Die gesetzliche Haftung nach § 1833 stellt somit keine anderweitige Ersatzmöglichkeit dar, da der Hoheitsträger nicht die für ihn günstigere Haftungsnorm auswählen kann.

Bei der Frage des Verschuldens des Amtsvormunds (gleiches gilt für den privaten Vormund) ist das angerufene Gericht befugt, das in Frage stehende pflichtwidrige Verhalten des Vormunds auch auf seine Zweckmäßigkeit hin zu überprüfen. „Die Grundsätze, die die Rechtsprechung für die gerichtliche Nachprüfung der auf Ermessensentscheidungen beru-

---

90 RG 19. 9. 1938, JW 1938, 3116.
91 BGH 20. 4. 1953, BGHZ 9, 255 (257).
92 OLG Nürnberg 28. 4. 1965, FamRZ 1965, 454 f.; RG 31. 3. 1931, RGZ 132, 257–262.

henden Verwaltungsakte herausgebildet hat und nach denen ein Verschulden nur angenommen werden kann, wenn der Beamte bei der Ausübung des ihm eingeräumten Ermessens in so hohem Maße fehlerhaft gehandelt hat, daß sein Verhalten mit den an eine ordnungsmäßige Verwaltung zu stellenden Anforderungen schlechterdings unvereinbar ist", gelten nicht für Handlungen des Amtsvormunds[93]. Das Gericht ist daher nicht auf die bloße Rechtmäßigkeitskontrolle beschränkt, sondern kann auch die Zweckmäßigkeit prüfen.

Aus der Kennzeichnung als treuhänderisches Geschäftsbesorgungsverhältnis[94] folgt weiterhin, daß der Vormund bei treuwidrigem Handeln nicht nur schadenersatzpflichtig ist, sondern auch alle Vorteile, die er aus der unberechtigten Geschäftsführung gezogen hat, herausgeben muß[95].

---

93 BGH 20. 4. 1953, Fn. 91.
94 BGH 24. 6. 1957, BGHZ 24, 393 (395 f.).
95 RG 30. 5. 1940, RGZ 164, 99 f. (Herausgabe von an den Pfleger gezahlten Schmiergelds).

B.
Vermögenssorge des Vormunds bei der Verwaltung des Mündelvermögens

I. Grundsätze der vormundschaftlichen Vermögensverwaltung

1. Der Begriff der wirtschaftlichen Vermögensverwaltung

Neben der Sorge für die Person des Mündels trifft den Vormund die gleichrangige Aufgabe, für das Vermögen des Mündels zu sorgen. Entsprechendes gilt für den Betreuer, wenn und soweit sein Aufgabenkreis sich auf das Vermögen des Betreuten bezieht.

Das Gesetz spricht in § 1811, der gemäß § 1908i auch für die Betreuung gilt, ausdrücklich von den „Grundsätzen einer wirtschaftlichen Vermögensverwaltung"; derselbe Begriff kehrt in § 1642, der sich auf die Vermögenssorge der Eltern gegenüber ihrem minderjährigen Kind bezieht, wieder. Der Begriff der wirtschaftlichen Vermögensverwaltung wird als Sammelbegriff bestimmter Prinzipien verwendet, wobei offen bleibt, wie diese lauten und woraus diese herzuleiten sind.

Das Gesetz formuliert in §§ 1802–1824 einen umfangreichen Katalog von Geboten und Verboten für die vormundschaftliche Vermögensverwaltung, die auch für die Betreuung gelten; u. a. ordnet es bestimmte Anlageformen an (§§ 1806–1811) und schränkt den Handlungsspielraum für bestimmte Verwalterakte durch Genehmigungserfordernisse (§§ 1812, 1821–1823) ein.

Als tragendes Grundprinzip steht hinter diesen Vorschriften die Sicherung des Mündelvermögens. Allgemein wird dies auch mit dem Wort Mündelsicherheit umschrieben, das sich im Gesetz selbst aber nicht findet. Damit das Mündelvermögen in seinem Umfang nicht geschmälert oder gar verkleinert wird, darf der Vormund nichts davon verschenken (§ 1804) oder für sich selbst verwenden (§ 1805). Während § 1908i Abs. 1 § 1805 für die Betreuung als entsprechend anwendbar erklärt, enthält § 1908i Abs. 2 für die Schenkung eine ausdrückliche Regelung, die zwar § 1804 entsprechend anwendet, jedoch dem Betreuer die Möglichkeit gibt, für den Betreuten Gelegenheitsgeschenke auch dann zu machen, wenn dies dem Wunsch des Betreuten entspricht und nach seinen Lebensverhältnissen üblich ist.

Der Begriff der Wirtschaftlichkeit schließt einen weiteren Grundsatz ein: Das Ertrags- oder Nutzungsprinzip. Das Mündelvermögen soll einen Ertrag abwerfen, aus ihm sollen Nutzungen im Sinne von § 100 gezogen werden. Dies ist aber notwendigerweise mit einem, wenn auch begrenzbaren Risiko verbunden. Wirtschaftlich verwalten heißt demnach, unter Eingehen von Risiken Nutzungen aus dem Vermögen zu ziehen. Damit besteht aber bei einer wirtschaftlichen Vermögensverwaltung ein Konflikt: Einerseits Sicherheit = Substanzerhaltung, andererseits risikovolle Nutzung = Substanzvermehrung oder -minderung.

2. Der Vormund als Vermögensverwalter

Der Vormund als gerichtlich bestellter Vermögensverwalter ist der Typ eines gesetzlich „gebundenen" Verwalters. Neben dem Vormund kennt das Gesetz als amtlich bestellte Vermögensverwalter noch den Pfleger (§§ 1090 ff.), den Nachlaßverwalter (§§ 1981 ff.), den Konkursverwalter (§§ 78 ff. KO) und den Vergleichsverwalter (§§ 38 ff. VerglO). Der Testamentsvollstrecker (§§ 2197 ff.) wird zwar durch das Nachlaßgericht ernannt (vgl. § 2200), ist aber zu der Gruppe der frei gewählten, rechtsgeschäftlich bestellten Vermögensverwalter zu zählen, da seine Bestellung und seine Aufgaben auf dem Erblasserwillen beruhen. Die Verwaltungsbefugnis der Eltern gegenüber ihrem minderjährigen Kind ergibt sich nicht aus einem hoheitlichen Akt, sondern unmittelbar aus der gesetzlich geregelten Eltern-Kind-Beziehung.

Dem Mündel ebenso wie den anderen betroffenen Vermögensinhabern wird gegen ihren Willen eine Vermögensverwaltung durch Hoheitsakte aufgezwungen. Die staatlich bestimmte Einschränkung der Dispositionsfreiheit ist nur aufgrund der staatlichen Fürsorgepflicht gegenüber dem schutzbedürftigen Vermögensinhaber und im Interesse einer volkswirtschaftlich sinnvollen Behandlung des vorhandenen Vermögens zu rechtfertigen. Sie ist eine Einschränkung der allgemeinen Handlungsfreiheit gemäß Art. 2 Abs. 2 GG. Der weitgehende Eingriff in die Rechtssphäre des Betroffenen erfordert für den einzelnen Konfliktfall eine Interessenabwägung zwischen staatlicher Bevormundung und eigenständigem Willen des Vermögensträgers. Die Bindung an gesetzliche Schranken der von Amts wegen eingesetzten Vermögensverwalter dient dem Interesse der

Vermögensinhaber: Die Vermögensverwaltung soll nicht Gegenstand privater Spekulationen der Vermögensverwalter sein. Andererseits erscheint, wie noch darzulegen ist, die Bindung des Vormunds bei der Anlage des Mündelvermögens zu stark an allgemeinen Interessen ausgerichtet und läßt auch dem verantwortungsbewußten Verwalter nur einen engen Spielraum bei der Wahrung der Vermögensinteressen des Mündels.

II. Bestandsaufnahme des Mündelvermögens und Prüfungspflicht bei Übernahme der Vermögensverwaltung

Zur ordnungsgemäßen Verwaltung des Mündelvermögens gehören die Erstellung eines Vermögensverzeichnisses (§ 1802), die Rechnungslegung (§ 1840) und die Schlußrechnung (§ 1890). Die vorgenannten Bestimmungen gelten auch für die Betreuung (§ 1908i Abs. 1).

Gemäß § 1802 trifft den Vormund die Pflicht, das bei Übernahme der Vormundschaft vorhandene Mündelvermögen aufzunehmen. Die Einreichung der Inventarliste bezweckt, daß der Bestand des Mündelvermögens im Zeitpunkt der Übernahme des Mündelvermögens festgestellt und offengelegt wird. Das Verzeichnis „soll die Grundlage der Vermögensverwaltung des Vormunds bilden und dem Vormundschaftsgericht die Aufsicht über diese ermöglichen. Dieser Zweck wird nur dann erreicht, wenn die Gegenstände so individualisiert sind, daß kein Zweifel an ihrer Identität bestehen kann. Wie weit dabei im einzelnen zu gehen ist, steht im Ermessen des Vormundschaftsgerichts"[1]. Die Pflicht zur Bestandsaufnahme besteht kraft Gesetzes und braucht nicht besonders vom Vormundschaftsgericht angeordnet zu werden[2].

Da im Gesetz selbst über Form und Inhalt des einzureichenden Verzeichnisses keine Hinweise gegeben werden, muß der Vormund selbst entscheiden, inwieweit das Verzeichnis prüfungsfähig ist. Das Vormundschaftsgericht überprüft das Verzeichnis sowohl in formeller als auch in materieller Hinsicht, d. h. ob es „mit der Versicherung der Vollständigkeit und Richtigkeit versehen ist und ob es die angeführten Vermögensgegenstände des Mündels in ausreichender Weise bezeichnet. Bei verzinslichen Forderungen ... (sind) der Zinssatz, die Zinstermine und die Zinsrückstände

---

1 KG 11. 8. 1911, OLGZ 24, 45.
2 KG 21. 5. 1908, KGJ 36 (A 39).

anzugeben und Urkunden, durch welche die Vermögensrechte nachgewiesen werden, z. B. Sparkassenbücher, Schuldscheine, Versicherungspolicen, Pfandscheine ... aufzuführen ... Beizufügen ist dem Protokoll nur ein etwa beschaffter Auszug aus den öffentlichen Büchern und falls die Beteiligten den Zustand oder den Wert einer Sache durch Sachverständige haben feststellen lassen, die darüber aufgenommene Urkunde ... Andere Belege sind also dem Protokoll über die Aufnahme des Vermögensverzeichnisses nicht beizufügen. Endlich ist auch in keiner der zahlreichen anderen Vorschriften des BGB, welche die Einreichung oder Aufstellung eines Vermögensverzeichnisses zur Pflicht machen, die Beifügung von Belegen vorgeschrieben"[3]. Bei Zweifeln ist das Vormundschaftsgericht kraft seines Aufsichtsrechts gemäß § 1837 befugt, sich Belege zu den einzelnen Positionen des Vermögensverzeichnisses vorlegen zu lassen. Im Weigerungsfall ist ein Ergänzungspfleger gemäß § 1909 zu bestellen, gegebenenfalls kann der Vormund aus seinem Amt entlassen werden.

Das aufzunehmende Vermögen umfaßt nicht nur das Kapitalvermögen, sondern auch laufende Bezüge, z. B. Renten sowie sonstige wiederkehrende Leistungen[4].

Da das voraussichtliche, auf der Basis vergangener Jahre beruhende laufende Einkommen des Mündels sein Vermögen entscheidend beeinflussen kann, ist es zudem notwendig, daß der Vormund neben dem Inventar eine Übersicht über die voraussichtlichen Einkommensquellen gibt[5]. Ausgehend von den Einkommensarten des Einkommensteuergesetzes ist hierbei eine Übersicht über die einzelnen Einkommensquellen zu erstellen:

Beispiel:

Einkommensquellen für das Jahr ...
(Schätzung)
1. Einkünfte aus Land- und Forstwirtschaft   _____
2. Einkünfte aus Gewerbebetrieb   _____
3. Einkünfte aus selbständiger Arbeit   _____
4. Einkünfte aus nichtselbständiger Arbeit   _____

---

3 KG 21. 5. 1908, KGJ 36 A 41.
4 RG 9. 5. 1938, JW 1938, 2206 f.; *Herdemerten,* Die Rechnungslegungspflicht des als Pfleger bestellten Ehegatten, FamRZ 1966, 16 – 18.
5 *Birkenfeld,* Rechnungslegung und Rechnungsprüfung in Vormundschafts- und Nachlaßsachen, FamRZ 1976, 197 – 201.

5. Einkünfte aus Kapitalvermögen (z. B. Dividenden, Zinsen, Beteiligungsgewinne aufgrund eines GmbH-Anteils usw. – vgl. § 20 EStG)
6. Einkünfte aus Vermietung und Verpachtung (dazu gehört auch der Nutzungswert der Wohnung im eigenen Haus (vgl. § 21 Abs. 2 EStG) – dem steuerlichen Nutzungsaufwand stehen aber keine tatsächlichen Geldzuflüsse gegenüber
7. Sonstige Einkünfte im Sinne des § 22 EStG (insbesondere Renten sowie Spekulationsgeschäfte im Sinne von § 23 EStG)
8. Einkünfte aus Erstattung zuviel oder nicht entstandener Steuern und Abgaben

Voraussichtliches Einkommen für das Jahr...

Aufgrund dieser Übersicht verschafft sich der Vormund zugleich Gewißheit über den Umfang der ihn treffenden steuerlichen Pflichten, zumal gemäß § 34 AO der Vormund als gesetzlicher Vertreter des Mündels die steuerlichen Pflichten des Pflegebefohlenen zu erfüllen hat. Er hat insbesondere dafür zu sorgen, daß die Steuern aus den Mitteln entrichtet werden, die er verwaltet (§ 34 Abs. 2 AO). Kommt er dieser öffentlich-rechtlichen Pflicht nicht nach, so haftet der Vormund selbst für die Steuerschulden des Mündels gemäß § 69 AO.

Die Bestandsaufnahme des Mündelvermögens erfolgt durch vollständige Aufzeichnung der Aktiva und Passiva des gesamten Vermögens. Dabei trifft den Vormund die Pflicht, das vorhandene Vermögen nicht nur rein mengenmäßig aufzunehmen, sondern die einzelnen Vermögensbestandteile zu bewerten oder bewerten zu lassen. Nur so können die Vermögensgegenstände näher charakterisiert werden, und nur so kann das Vormundschaftsgericht erkennen, welche Werte dem Verwalter anvertraut sind. Dabei ist zunächst vom sogenannten Markt- oder Verkehrswert auszugehen, bei neuwertigen Gegenständen bilden die Anschaffungs- oder Herstellungskosten die Grundlage.

Soweit eine genaue Ermittlung des Wertes möglich ist, läßt sich aus § 162 AO der allgemeine Rechtsgedanke entnehmen, daß dann eine Schätzung erfolgen darf. Soweit der Vormund nicht selbst die genügende Sachkenntnis hat, kann er sich der Hilfe von Sachverständigen, wie z. B. der eines Steuerberaters, Wirtschaftsprüfers oder sonstigen (gerichtlichen) Sachverständigen bedienen (§ 1802 Abs. 2). Unkosten, die die Erstellung des Verzeichnisses des Mündelvermögens verursacht, fallen diesem zur Last.

Vermögenssorge des Vormunds

Muster eines Vermögensverzeichnisses:

Inventar über das Vermögen des Mündels _____
geboren am _____, gesetzlich vertreten durch den Vormund
_____,
bestellt am _____

I. Vermögen des Mündels

1. Grundbesitz
    a) Lage (Straße, Haus-Nr.) _____
    bebaut mit _____
    Grundbuch für _____ Band _____
    Blatt _____
    Flurstück-Nr. _____
    Grundstücksfläche _____
    qm _____
    Baujahr _____ Bauzustand _____
    Bruttojahresertrag _____ DM
    Nettojahresertrag _____ DM
    Steuerlicher Einheitswert zum 1. 1. 19____
    Verkehrswert (aufgrund Schätzungsgutachten des _____)
    Grundstück zählt steuerlich zum Betriebsvermögen des gewerblichen Unternehmens (Name, Anschrift):
    _____

    b) Weiterer Grundbesitz _____ (wie oben)

2. Der Mündel ist Eigentümer/Gesellschafter/Pächter des gewerblichen Unternehmens _____
    a) Name, Anschrift: _____
    Handelsregister-Nr. beim Amtsgericht: _____
    zuständiges Finanzamt _____ St.-Nr. _____
    (Handels- und Steuerbilanz sowie gegebenenfalls Gesellschaftsvertrag beifügen)
    (Die Bewertung von Gesellschaftsanteilen erfolgt in der Regel nach dem sogenannten Stuttgarter Verfahren

3. Bargeld _____

4. Guthaben bei Banken, Sparkassen, Genossenschaftskassen, Bausparkassen (Anlagen beifügen) _____

5. Wertpapiere lt. Kurswertberechnung zum _____
   (für die genaue Individualisierung von Wertpapieren genügt die Angabe des Endbetrages sowie die Angabe der Buchstaben und Nummern, sofern die Papiere damit versehen sind

6. Forderungen _____
   a) Hypotheken, Grundschuld, Rentenschuld (Anlagen beifügen)
   b) Darlehen _____ (siehe Anlage)
   c) Steuerrückvergütungen, Schadensersatzansprüche _____
      (siehe Anlage)
   d) Sonstige Forderungen _____ (z. B. aus Kaufvertrag)
      (vollständige Anschrift des Schuldners oder der Zahlstelle beifügen)

7. Lebensversicherungen und andere Versicherungen des Mündels
   _____

8. Fahrzeuge _____
   (bei Kraftfahrzeugen Typ, Baujahr, Zulassungsnummer, Fahrzeugpapiere angeben), Boote usw.

9. Gegenstände des persönlichen Gebrauchs _____
   (Kleidung, Bücher, Rundfunk- und Fernsehgeräte, Musikinstrumente etc., Inventarliste beifügen, Wert durch Schätzung zu ermitteln)

10. Kunstgegenstände, Schmuck, Gold- und Silbersachen, Kameras, Briefmarkensammlung usw. _____

11. Haus- und Küchengeräte, Möbel, sonstige Einrichtungsgegenstände _____ (Inventarliste beifügen)

12. Lastenausgleichs-, Entschädigungs-, Rückerstattungsansprüche des Mündels _____
    Behörde _____ Aktenzeichen

13. Beteiligung des Mündels an einer Erbengemeinschaft
    _____ (gesonderte Aufstellung beifügen)

14. Sonstiges (nähere Bezeichnung) _____ (siehe Anlagen)

II. Schulden des Mündels

1. Hypotheken, Grundschulden, Rentenschulden oder Reallasten, soweit der Mündel hierfür persönlich haftet, in der am Stichtag geschuldeten Höhe _____ (Kapital und rückständige Zinsen, Einzelangaben siehe Anlage – insbesondere Grundbuchauszüge beifügen)

2. Lastenausgleichsabgaben _____
   a) Vermögensabgabe
   Vierteljahresbetrag: _____ DM Multiplikator: _____
   Zeitwert: _____ DM
   Rückstände: _____ DM = Gesamtwert: _____ DM
   b) Hypothekengewinnabgabe
   Restwert laut Tilgungsplan am _____ : _____ DM
   Rückstände: _____ DM

   Gesamtschuld = _____ DM

3. Steuerschulden _____
   a) Einkommensteuer _____ (siehe Anlage)
   b) Vermögensteuer _____ (siehe Anlage)
   c) sonstige Steuerschulden (z. B. Umsatz-, Erbschafts- und Schenkungssteuer usw.) _____

4. Sonstige Verbindlichkeiten _____
   (z. B. Arzt-, Krankenhauskosten usw. – siehe Anlage)

Ich versichere die Vollständigkeit des vorstehenden Verzeichnisses und die Richtigkeit der gemachten Angaben (vgl. § 1802 Abs. 1 Satz 1).

_____

Unterschrift

Dem § 1802 ist zu entnehmen, daß der Vormund das gesamte Vermögen des Mündels zu verzeichnen hat. Anders die Regelung im Verhältnis Eltern-Kinder: Die Pflicht zur Erstellung eines Vermögensverzeichnisses besteht nur dann, wenn das Kind von Todes wegen Vermögen erwirbt, sowie für Abfindungen, die anstelle von Unterhalt gewährt werden und bei unentgeltlichen Zuwendungen. Die Pflicht entfällt, soweit der Erblasser davon entbunden hat oder dann, wenn der Erwerb den Betrag von DM 10000,– nicht übersteigt.

Das zu erstellende Vermögensverzeichnis dient dazu, einen Überblick über die wirtschaftliche Lage des Mündels zu geben, was nur durch eine vollständige Erfassung des vorhandenen Vermögens möglich ist. Der Vormund ist daher gehalten, alle, auch die in einer Gesamtheit gebundenen Vermögensteile des Mündels, beispielsweise bei einer Personalgesellschaft, aufzuzeichnen[6]. Somit muß auch das Vermögen des Mündels,

---

[6] KG 6. 2. 1908, KGJ 35 A 24 (A 25); KG 1. 10. 1900, KGJ 20 A 225, A 232 (A 233).

das der Verwaltung eines Dritten untersteht (z. B. Testamentsvollstrecker, Mitgesellschafter), in das Verzeichnis aufgenommen werden. Das Inventar, in dem die einzelnen Vermögensgegenstände des Mündels nach Art, Menge und unter Angabe ihres Wertes genau zu verzeichnen sind[7], ist aufgrund einer gegenständlichen Bestandsaufnahme (Inventur) zu erstellen. Der kraft Gesetzes bestehenden Inventarisationspflicht des Vormunds muß auch ohne Aufforderung des Vormundschaftsgerichts nachgekommen werden, wobei die einzuhaltende Frist vom Umfang des Vermögens abhängt und gegebenenfalls nach freiem Ermessen des Vormundschaftsgerichts zu bestimmen ist.

III. Die laufende Verwaltung des Mündelvermögens

1. Periodische Rechnungslegung für das verwaltete Mündelvermögen

Gemäß § 1840 Abs. 2, der auch für die Betreuung gilt, ist der Vormund verpflichtet, während der Dauer der Vormundschaft jährlich dem Vormundschaftsgericht Rechnung zu legen. Von der Rechnungslegungspflicht sind Amts- und Vereinsvormund befreit (§§ 1857a, 1854), sie sind jedoch zur Vorlage eines Bestandsverzeichnisses nach Ablauf von 2 Jahren, spätestens nach 5 Jahren (§ 1854 Abs. 2) verpflichtet.

Die §§ 1840 ff. sind als Sonderregelungen zur allgemeinen Rechnungslegungspflicht gemäß § 259 für eine mit Einnahmen und Ausgaben verbundene Vermögensverwaltung zu verstehen. Die Pflicht des Vormundes zur Rechnungslegung ist gegenüber der allgemeinen Vorschrift des § 259 Abs. 1 durch § 1841 einerseits dahingehend erweitert, daß der Vormund auch über den Ab- und Zugang des Vermögens Auskunft zu geben hat, andererseits insofern eingeschränkt, als bei dem Betrieb eines Erwerbsgeschäfts mit kaufmännischer Buchführung eine aus den Büchern gezogene Bilanz – unbeschadet des Rechts des Vormundschaftsgerichts, die Vorlegung der Bücher und sonstigen Belege zu verlangen – als Rechnung genügt[8]. Die Verpflichtung des Vormunds zur periodischen Rechnungslegung trägt „nicht lediglich den Charakter einer im Aufsichtsweg erzwingbaren öffentlich-rechtlichen Verpflichtung gegenüber dem Vor-

---

7 BFH 23. 6. 1971, BStBl II 709.
8 KG 14. 12. 1908, KGJ 37 A 110 (A 112).

mundschaftsgericht, sondern zugleich den Charakter einer dem Mündel gegenüber begründeten privatrechtlichen Verpflichtung"[9]. Aus dem öffentlich-rechtlichen Charakter der Rechnungslegung folgt, daß diese auch nach Beendigung der Vormundschaft mit Ordnungsstrafen erzwungen werden kann[10].

Gemäß § 1841 Abs. 1 soll die Rechnung, soweit Belege erteilt zu werden pflegen, mit Belegen versehen sein. „Unter Beleg versteht man ein Beweismittel, das den tatsächlichen Vorgang des Ab- und Zugangs eines Vermögensstücks dartut, dem aber ein eigentlicher Vermögenswert nicht innewohnt"[11]. Das Sparkassenbuch als sogenanntes qualifiziertes Legitimationspapier ist kein einfaches Beweismittel und damit kein Beleg, da es als Legitimationspapier einen entsprechenden tatsächlichen Vermögenswert besitzt[12]. Auch Wertpapiere und Depotscheine besitzen einen Vermögenswert und sind damit keine bloßen Belege, so daß der Vormund gehalten ist, soweit die Papiere verwahrt werden, sich einen besonderen Beleg (z. B. Quittung) ausstellen zu lassen[13].

Die vormundschaftliche Rechnungslegungspflicht gibt nur dem Vormundschaftsgericht und dem Mündel (Betreuten) ein Recht, vom Vormund (Betreuer) Rechnungslegung zu verlangen. Außenstehende Dritte, wie Eltern und sonstige Verwandte des Mündels, haben kein eigenes Recht auf Rechnungslegung. Die Rechnungslegungspflicht ist auch nicht eine bloße Zweckmäßigkeitsvorschrift, sondern auch erforderlich, um dem Vormund selbst die Möglichkeit einer ordnungsgemäßen Rechnungslegung zu gewährleisten[14].

Soweit neben dem Vormund ein Testamentsvollstrecker als Vermögensverwalter vorhanden ist, der einen Teil des durch Erbschaft angefallenen Mündelvermögens verwaltet, steht dem Vormund gegenüber dem Testamentsvollstrecker ein eigenes Recht auf Rechnungslegung zu. Dabei kann gemäß § 2218 Abs. 2 bei einer länger andauernden Verwaltung auch von einem Testamentsvollstrecker Rechnungslegung verlangt werden. Die dann vom Testamentsvollstrecker zu legende Rechnung hat nicht den Anforderungen des § 1840, sondern denen des § 259 zu entsprechen und ist nicht gegenüber dem Gericht, sondern gegenüber dem Vormund zu

---

9 KG 14. 12. 1908, Fn. 8.
10 KG 4. 10. 1906, OLGZ 14, 266 f. (für Nachlaßpfleger).
11 KG 16. 3. 1917, KGJ 50 A 29 (A 31).
12 KG 16. 3. 1917, Fn. 11.
13 KG 21. 5. 1908, KGJ 36 A 41 (A 42).
14 RG 21. 3. 1934, Zeitschrift für Rechtspfleger in Bayern 1934, 193.

legen, dem es überlassen bleibt, die Rechnungslegung gegenüber dem Vormundschaftsgericht, sei es durch Vorlegung der Urschrift oder einer Abschrift oder sonst in geeigneter Weise, bei der eigenen Rechnungslegung zu gebrauchen[15].

Ist der Mündel lediglich als Nacherbe eingesetzt, ist der Vormund nicht befugt, im Namen des Mündels die Rechte des Nacherben gegenüber dem Vorerben geltend zu machen. Dieses Recht steht in diesem Fall nur dem Testamentsvollstrecker zu. Allerdings kann sich der Vormund an den Testamentsvollstrecker halten und verlangen, daß dieser ein Verzeichnis der seiner Verwaltung unterliegenden Gegensätze, zu denen auch das Recht aus der Nacherbfolge gehört, gemäß § 2015 mitteilt[16].

2. Die Rechnungslegung im einzelnen

a) Schema der geordneten Gegenüberstellung von Einnahmen und Ausgaben

Ausgehend von einem beim Amtsgericht München verwendeten Muster für die Rechnungslegung wird im folgenden eine auch größeren Vermögensverwaltungen genügende Gliederung gegeben[17].

Abrechnung

Einnahmen- und Ausgabenrechnung im Zeitraum vom 1. 1.–31. 12. (Rechnungsjahr)

I. Einnahmen
    1. Gewinnentnahme aus Gewerbebetrieb   _____ DM
    2. Einnahmen aus
       a) der Verwaltung von Grundstücken lt.
          anliegender Abrechnung
          (Miet-/Pachtzins nach einzelnen vereinnahmten Beträgen, Bezeichnung des Grundstücks, Name des Mieters, Pächters, Fälligkeitstag)   _____ DM
       b) dem Verkauf von Grundstücken   _____ DM

---

15 KG 28. 1. 1916, OLGZ 26, 85 f.
16 KG 28. 1. 1916, Fn. 15.
17 Hierzu auch *Firsching*, Handbuch der Rechtspraxis, Familienrecht (4. Aufl. 1979), 458 f.

Vermögenssorge des Vormunds

    3. Waisenrente oder sonstige Unterhaltsrenten
       (unter Angabe der Kasse)   _____ DM
    4. Einnahmen aus Wertpapieren (Verkauf oder
       Verlosung, Zinsen nach Fälligkeitstag in Ein-
       zelbeträgen anführen)   _____ DM
    5. Einnahmen aus Forderungen (Abhebung von
       Sparkassenguthaben, rückfließenden Til-
       gungsraten von Hypotheken usw.)   _____ DM
    6. Außerordentliche Einnahmen (z. B. Schenkun-
       gen, Erbschaft usw.)   _____ DM
    7. Steuererstattungen (Lohnsteuerjahresaus-
       gleich), Erstattungen für im voraus versteu-
       erte Dividenden usw.   _____ DM

Summe   _____ DM

II. Ausgaben
    1. Unterhalt des Mündels _____   _____ DM
    2. Steuern, Gebühren und sonstige öffentliche
       Abgaben (Aufstellung beifügen)   _____ DM
    3. Aufwendungen im Zusammenhang mit Ver-
       mietung (Grundstücksabgaben, Reparaturen,
       Versicherungen usw.)   _____ DM
    4. Hypothekentilgung und Hypothekenzinsen   _____ DM
    5. Sonstige Geldanlage des Mündels (z. B. Spar-
       kassenbuch, Lebensversicherung, Ankauf von
       Grundstücken und Wertpapieren)   _____ DM
    6. Verwaltungskosten   _____ DM

Summe   _____ DM

III. Saldo

1. Gesamteinnahmen		1. Gesamtausgaben	___ DM
	___ DM	2. Passivsaldo des Vorjahres	___ DM
2. Aktivsaldo des Vorjahres	___ DM		
Aktivsaldo	___ DM	Passivsaldo	___ DM

Zu I. Nr. 3 (Waisen- und Unterhaltsrenten) ist zu bemerken, daß nach der Rechtsprechung auch über die vereinnahmten Renten und insbesondere über deren Verwendung abgerechnet werden muß. Hierfür ist es ohne

Bedeutung, ob ein gesicherter Rentenbezug eine Vermögensverwaltung im Sinne von § 1840 darstellt. Die Pflicht, solche Renten aufzuführen, ergibt sich aus der allgemeinen Fürsorgepflicht und Aufsicht des Vormundschaftsgerichts. So ist es denkbar, daß auch aus solchen Renten Vermögen gebildet wird, das ordnungsgemäß angelegt und verwaltet werden muß [18].

Bei der Einnahmen- und Ausgabenrechnung ist zu beachten, daß nur die tatsächlich im konkreten Rechnungszeitraum zugeflossenen Einnahmen und Ausgaben aufgezeichnet werden. Eine Einnahme ist dann zugeflossen, wenn der Vermögensträger die tatsächliche Verfügungsmacht darüber erlangt hat, er also über die Einnahmen wirtschaftlich verfügen kann, wie z. B. bei Zahlung, Verrechnung oder Gutschrift auf einem Bankkonto. Regelmäßig wiederkehrende Einnahmen, wie z. B. Renten oder Mieteinnahmen, die dem Vermögensträger kurze Zeit vor oder nach Beendigung des Kalenderjahres, zu dem sie wirtschaftlich gehören, zugeflossen sind, gelten als in dem Abrechnungszeitraum bezogen. Für Ausgaben gilt dies entsprechend. Dieses aus dem Steuerrecht für die vormundschaftliche Rechnungslegung hergeleitete „Abfluß-Zufluß-Prinzip", das auf die wirtschaftliche Verfügungsmacht abstellt, gewährleistet die notwendige Einheit der Rechnungslegung gegenüber Vormundschaftsgericht und Steuerbehörden.

Der rechnerischen Gegenüberstellung von Einnahmen und Ausgaben hat der Vormund noch eine auf den neuesten Stand bezogene Vermögensübersicht beizufügen. Aus der Gegenüberstellung des Reinvermögens am Schluß des vorangegangenen Rechnungszeitraums und des Reinvermögens zum jetzigen Zeitpunkt kann ersehen werden, ob eine Vermögensmehrung oder Vermögensminderung eingetreten ist. Der Vormund sollte in diesem Fall kurz erläutern, aus welchem Grund sich das Vermögen verändert, erhöht oder vermindert hat.

Als Zusatz sollte jede derartige Rechnungslegung auch einen kurzen Bericht über die Mündelverhältnisse bringen, nicht nur über den Ausbildungsstand oder die Beschäftigungsart, sondern auch über den gesundheitlichen Zustand und die persönlichen Verhältnisse des Mündels bzw. Betreuten. Wenn der Fall eintritt, daß der Mündel in ungewöhnlichen Verhältnissen lebt, süchtig oder krank ist, soll auch hierüber berichtet werden, obwohl dies eigentlich zur Personensorge gehört. Die persönlichen Verhältnisse und der Zustand des Mündels haben jedoch Auswirkungen auf seine Beschäftigung, seine Einnahmen und sein Vermögen.

---

18 RG 9. 5. 1938, JW 1938, 2206 f.

b) Rechnungslegung bei einem Handelsgewerbe durch eine Bilanz sowie Erstellung einer Geldverkehrsrechnung

§ 1841 Abs. 2 Satz 1 statuiert, daß bei einem Erwerbsgeschäft mit kaufmännischer Buchführung eine aus den Büchern gezogene Bilanz genüge. Dies ist aber nicht im Sinne eines Minus gegenüber der allgemeinen Rechnungslegungspflicht gemäß § 1841 Abs. 1 zu verstehen. Vielmehr soll, sofern eine Bilanz vorhanden ist – dies ist kraft der gesetzlichen Definition in § 4 Abs. 2 EStG eine Vermögensübersicht – doppelte Arbeit vermieden werden. Gemäß § 240 HGB hat ein Kaufmann sein Betriebsvermögen (Grundstücke, Forderungen, Schulden, Bargeld usw.) genau zu verzeichnen und die Vermögensgegenstände zu bewerten. Die Bilanz ist dabei als abschließende Darstellung des Verhältnisses von Vermögen und Schulden des Kaufmanns zu verstehen. Die Bilanz als „Waage" stellt auf ihrer Passivseite zum einen das eingesetzte Kapital als auch die Summe aller Verpflichtungen des Betriebes gegenüber den Beteiligten (z.B. Gesellschafter) oder Gläubigern (z.B. Banken, andere Kapitalgeber) dar. Auf der Aktivseite steht dem Kapital das Betriebsvermögen als Summe aller eingesetzten Wirtschaftsgüter und Geldmittel gegenüber. Die Passivseite zeigt die Mittelherkunft, während die Aktivseite über die Mittelverwendung Auskunft gibt.

Die Aktivseite wird in Anlagevermögen und Umlaufvermögen gegliedert. Dabei ist zu beachten, daß die Vermögensgegenstände nach ihrer Liquidierbarkeit und Liquidität in der Reihenfolge von oben nach unten aufzuführen sind, d.h. die am schwersten liquidierbaren Vermögensgegenstände (z.B. Grundstücke) stehen oben auf der Aktivseite, während die flüssigen Barmittel ganz unten erscheinen. Die vom Vormund vorzulegende Bilanz und der darin ausgewiesene Gewinn aus gewerblicher Tätigkeit – dies ist der Unterschiedsbetrag zwischen Betriebsvermögen am Schluß des Wirtschaftsjahres und dem Betriebsvermögen am Schluß des vorausgegangenen Wirtschaftsjahres, vermehrt um den Wert der Entnahmen und vermindert um den Wert der Einlagen – muß durch eine ebenfalls vorzulegende Gewinn- und Verlustrechnung ergänzt werden. Diese enthält keine Bestände, sondern nur Aufwendungen und Erträge; sie stellt eine Kontrollrechnung für den durch Kapitalvergleich ermittelten Gewinn dar. Als Bilanz ist dem Vormundschaftsgericht die Handelsbilanz und nicht die Steuerbilanz vorzulegen.

3. Verschiedene Vermögensmassen (Geschäfts- und Privatvermögen sowie Anwartschaften)

Der Vermögensverwalter muß sich nicht nur über den aus Betriebsvermögen für ein Erwerbsgeschäft anfallenden Anteil des Mündels Gedanken machen, sondern auch um Stand und Entwicklung des Privatvermögens. Nicht selten kommt es vor, daß einem kleinen Bilanzvermögen große oder unübersichtliche Privatschulden des Mündels, auch aus Bürgschaften, gegenüberstehen. Solche Verbindlichkeiten sind auf jeden Fall zu bezeichnen und zu erfassen. Da sich die Betriebs- und Privatvermögenssphäre des Mündels gegeneinander beeinflussen und somit eine klare Trennung nicht immer möglich ist, kann es, um größere Transparenz zu gewinnen, notwendig sein, eine Geldverkehrsrechnung aufzustellen. Durch die Geldverkehrsrechnung wird festgestellt, welche Geldströme dem Betrieb oder dem Privatvermögen zugeflossen sind und wofür das Geld verbraucht worden ist. Dabei kann es sich ergeben, daß die verfügbaren Geldmittel geringer, aber auch größer als der Gewinn sein können, weil Ertrag nicht gleichbedeutend mit Einnahme und Aufwand nicht gleichbedeutend mit Ausgabe ist.

Mit Hilfe der Geldverkehrsrechnung wird die Arbeit des Rechnungsbeamten erleichtert. Auf die Aussagekraft einer Geldverkehrsrechnung sollte bei einer umfangreichen Vermögensverwaltung nicht verzichtet werden. Verwaltet der Vormund mehrere Vermögensmassen, so ist für jede Vermögensmasse getrennt Rechnung zu tragen. Dabei kann es sich um Vermögen mehrerer Mündel handeln oder um ein Vermögen, das in verschiedener Weise dem Mündel zugeordnet ist, z. B. gesamthänderisch gebundenes Vermögen in einer Erbengemeinschaft, Anwartschaftsrechte aus einer Vorerbstellung und ungebundenes Privatvermögen.

4. Schema einer Geldverkehrsrechnung (mit Zahlenbeispielen nach Birkenfeld) [19]

A. Betriebliche Geldzuflüsse

1. Warenverkauf	DM	198 000,–	
2. Zinserträge	DM	2 000,–	
3. Verkaufserlöse	DM	3 000,–	DM 203 000,–
			DM 203 000,–

---

[19] Fn. 5.

B. Betriebliche Geldabflüsse

1. Laufende Aufwendungen
   - a) Wareneinkauf   DM 100 000,–
   - b) Löhne   DM 20 000,–
   - c) Kauf eines Lkw   DM 10 000,–
   - d) Mietaufwand   DM   7 000,–

   DM 137 000,–

2. Investierte Geldmittel = Finanzierung von Bestandserhöhungen, z. B. Kauf eines Lkw   DM 100 000,–
   finanziert durch
   - a) Verminderung der Bankforderungen   DM 24 000,–
   - b) Erhöhung der Verbindlichkeiten durch Aufnahme eines Kredits   DM 30 000,–

   DM 54 000,–

   - c) Restfinanzierung durch Barzahlung   DM 46 000,–

3. Barentnahmen   DM 20 000,–

   DM 203 000,–

Wie aus dieser Übersicht ersichtlich, wurde das Anlagevermögen des Betriebes im abgelaufenen Rechnungsjahr durch den Kauf eines Lkw in Höhe von 100 000 DM nicht durch einen entsprechenden Bargeldabfluß geändert, vielmehr geschah dies durch eine Herabsetzung der Bankforderungen und eine Erhöhung der Verbindlichkeiten in Höhe von 54 000 DM. Das gegebene Zahlenbeispiel macht deutlich, daß allen betrieblichen (Bar-)Geldzuflüssen ein entsprechender (Bar-)Geldabfluß gegenübersteht, so daß keine weiteren leicht transferierbaren Barmittel vorhanden sind. Im Ergebnis ermöglicht die Geldverkehrsrechnung eine klare Trennung bei der Vermögensverwaltung zwischen den Sektoren Bargeld und sonstiges Vermögen.

5. Die formelle und materielle Prüfung der Rechnungslegung durch das Vormundschaftsgericht

Gemäß § 1843 hat das Vormundschaftsgericht die Rechnungslegung durch den Vormund sowohl rechnungsmäßig (in formeller Hinsicht) und sachlich (in materieller Hinsicht) zu prüfen und, soweit erforderlich, ihre Berichtigung und Ergänzung herbeizuführen. Das Vormundschaftsgericht kann dazu, nötigenfalls unter Festsetzung von Zwangsgeld (§ 1837), den Vormund vorladen, „von ihm die erforderlichen Aufklärungen und Unterlagen verlangen, ihn auf Mängel und Unvollständigkeiten hinweisen"[20]. Dabei ist das Vormundschaftsgericht verpflichtet, „im Rahmen seiner Aufsichtsführung auch kleinste Beträge zu kontrollieren und nicht zu dulden, daß das ... Vermögen geschmälert wird"[21]. Während die rechnungsmäßige Prüfung sich darauf erstreckt, „ob die Zusammenrechnung richtig erfolgt ist und ob die Rechnungsposten mit den Belegen übereinstimmen, ist die sachliche Prüfung darauf zu richten, ob die aus dem Vermögen zu gewinnenden Einnahmen gemacht sind und ob überhaupt die Verwaltung in Übereinstimmung mit den gesetzlichen Vorschriften geführt ist"[22].

Prüfungspflicht und Beanstandungsrecht durch das Vormundschaftsgericht bestehen zunächst darin, daß das Vormundschaftsgericht nicht über die Angemessenheit von Auslagen entscheidet, die der Vormund in seinem Rechenschaftsbericht erwähnt hat. Es darf diese also weder streichen noch irgendetwas über den Anspruch für und gegen den Vormund dokumentieren. Andererseits darf das Vormundschaftsgericht unter Androhung von Zwangsgeld oder sogar eine Entlassung des Vormunds darauf aufmerksam machen, daß es bestimmte Auslagen für pflichtwidrig hält und, wenn es sich um unnötige Auslagen handelt, sogar an eine Entlassung wegen Pflichtwidrigkeit denken[23]. Der Vormundschaftsrichter darf nicht zum Prozeßrichter werden, und der Prozeßrichter muß nicht in bezug auf Auslagen des Vormundes dem Vormundschaftsgericht unweigerlich folgen[24].

Bei einer umfangreichen Vermögensverwaltung, bei der das Mündelvermögen kaufmännische, landwirtschaftliche oder industrielle Betriebe

---

20 KG 9. 1. 1914, OLGZ 30, 151 f.
21 LG Berlin 24. 10. 1968, RPfleger 1969, 53.
22 KG 27. 3. 1936, JW 1936, 2461 f.
23 KG 9. 1. 1914, Fn. 20.
24 LG Berlin 4. 10. 1968, Fn. 21.

enthält, muß das Vormundschaftsgericht bei der materiellen Prüfung die Rechnungslegung mangels erforderlicher Fachkenntnisse häufig die Hilfe fachkundiger Dritter (Steuerberater, Wirtschaftsprüfer) zur Unterstützung heranziehen. Die Hinzuziehung von sachkundigen Dritten kann „nicht als Ausdruck eines Mißtrauens gegen die Ehrenhaftigkeit des Vormunds aufgefaßt werden, sie ist vielmehr nur eine notwendige Folge der dem Richter obliegenden sachlichen Prüfungspflicht der Vermögensverwaltung des Vormundes"[25]. Dabei kann das Vormundschaftsgericht insbesondere auf die Hilfe von Rechnungsbeamten (§ 139 KostO, § 72 GKG) zurückgreifen. Sofern der hinzugezogene Rechnungsbeamte schuldhaft seine Pflicht verletzt, hat der Mündel, sofern ihm ein Schaden aufgrund fehlerhafter Prüfung entsteht, einen Amtshaftungsanspruch gemäß § 839 in Verbindung mit Art. 84 GG[26].

Die Prüfung der vorgelegten Rechnung darf nur im Interesse des Mündels erfolgen. Wenn sich das Vormundschaftsgericht entschließt, gemäß § 1841 Abs. 2 Satz 2 neben einer Bilanz noch die Vorlegung von Büchern und Belegen zu verlangen, so besteht Anlaß zu der Sorge, daß Verfehlungen des Vormunds oder Ansprüche des Mündels auf andere Art nicht entdeckt werden können. Erklären sich aber die Gläubiger mit der vom Vormund gelegten Rechnung ausdrücklich einverstanden, und wollen sie das Risiko der Unterlassung einer Buchprüfung tragen, so hat die Buchprüfung zu unterbleiben. Der Vormundschaftsrichter ist kein staatsanwaltlicher Buchprüfer. Liegt kein Schutzinteresse des Mündels vor, soll sich das Gericht mit der gelegten Rechnung zufrieden erklären und nicht Kosten verursachen, die der Mündel tragen muß[27].

Sofern der Vormundschaftsrichter Beanstandungen erhebt, ist fraglich, inwieweit hierin eine Verfügung im Sinne von § 19 FGG erblickt und durch das Rechtsmittel der Beschwerde angefochten werden kann. Das Vormundschaftsgericht kann bei Bedenken gegen die Rechnung dem Vormund nur Vorstellungen machen, ihm aber nicht gebieten, die Rechnung nach Maßgabe der von ihm erhobenen Bedenken zu ändern. Überschreitet der Vormundschaftsrichter allerdings die ihm nach § 1843 Abs. 1 eingeräumte Befugnis und ordnet er an, daß der Vormund einen bestimmten Posten in der Rechnung abzusetzen oder einzusetzen habe, so äußert er damit − allerdings in rechtlich unzulässiger Weise − seinen Willen, daß sich der Vormund seiner Anschauung unterwerfe und die Rechnung in

---

25 KG 27. 3. 1936, JW 1936, 2461 f.
26 RG 8. 11. 1912, RGZ 80, 406 f.
27 OLG Frankfurt a. M. 8. 7. 1963, NJW 1963, 2278.

gewisser Richtung ändere. Ein in solche Form gekleideter Rechnungsbescheid ist eine Verfügung im Sinne von § 19 FGG. Der Vormund ist durch diese auch beschwert, weil ihm ein bestimmtes Handeln angesonnen wird. Die Beschwerde ist aber in diesem Fall nicht bloß zulässig, sondern ohne weiteres auch sachlich begründet, weil der Vormundschaftsrichter ein Gebot erlassen hat, zu dem ihn § 1843 Abs. 1 nicht ermächtigt[28].

Mitunter hat das Vormundschaftsgericht begründete Bedenken gegen eine Rechnungslegung. In solchen Fällen soll es dem Vormund Vorschläge machen, aber keine Befehle erteilen, etwa einen Posten in die Rechnung einzusetzen oder bestimmte Auslagekosten wegzulassen. Das Vormundschaftsgericht soll vermeiden, über Ansprüche zwischen Vormund und Mündel selbst zu entscheiden, weil es damit in die Kompetenz des Prozeßrichters eingreifen würde.

6. Gerichtliche Prüfung der Schlußrechnung

a) Mitwirkungsbefugnisse des Vormundschaftsgerichts bei Abgabe der Schlußrechnung

Die bei Gericht eingereichte Schlußrechnung zieht in jedem Fall die Verpflichtung des Gerichts nach sich, die Rechnung zu prüfen. Der Richter darf und soll nach rechnungsmäßiger und sachlicher Prüfung die Abnahme der Schlußrechnung durch Verhandlung mit den Beteiligten vermitteln (§ 1892).

Das Gericht soll auch in Verbindung mit der Prüfung die Vergütung für den Vormund festsetzen, damit auch dieser Teil der Vormundschaft erledigt ist.

Die Vorlage der Schlußrechnung kann das Vormundschaftsgericht erzwingen. Dies folgt nicht etwa aus einer privatrechtlichen Rechnungslegungspflicht zwischen Mündel und Vormund, vielmehr handelt es sich auch um einen öffentlich-rechtlichen Anspruch des Gerichts gegen den Vormund, der auch durch Ordnungsstrafen erzwungen werden kann (§ 1837). Diese Bestimmung umfaßt die gesamte Tätigkeit des Vormunds, auch die Vorlage der Schlußrechnung und die Erfüllung von Verbindlichkeiten öffentlich-rechtlicher Natur, welche dem Vormund für die Zeit nach der Beendigung der Verwaltung gegenüber dem Gericht von Gesetzes wegen auferlegt sind[29].

---

28 BayObLGZ 21. 2. 1929, JFG 6, 104 (106).
29 KG 4. 10. 1906, KGJ 33, A 54 (A 56f.).

Gemäß § 1890 Satz 2 kann der Vormund bei der Schlußrechnung Bezug auf seine bereits früher abgegebenen, periodischen Abrechnungen nehmen. An die Schlußrechnung können keine weitergehenden Anforderungen als an die jährlich vorzulegenden Zwischenrechnungen gemäß §§ 1840 ff. gestellt werden[30]. Dies ergibt sich daraus, daß die Zwischenrechnungen über die fortlaufende Verwaltung des Vermögens bis zur Beendigung hinreichend Aufschluß geben. Allerdings muß die Schlußrechnung den gesamten Zeitraum der abgelaufenen Vermögensverwaltung des Vormunds umfassen, eine bloße Nachtragsrechnung reicht nicht aus. Die Rechnungslegung muß klar und allgemein verständlich sein, so daß sich Vormundschaftsgericht und Vormund ein ausreichendes Bild über die abgeschlossene Vermögensverwaltung machen können. Umfang und Einzelheiten beurteilen sich nach den Besonderheiten der einzelnen Vermögensverwaltung, also nach Umfang und Struktur des Vermögens, Dauer der Verwaltung usw.

In die Schlußrechnung kann der Vormund auch einen seiner Ansicht nach bestehenden Anspruch auf eine angemessene Vergütung aufnehmen. Dies sollte jedoch nur dann geschehen, wenn er vorher mit dem Gericht die Vergütungsfrage besprochen hat. Fehlt in der vorgelegten Schlußrechnung ein Vergütungsposten, so darf daraus nicht ein Verzicht des Vormunds auf eine ihm zuzubilligende Vergütung herausgelesen werden[31]. Der Anspruch auf Vergütung entsteht erst durch eine entsprechende Bewilligung des Vormundschaftsgerichts, wobei kein formeller Antrag oder eine sonstige Aufforderung an das Vormundschaftsgericht erforderlich ist. Die Entscheidung des Vormundschaftsgerichts – so ist die übliche Praxis – kann auch noch nach Beendigung der Vormundschaft erfolgen[32].

b) Herausgabe des Mündelvermögens an den Vormund

Neben der (partiell) öffentlich-rechtlichen Pflicht zur Rechnungslegung trifft den Vormund die privatrechtliche Pflicht gegenüber dem Mündel, das von ihm verwaltete Mündelvermögen herauszugeben. Das Vormundschaftsgericht ist nicht befugt, den Vormund zwangsweise, z. B. durch Verhängung von Ordnungsstrafen, zur Herausgabe des Mündelvermögens anzuhalten. Ebenso wie der Mündel seinen privatrechtlichen mate-

---

30 KG 28. 6. 1906, KGJ 37 A 110 (A 113 f.).
31 BayObLG 13. 2. 1914, OLGZ 30, 152.
32 BayObLG 20. 12. 1905, Seuff. Arch. 31, 408 f.

riellen Anspruch auf Rechnungslegung durch eine Klage durchsetzen muß, muß er auch die Herausgabe des Mündelvermögens klageweise geltend machen. Diese Regelung hinsichtlich der Herausgabe des Vermögens ist unbefriedigend und auch inkonsequent, da, so jedenfalls die Rechtsprechung[33], im umgekehrten Fall, nämlich bei der Herausgabe des Vermögens durch den Mündel an den Vormund, dies durch Beauftragung eines Gerichtsvollziehers durch das Vormundschaftsgericht zwangsweise erfolgen kann.

Der Vormund ist berechtigt, gemäß § 273 ein Zurückbehaltungsrecht auszuüben, sofern ihm noch Ansprüche auf Aufwendungsersatz (§§ 1835, 1836a) oder ein bereits zugesprochener Vergütungsanspruch gemäß § 1836 zustehen sollten.

c) Entlastungserklärung des Mündels

Gemäß § 1892 Abs. 2 Satz 2 kann der Mündel die vom Vormund vorgelegte Schlußrechnung als richtig anerkennen. Das Gesetz hat jedoch eine Pflicht zur Entlastung des Vormunds nicht aufgenommen, da es dem Mündel nicht zumuten wollte, unter Zeitdruck und ohne gehörige Prüfung der vorgelegten Rechnung eine Entlastungserklärung abgeben zu müssen[34]. Der Vormund kann lediglich gegen den Mündel Feststellungsklage (§ 256 ZPO) auf Richtigkeit seiner Schlußrechnung erheben, sofern er ein berechtigtes Interesse hierfür geltend machen kann.

Neben dem Verzicht kann der Mündel auf weitere privatrechtliche Ansprüche gegen den Vormund in Form eines negativen Erlaßvertrages (§ 397 Abs. 2) verzichten. In der bloßen Erklärung des Mündels gegenüber dem Vormundschaftsgericht, daß er auf eine weitere Überprüfung des vorgelegten Rechnungswerks des Vormunds verzichtet, liegt aber nur eine einseitige Verfahrenshandlung. Der Verzicht bedarf regelmäßig eines besonderen Verzichtsvertrages, so daß die Erklärung des Mündels vor dem Vormundschaftsgericht die möglichen privatrechtlichen Ansprüche nicht berührt[35]. Allerdings kann die Erteilung einer Quittung gemäß § 368 als Verzichtserklärung des Mündels gegenüber dem Vormund ausgelegt werden.

Wenn auch die Herbeiführung einer allgemeinen Entlastungserklärung des Mündels außerhalb des gesetzlich vorgeschriebenen Pflichtenkreises

---

33 OLG Dresden 13. 2. 1912, OLGZ 26, 118 f.
34 RG 6. 1. 1927, RGZ 115, 368 (371).
35 KG 28. 10. 1901, KGJ 23 A 11 (A 14).

des Vormundschaftsgerichts liegt, so besteht aufgrund des öffentlichen Interesses einer zweckmäßigen und gedeihlichen Abwicklung der Vormundschaft eine kraft Sachnähe bestehende Obliegenheit des Vormundschaftsgerichts, eine Entlastungserklärung des Mündels über die vormundschaftliche Vermögensverwaltung herbeizuführen[36]. Wenn auch die in der Praxis geübte Vermittlungsbefugnis nicht zum gesetzlichen Pflichtenkreis des Vormundschaftsgerichts gehört, haben andere Gerichte, die vom Vormundschaftsgericht zur Rechtshilfe aufgefordert werden, die Entscheidung des verweisenden Gerichts zu respektieren[37].

Sofern der Mündel mit dem Vormund einen negativen Erlaßvertrag schließt, ist im Interesse der Rechtssicherheit darauf zu achten, auf welche Ansprüche sich der Erlaß bezieht: Zum einen kann sich die Verzichtserklärung lediglich auf die Richtigkeit der vom Vormund vorgelegten Schlußrechnung beziehen. Daneben ist aber auch eine allgemeine Entlastungserklärung des Vormunds denkbar, aufgrund derer der Vormund nicht nur von seiner Rechnungslegungspflicht entbunden wird, sondern bei der auf alle anderen Ansprüche des Mündels, sei es auf Herausgabe des Mündelvermögens, seien es Schadensersatzansprüche, verzichtet wird. Erfolgt die Entlastung des Vormunds vorbehaltlos, so sind alle Ansprüche des Mündels, gleich aus welchem Rechtsgrund, ob bekannt oder unbekannt, als befriedigt bzw. ausgeschlossen anzusehen.

7. Rechtliche Nachwirkungen über das Ende der Vormundschaft hinaus

Ebenso wie ein Schuldverhältnis nicht durch die Erfüllung gemäß § 362 vollständig erlischt – es bestehen auch nach Erfüllung der Primärleistungspflichten nachwirkende Neben-, Treue- und Sorgfaltspflichten gegenüber dem Leistungspartner –, entfaltet auch das Amt des Vormunds über seine Beendigung hinaus bestimmte Rechte und Pflichten. Wie die Vorschriften des § 1893 in Verbindung mit §§ 1698a, 1698b zeigen, behandelt das Gesetz den Vormund in bestimmten Fällen so, „als ob er noch sein Amt bekleide, um die ordnungsgemäße Abwicklung zu ermöglichen ... (damit erstreckten sich) ... die Aufsichtspflicht und Ordnungsstrafgewalt des Vormundschaftsgerichts ... noch auf diese Nachwirkungen des Amts als Vormund"[38].

---

36 OLG Hamburg 18. 2. 1925, OLGZ 44, 179.
37 RG 6. 1. 1927, Fn. 34.
38 OLG Neustadt 3. 5. 1955, NJW 1955, 1724.

Über die in § 1892 geregelte öffentlich-rechtliche Pflicht des Vormunds zur Rechnungslegung hinaus besteht auch nach Beendigung der Vormundschaft die Pflicht des Vormunds gegenüber dem Mündel, über seine mit Einnahmen und Ausgaben verbundene Verwaltung des Mündelvermögens Rechenschaft nach § 259 abzulegen. Rechnungslegung im Sinne der §§ 1892, 1840ff. und Rechenschaftslegung nach §§ 259ff. bestehen nebeneinander, wobei die letztere durch den Mündel auch nach Beendigung der Vormundschaft, allerdings vor dem Prozeßgericht, geltend gemacht werden kann[39].

Sofern sich der Vormund auch nach Beendigung seines Amtes trotz Kenntnis weiterhin als Amtsinhaber geriert, trifft ihn als „de facto-Vormund" eine gesetzliche Pflicht, für die Person und das Vermögen des Pflegebefohlenen zu sorgen. Er handelt dabei im Rahmen einer Geschäftsführung ohne Auftrag, so daß er sich gemäß § 678 schadenersatzpflichtig machen kann[40]. Soweit die Voraussetzungen der §§ 1893 in Verbindung mit §§ 1698a, 1698b gegeben sind, hat der Vormund die gleichen Rechte und Pflichten wie der ordentliche Amtsinhaber.

IV. Anlage des Mündelvermögens

Der Vormund und Betreuer – Entsprechendes gilt für den Nachlaßpfleger und -verwalter – finden bei Beginn ihres Amtes ein Vermögen vor, das sie nunmehr sammeln, werten und unter Umständen in seiner Zusammensetzung im einzelnen oder im ganzen verändern oder auch nicht verändern sollen, je nachdem, ob es sich um Forderungen, Wertpapiere, Grundstücke, Rechte an Grundstücken, Urheberrechte usw. handelt.

1. Prüfung bei Übernahme der Verwaltung

Zunächst erfolgt die Bestandsaufnahme durch den Vormund und den Vermögensverwalter, wobei die Bestände auf die Zweckmäßigkeit ihrer Anlage sowie auf die Art und Weise der Verwaltung, und zwar immer unter dem Gesichtspunkt der Wirtschaftlichkeit einer jeden Anlage hin, zu durchforsten sind. Es ist allerdings nicht so, daß der Vermögensverwalter gezwungen ist, Vermögensanlagen auszutauschen, insbesondere dann,

---

39 KG 16. 12. 1938, JW 1939, 315f.; BayObLG 27. 2. 1902, BayObLGZ 3, 182 (184).
40 OLG Hamburg 26. 1. 1910, JW 1910, 233f.

wenn sie nicht mündelsicher sind[41]. Leitender Gesichtspunkt für die Verwaltung des Vermögens bleibt vielmehr ausschließlich der Grundsatz wirtschaftlicher Vermögensverwaltung. Insoweit sind also, wenn die Prüfung die Wirtschaftlichkeit ergibt, keine Umsetzungen von Vermögensanlagen zu fordern. Bestimmte Vermögenswerte sind nicht nur vom Standpunkt ihres Seltenheitswertes zu prüfen; es gilt deshalb zu beachten, daß weder Gold und Silber noch Diamanten Zinsen bringen. Die Erfahrung hat gelehrt, daß die Anlage in diesen Werten verglichen mit anderen Anlagen wenig lukrativ sein kann.

Das Vormundschaftsrecht verlangt bei *Neuanlagen* den Erwerb von mündelsicheren Werten. Nach § 1806 hat der Vormund Bargeld verzinslich anzulegen, soweit es nicht zur Bestreitung von Ausgaben bereitzuhalten ist. Insoweit besteht eine Divergenz zu den §§ 1642, 1643, die sich auf die Verwaltung des Vermögens der Kinder durch die Eltern beziehen. Letztere dürfen das Geld der Kinder in Aktien, Anleihen und anderen Anlageformen anlegen, die den Grundsätzen einer wirtschaftlichen Vermögensverwaltung entsprechen. Es wäre zweckmäßig, wenn der Gesetzgeber die Regelungen des Vormundschaftsrechts an die moderneren Bestimmungen der elterlichen Vermögensverwaltung anpassen würde. Es ist nicht einzusehen, warum beispielsweise Eltern das Geld der Kinder in Standardaktien anlegen dürfen und der Vormund, jedenfalls ohne Genehmigung des Gerichts, nicht.

2. Schuldentilgung

Ruhen auf dem übernommenen Vermögen Schulden, so wird der Vermögensverwalter darauf bedacht sein, diese Schulden abzutragen. Sämtliche Schulden sind abzulösen, soweit das Mündelvermögen dazu in der Lage ist, das Bargeld reicht oder bestimmte Verwertungshandlungen geboten erscheinen. Allerdings gehen im Zweifel stets die gesetzlichen Vorschriften zweckmäßig erscheinenden Erwägungen des Vermögensverwalters vor.

3. Haushaltsführung

Der Vermögensverwalter darf grundsätzlich über Überschüsse frei verfügen. Dazu gehören Zinsen, Dividenden, Geschäftserträgnisse, Grundstückseinnahmen und sonstige Forderungen, die zu den Nutzungen des

---

41 RG 29. 9. 1932, RGZ 137, 320; LG Göttingen 2. 6. 1957, BB 1957, 907 f.

Mündelvermögens gehören. Dabei soll er insbesondere darauf achten, daß er Überschüsse nutzt, um Verbindlichkeiten zu bezahlen, insbesondere fällige Steuern zu begleichen, und daß er im Laufe seiner Tätigkeit zu erwartende Steuereinzahlungen bevorratet, indem er Guthaben auf der einen Seite gut verzinslich anlegt, auf der anderen Seite aber unter Berücksichtigung des Termins für Steuerfälligkeiten so anlegt, daß er sie zum Steuertermin auch zur Abführung an die Steuerbehörde frei hat.

Der Vermögensverwalter sollte auch daran denken, daß in der Regel bei Banken und Sparkassen zu bestimmten Terminen Zinsen dem bereits vorhandenen Kapital zugeschlagen werden, wobei sie sich plötzlich als frei verfügbare Ertragsüberschüsse in Kapitalanteile verwandeln, über die der Vermögensverwalter nicht mehr frei zu verfügen vermag. In diesem Fall haben manchmal die angefallenen Zinsen den Charakter von Früchten (§ 99) verloren und sind selbst verzinsliches Kapital geworden[42].

4. Allgemeine Anlagegrundsätze, insbesondere mündelsichere Werte

Barvermögen oder Bargeld, das dem Mündel nach Anforderung der Vormundschaft zufällt, soll keineswegs über die Zeit zinslos liegen, es soll angelegt werden; bei dieser Anlage sind die Vorschriften, an die der Verwalter gebunden ist, zu beachten. Zunächst verlangt das Gesetz die Anlage von Barbeträgen in verzinslichen Werten (§ 1806). In § 1807 Abs. 1 ist im einzelnen festgelegt, welche Anlage vorgenommen werden darf und was der Gesetzgeber unter Anlage von Mündelgeld versteht. Danach soll die Anlegung von Mündelgeld nur erfolgen:

(1) In Forderungen, für die eine sichere Hypothek in einem inländischen Grundstück besteht, oder in sicheren Grundschulden oder Rentenschulden an inländischen Grundstücken;
(2) in verbrieften Forderungen gegen das Reich oder einen Bundesstaat sowie in Forderungen, die in das Reichsschuldbuch oder in das Staatsschuldbuch eines Bundesstaates eingetragen sind (z. B. Länderanleihen); wenn der Gesetzestext von „Reich" spricht, ist heute der Bund sowie die Bundesbahn sowie die Bundespost gemeint;
(3) in verbrieften Forderungen, deren Verzinsung von einem Bundesstaat gewährleistet ist (z. B. ländergarantierte Schuldverschreibungen);
(4) in Wertpapieren, insbesondere Pfandbriefen sowie in verbrieften Forderungen jeder Art gegen eine inländische kommunale Körperschaft,

---
[42] OLG Naumburg 27. 10. 1937, ZAkDR 1938, 243.

sofern die Wertpapiere oder die Forderungen ... zur Anlegung von Mündelgeld für geeignet erklärt sind (Provinz-, Stadtanleihen usw.);
(5) bei einer inländischen öffentlichen Sparkasse, wenn sie von der zuständigen Behörde des Bundesstaates, in welchem sie ihren Sitz hat, zur Anlegung von Mündelgeld für geeignet erklärt ist, oder bei einem anderen Kreditinstitut, das einer für die Anlage ausreichenden Sicherungseinrichtung angehört.

In Sondergesetzen sind weitere Institute aufgeführt, bei denen Geld mündelsicher angelegt werden kann[42a].

Die Vorschriften des § 1807 sind bindend, von ihnen kann nur mit Erlaubnis des Vormundschaftsgerichts abgewichen werden (§ 1811). Die Verpflichtung, Geld in mündelsicheren Wertpapieren anzulegen, hat den Vorteil, daß der Vormund insoweit kein Risiko übernimmt; sie hatte aber in den Jahren nach 1914 den Nachteil, daß sich gerade solche mündelsicheren Anlagen in der Regel keineswegs wertbeständig erhielten, sondern in der überwiegenden Zahl der Fälle zusammenschrumpften.

Der Vormund ist nicht gehindert, Barmittel auch anderweitig anzulegen. Wenn er aber den Bereich der §§ 1806, 1807 verläßt, so bedarf er stets einer besonderen Genehmigung durch das Vormundschaftsgericht. Erwähnt seien hier die Hingabe von Darlehen, der Ankauf nicht mündelsicherer Papiere, von Industrieobligationen und Aktien. Der Vormund muß überdies wissen, daß ihn die Einholung der vormundschaftsgerichtlichen Genehmigung nicht von der eigenen Haftung oder von Sorgfaltspflichten befreit und daß er der strengen Haftung des § 1833 unterliegt. Zwar beaufsichtigt das Vormundschaftsgericht den Vormund nach § 1837, weder die Aufsicht noch die Prüfung der Verwaltung durch das Vormundschaftsgericht entlasten aber den Vermögensverwalter von seiner Haftung. Daß daneben auch das Vormundschaftsgericht aus § 1839 in Anspruch genommen werden kann, ändert daran nichts.

Der Vermögensverwalter soll in seinen Entscheidungen nicht eingeengt sein, er soll aber stets beachten, daß die Verwaltung des ihm anvertrauten Vermögens auf möglichst sichere, wirtschaftliche und besonnene Weise erfolgen muß. Zwar soll der Vormundschaftsrichter Anlagevorschläge und Anträge des Verwalters nur dann von seiner Genehmigung ausschließen, wenn die Anlage den Grundsätzen einer wirtschaftlichen Vermögensverwaltung zuwiderlaufen würde. Grundsätzlich ist eine Abweichung von der in § 1811 geforderten mündelsicheren Anlage die Ausnahme;

42a Siehe Übersicht bei *Palandt/Diederichsen*, 50. Aufl. 1991, § 1807 Rd. Nr. 8.

Vormund und Vormundschaftsgericht haben die Pflicht zu prüfen, ob die Voraussetzungen einer Ausnahme gegeben sind oder nicht. Nur dann, wenn eine andere Anlage wirtschaftlich ratsam erscheint, wenn sie also gegenüber der mündelsicheren Anlage wirtschaftlich überwiegende Vorteile bietet, darf das Vormundschaftsgericht die Erlaubnis zu dieser anderen Anlegung nicht verweigern. Eine weitergehende Auffassung duldet die Rechtsprechung nicht, da sonst umfangreiche und schwierige Ermittlungen erforderlich wären, vielleicht sogar eine ständige Überprüfung der wirtschaftlichen Entwicklung der gewählten Anlagestelle. In einem Beschluß vom 3. 4. 1930 hat das Reichsgericht[43] es abgelehnt, eine solche Abweichung deshalb zuzulassen, weil die in Aussicht genommene Anlage bei der Beamtenbank 1/4% höhere Zinsen als eine Sparkasse zahle.

Auch das Kammergericht hat in einer Entscheidung vom 23. 3. 1938[44], in der es um die Anlage von 1 Million Reichsmark in Aktien ging, festgestellt, daß die beabsichtigte Geldanlage in Aktien doch so risikoreich sei, daß sie nicht genehmigt werden dürfe.

Die neuere Rechtsprechung zeigt eine leichte Lockerung: So soll eine abweichende Geldanlage zu gestatten sein, wenn die freie Geldanlage dem Mündel besondere wirtschaftliche Vorteile bietet und gleichermaßen sicher ist[45]. Bei einem Millionenvermögen kann es vertretbar sein, 5% in kanadischen Staatspapieren in Abweichung von der gesetzlichen Regelung anzulegen, allerdings erst nach Prüfung der Sicherheit und der (gegenüber einer Anlage im Inland deutlich besseren) Rentabilität durch ein Gutachten eines Bankenverbandes oder des Bundesaufsichtsamts für das Kreditwesen[46]. Die Einschaltung von Sachverständigen und die eigene sorgfältige Prüfung durch das Vormundschaftsgericht führt naturgemäß zu einer zeitlichen Verzögerung, durch welche die Beachtung der Kautelen wenig praktikabel wird, zumal es bei der Anlage von Geld oft auf eine schnelle Entscheidung ankommt. Es kommt hinzu, daß das Vormundschaftsgericht stets unter dem Risiko einer Haftung gemäß § 839 steht.

Grundsätzlich ist bei jeder Anlage auf die Persönlichkeit und das Alter des Mündels, auf seinen erlernten oder künftigen Beruf und auf seine gesellschaftliche Stellung zu achten. Dabei muß der Vermögensverwalter

---

43 RGZ 128, 309; ebenso OLG Hamm 25. 8. 1952, NJW 1953, 186.
44 KG 23. 3. 1938, JFG 17, 209.
45 OLG Frankfurt a.M. 23. 12. 1983, RPfleger 1984, 147.
46 BayObLG 11. 9. 1984, RPfleger 1985, 182.

die Gelder so festlegen, daß sie dem von der Verwaltung befreiten Vermögensträger in Zukunft unbeschwert zugute kommen, denn auch bei der Verwaltung von Vermögen steht über allem der Mündel, seine Fähigkeiten, seine Entwicklung und sein eigener Wille.

5. Anlage in Grundbesitz

Die wirtschaftliche Anlage von Mündelvermögen in Grundbesitz ist zwar heute leichter überprüfbar als früher, gleichwohl muß stets geprüft werden, ob sich eine solche Anlage rentiert, wenn nicht kurzfristig, so doch auf Dauer, weiter, ob und wie die Möglichkeiten der Vermietung oder Verwertung sind. Anlage in unbebauten Grundbesitz ist meist spekulativ. Gerade beim Erwerb von Bauland bzw. Bauerwartungsland muß der Vormund sorgfältig bei den Baubehörden und bei Banken nachfragen, die mit Grundstücksgeschäften zu tun haben. Besonders schwierig wird es für den Vermögensverwalter, wenn es sich um landwirtschaftlichen Grundbesitz handelt und er selbst keine landwirtschaftlichen Fachkenntnisse oder Berufserfahrung besitzt. Ein Erwerb eines landwirtschaftlichen Betriebes durch den Vormund kommt nur in Betracht, wenn er mit der Landwirtschaft innerlich verbunden ist und gesichert ist, daß er über die für eine solche Bewirtschaftung nötige volle Hingabe und Selbstbeherrschung verfügt [47].

Die vorgenannten Feststellungen gelten entsprechend für den Erwerb von Hypotheken und Grundschulden. Auch hier muß der Vormund sorgfältig den Wert und die Vermietungsmöglichkeiten des belasteten Grundbesitzes prüfen.

Generell ist gerade beim Erwerb von Grundbesitz stets der Einzelfall zu prüfen, insbesondere, ob ein solcher Erwerb mit dem Alter und den Verdienstmöglichkeiten des Mündels vereinbar ist.

Obwohl die Periode der sogenannten Abschreibungsgesellschaften und Bauherrenmodelle ausgelaufen ist, jedoch immer wieder damit zu rechnen ist, daß Anlagemodelle angeboten werden, die steuerliche Vorteile bieten, sei darauf hingewiesen, daß solche Anlageformen sich für das Mündelvermögen nicht eignen, da sie meist spekulativ und risikoreich sind. Darauf hinzuweisen besteht deshalb Anlaß, weil gerade Mitglieder

---

[47] OLG München 13. 4. 1949, W XV 102/48 und 13. 4. 1950 W XV 636/49 (nicht veröffentlicht).

der rechtsberatenden Berufe häufig ihr eigenes Vermögen in solchen Anlageformen investieren, für das Mündelvermögen eignen sie sich nicht.

6. Geschäftskauf oder Beteiligung

Verwaltet der Vormund Mündelvermögen eines Minderjährigen, der noch in der Ausbildung steht oder eine Berufswahl noch nicht getroffen hat, so ist besonders sorgfältig zu prüfen, ob der Erwerb eines Geschäfts oder einer Beteiligung nach der Lebenserfahrung zu empfehlen ist. Über eine solche Frage wird auch nur ein Vormund entscheiden können, der selbst über die nötigen Kenntnisse und Lebenserfahrung verfügt, weshalb auch bei der Auswahl des Vormunds hierauf zu achten ist.

Der Vormund wird sich dabei auch der Erfahrung des Vormundschaftsgerichts bedienen und mit diesem besprechen, ob eine solche Anlage dem Mündel in seinen geschäftlichen Bereichen hilft. Dies gilt insbesondere für diejenigen Fälle, in denen ein Mündel durch Erbschaft, durch Entschluß seiner Eltern oder Verwandten für einen bestimmten Beruf vorgesehen ist.

Der Verwalter muß berücksichtigen, ob und welche finanziellen Vorteile oder Verpflichtungen für den Vermögensinhaber entstehen. Wenn der Verwalter nicht selbst sachkundig ist, muß er sich von Fachleuten beraten lassen. Er wird dabei stets abzuwägen haben, ob die Kosten, die durch die Führung des Geschäfts, sei es durch den Dritten, sei es durch den fachkundigen Vormund selbst, vertretbar sind.

C.
Die vormundschaftsgerichtliche Genehmigung

I. Wesen, Inhalt und Wirkung der Genehmigung

Das Gesetz schreibt dem Vormund, Betreuer, Pfleger und den Eltern in einzelnen wichtigen Fällen vor, Rechtshandlungen nicht ohne Erlaubnis des Vormundschaftsgerichts vorzunehmen. Ein Verstoß hiergegen stellt in jedem Fall eine Pflichtwidrigkeit mit der Folge persönlicher Schadenersatzpflicht dar (§ 1833).

Die vormundschaftsgerichtliche Genehmigung wird herkömmlich in eine Innen- und Außengenehmigung aufgeteilt[1], termini, die nicht dem Gesetz selbst entstammen. Tatsächlich ist die Genehmigung des Vormundschaftsgerichts eine Wirksamkeitsvoraussetzung für das zugrundeliegende Rechtsgeschäft, also ein staatlicher Hoheitsakt. Die Genehmigung dient ausschließlich der Fürsorge und dem Schutz des Mündels. Insofern ist der Vormund in seiner Vertretungsmacht beeinträchtigt, dies geschieht jedoch allein zum Zwecke der richtigen Sachbehandlung. Soweit der Vormund über eine allgemeine Ermächtigung gemäß § 1825 verfügt, muß diese kongruent sein, d. h. das entsprechende Rechtsgeschäft decken.

1. Das Verfahren bis zur Entscheidung über die Genehmigung

Die vormundschaftsgerichtliche Genehmigung wird auf Antrag des Vormunds, Betreuers usw. erteilt oder nicht erteilt. Das Vormundschaftsgericht muß sich mit dem Rechtsgeschäft befassen, wenn und sobald ein entsprechender Antrag gestellt wird[2]. Gegen den Willen des Vormunds darf die Genehmigung nicht erteilt werden. Eine Antragspflicht ist nicht ausdrücklich festgelegt; sie ergibt sich aber regelmäßig aus der Verpflichtung des Vormunds, die Interessen des Mündels zu wahren und aus der Tatsache, daß für zahlreiche Handlungen und Rechtsgeschäfte aus dem

---

1 KG 24. 10. 1919, OLGZ 40, 20.
2 BayObLG 17. 5. 1976, FamRZ 1977, 141.

Pflichtenkreis des Vormunds die vormundschaftsgerichtliche Genehmigung eingeholt werden muß. Sobald ein solcher Antrag auf Genehmigung an das Gericht herangetragen wird, ist der Vormundschaftsrichter zur Prüfung verpflichtet. Er hat von Amts wegen die zur Feststellung von Tatsachen erforderlichen Ermittlungen anzustellen und die ihm geeignet erscheinenden Beweise aufzunehmen (§ 12 FGG)[3].

Die vormundschaftsgerichtliche Genehmigung setzt die Anhörung von Vormund/Betreuer und, soweit möglich, von Mündel/Betreutem voraus. Der Genehmigungsakt darf nicht erfolgen, wenn das beabsichtigte Rechtsgeschäft gegen ein gesetzliches Verbot verstößt oder nach dem ermittelten oder dargelegten Sachverhalt unerlaubt, anfechtbar oder aus einem dem Richter erkennbaren Grunde nichtig ist[4]. Werden dem Vormundschaftsgericht Tatbestände dargetan, die erkennen lassen, daß im gegebenen Fall gegen das Verbot des Selbstkontrahierens verstoßen wird, so hat das Vormundschaftsgericht tätig zu werden; es muß dann einen oder mehrere Ergänzungspfleger bestellen und, nachdem auch diese angehört worden sind, die Genehmigung erteilen oder versagen. Weil die Genehmigung des Vormundschaftsgerichts eine Bestätigung staatshoheitlichen Willens ist, hat das Vormundschaftsgericht die Genehmigung zu versagen, wenn das Geschäft erkennbar der Gläubigerbenachteiligung dient oder gegen das Devisenrecht, das Wucherverbot oder andere Vorschriften verstößt[5]. Entsprechendes gilt, wenn der Vormund ein Geschäft als Vertreter ohne Vertretungsmacht abgeschlossen hat. Wenn das vom Vormund in Aussicht genommene Geschäft den Gemeinschaftsinteressen zuwiderläuft oder in des Mündels Familie Streit trägt oder sonst den Familienfrieden stört, hat das Vormundschaftsgericht sorgfältig zu prüfen, ob es dennoch seine Genehmigung erteilen will. Grundsätzlich sind auch die Interessen der Familie und der Allgemeinheit zu berücksichtigen[6]. Allerdings darf der Bogen nicht überspannt und der Vormundschaftsrichter nicht zum Sittenrichter von Amts wegen gemacht werden. Bloße Möglichkeiten, daß das vom Vormund beabsichtigte Geschäft dem einen oder anderen Familienmitglied nicht gefällt oder die Möglichkeit einer anderen Wertung durch ein Prozeßgericht dürfen das Vormundschaftsgericht nicht hindern, ein sonst im wohlverstandenen Interesse des Mündels liegendes Geschäft zu genehmigen. Letzten Endes geht es immer um das wirkliche, im weiteren Rahmen zu sehende Interesse

---

3 KG 3. 3. 1916, RJA 15, 97.
4 OLG Stuttgart 12. 12. 1952, RdL 1953, 78.
5 KG 23. 10. 1936, JW 1937, 37.
6 KG 1. 4. 1938, JW 1938, 1600.

des Mündels, auch in Fällen der erwähnten Art, in denen das gegenwärtige materielle Interesse des Mündels hinter höheren Interessen der Familie und der Allgemeinheit rangieren kann. Dieses Familieninteresse wird aber stets genau zu durchleuchten sein, insbesondere in Fällen der Betreuung alter und gebrechlicher Personen; in diesen Fällen handelt es sich bisweilen weniger um das Interesse der Familie als darum, den zukünftigen Nachlaß für die Familienmitglieder zu erhalten.

2. Inhalt und Form der Genehmigung

a) Verhältnis von Rechtsgeschäft und Genehmigung

Nur solche Beschlüsse über die vormundschaftsgerichtliche Genehmigung können rechtliche Wirkungen auslösen, die sich mit dem Inhalt des abgeschlossenen oder beabsichtigten Rechtsgeschäfts decken[7].

Rechtsgeschäft und Genehmigungsbeschluß müssen, wenn auch nicht wörtlich, so doch inhaltlich übereinstimmen und einander entsprechen. Dies hat im Verhältnis des Vormunds zum Erklärungsgegner zur Folge, daß die Wirkung einer erteilten vormundschaftsgerichtlichen Genehmigung nicht weiter reicht als der Inhalt des dem Vormundschaftsgericht unterbreiteten rechtsgeschäftlichen Tatbestandes[8]. Genehmigt das Vormundschaftsgericht nur einen Teil des an ihn herangetragenen Rechtsgeschäfts, so ist zu prüfen, ob ein solcher Beschluß Wirksamkeit erlangt oder nicht.

Anders liegt es jedoch bei sonstigen Genehmigungen mit Außenwirkung gegenüber Dritten. Hier muß am Grundsatz der Unteilbarkeit der Entscheidung über den Genehmigungsantrag festgehalten werden, weil ansonsten nicht nur die Handlungsbefugnis des Vormunds verletzt, sondern, auch in die zwischen dem Vormund und dem Dritten geschaffene Erklärungslage eingegriffen wird[9].

b) Schlüssiges Verhalten

Für die Art und Weise, in der das Vormundschaftsgericht seine Entscheidung über den Genehmigungsantrag zu verlautbaren hat, besteht keine

---

[7] KG 23. 10. 1936, JW 1937, 42.
[8] RG 9. 11. 1901, JW 1902, 44; RG 8. 5. 1920, RGZ 99, 72 (74); OGH 21. 12. 1949, JR 1950, 245.
[9] A.A. KG 23. 10. 1936, JW 1937, 37.

förmliche Vorschrift. Wenn es sich auch im allgemeinen als zweckmäßig erweist und üblich ist, einen förmlichen gerichtlichen Beschluß zu erlassen, so kann doch die richterliche Entscheidung auch in einem schlüssigen Verhalten bestehen [10].

Gleich, ob die Entschließung des Richters förmlich durch Beschluß oder formlos durch schlüssiges Verhalten kundgemacht wird, muß dies auf jeden Fall gegenüber dem Vormund selbst geschehen (§ 1828); es genügt nicht ein bloßes Inaussichtstellen [11], eine Empfehlung [12] oder ein Handeln des Gerichts über den Vormund hinweg oder an ihm vorbei, etwa in der Weise, daß das Vormundschaftsgericht unmittelbar ohne Mitteilung an den Vormund das Grundbuchamt um Eintragung ersucht.

c) Vor- und Nachgenehmigung

Zu welchem Zeitpunkt der Vormund seinen Antrag auf Genehmigung stellt, hat er selbst zu entscheiden. Bei besonders wichtigen, zeitraubenden oder kostspieligen Verhandlungen mit Vertragspartnern wird der Vormund das beabsichtigte Geschäft an das Vormundschaftsgericht herantragen, bevor es perfekt ist. Bei einseitigen Rechtshandlungen wird der Antrag auf vorherige Genehmigung überhaupt die Regel sein; sonst aber kann der Vormund unter Vorbehalt der vormundschaftsgerichtlichen Genehmigung handeln oder abschließen und das Geschäft nachträglich dem Vormundschaftsgericht vorlegen. Die Praxis kennt sowohl die „Nachgenehmigung" wie auch die „Vorgenehmigung". Entschließt sich der Vormund zur Einholung der vorherigen Genehmigung, so muß er das Geschäft so genau umreißen, daß die erforderliche Kongruenz zwischen Beschluß und Rechtsgeschäft gewahrt werden kann. Die allgemeine Ermächtigung nach § 1825 ist immer eine Vorgenehmigung. Beide Arten des Ersuchens auf (Vor- und Nach-) Genehmigung stehen unter der Änderungssperre des § 55 FGG, wenn die rechtsgeschäftliche Handlung dem Dritten gegenüber bereits wirksam geworden ist (§ 1829 Abs. 1).

Im Falle vorheriger Genehmigung oder Versagung besteht also die Möglichkeit, daß das Vormundschaftsgericht seine Meinung noch ändert, sofern das Rechtsgeschäft selbst noch nicht zustande gekommen ist. Im Falle der Nachgenehmigung hingegen kann das Vormundschaftsgericht seinen Beschluß nach § 18 Abs. 1 FGG nur solange ändern, wie der Vor-

---

10 RG 27. 10. 1930, RGZ 130, 148 (150).
11 BayObLG 29. 9. 1904, BayObLGZ 5, 450 (453).
12 RG 9. 7. 1932, RGZ 137, 324 (345).

mund noch nicht die gerichtliche Entscheidung entsprechend § 1829 Abs. 1 dem anderen Teil mitgeteilt und damit das endgültige Zustandekommen oder Scheitern des Rechtsgeschäfts bewirkt hat.

Nach dem Tode des Erblassers kann ein wegen fehlender vormundschaftsgerichtlicher Genehmigung schwebend unwirksamer Erbvertrag durch nachträgliche Zustimmung des volljährig gewordenen Vertragspartners nicht geheilt werden (§§ 2275, 1829)[13].

Nach dem Tode des Mündels oder Betreuten ist für eine vormundschaftsgerichtliche Genehmigung, die vor dem Tode beantragt wird, kein Raum mehr. Dies gilt auch für genehmigungsbedürftige Verträge, die der gutgläubige Vormund kraft Fortbestandes seiner Befugnis abgeschlossen hat. Ist die vormundschaftsgerichtliche Genehmigung nicht unabänderlich geworden, so kann sie auch nach dem Ende der Vormundschaft noch aufgehoben werden[14].

Bei der Frage der Genehmigung eines Rechtsgeschäfts durch das Vormundschaftsgericht darf man nie aus den Augen verlieren, daß es allein die Entscheidung des Vormunds ist, ob und mit welchem Inhalt er ein Rechtsgeschäft abschließt und ob er die Genehmigung des Vormundschaftsgerichts beantragt. In diese Entschließungsfreiheit des Vormunds darf das Vormundschaftsgericht, solange keine Pflichtwidrigkeit vorliegt, nicht eingreifen[15]. Aus diesem Grunde hat der Vertragspartner auch den Vormund und nicht etwa das Vormundschaftsgericht aufzufordern, sich dazu zu erklären, ob die Genehmigung erteilt wird oder nicht (§ 1829 Abs. 2).

3. Das Negativattest

Als sogenanntes Negativattest wird die Erklärung des Vormundschaftsgerichts bezeichnet, ein bestimmtes Rechtsgeschäft bedürfe nicht der Genehmigung. Ob eine solche Auskunft die richtige Antwort auf das Ersuchen des Vormundes ist, ein bestimmtes Geschäft zu genehmigen, muß zweifelhaft erscheinen. Die Rechtsprechung hat die Bescheinigung einer Behörde, eine Genehmigung sei nicht erforderlich, nicht akzeptiert. Dem Rechtsverkehr ist mit Negativattesten auf dem Gebiet des Vormund-

---

13 BGH 7. 12. 1977, NJW 1978, 1159.
14 BayObLG 27. 10. 1964, FamRZ 1965, 101.
15 BGH 4. 10. 1966, VersR 1966, 1186.

schaftsrechts nicht gedient; aus diesem Grunde ist ein Negativattest auch einem Genehmigungsbescheid nicht gleichzusetzen. Ein Negativattest hat daher keine Aussagekraft; es enthält weder eine positive noch eine negative Sachentscheidung über den Antrag auf vormundschaftsgerichtliche Genehmigung oder eine Ersatzentscheidung[16].

II. Genehmigung unter Auflagen oder Bedingungen

Das Vormundschaftsgericht kann seine Genehmigung sowohl unter einer Auflage wie auch einer aufschiebenden Bedingung erteilen[17]. Die Begriffe „Bedingung" und „Auflage" in Genehmigungsbeschlüssen werden nicht nur von Vormündern häufig verkannt oder nicht genau auseinandergehalten. Zwischen beiden Instituten bestehen wesentliche Unterschiede: Die Bedingung enthält eine Voraussetzung für das Wirksamwerden einer Genehmigung, die Auflage ist eine Folge ihres Wirksamwerdens. Ob eine durch das Vormundschaftsgericht gesetzte Bedingung für eine Genehmigung erfüllt wird, entzieht sich der Einflußnahme des Vormundschaftsgerichts und steht häufig im freien Ermessen des Vormundes. Die Auflage hingegen begründet eine Verpflichtung des Vormundes, die das Vormundschaftsgericht an die Erteilung der Genehmigung knüpft; die Erfüllung dieser Verpflichtung kann erzwungen werden, von der Erfüllung hängt jedoch nicht die Wirksamkeit der Genehmigung ab[18].

Die im Rahmen der vormundschaftsgerichtlichen Genehmigungsbefugnis liegende Möglichkeit, Bedingungen und Auflagen zu stellen, findet jedoch ihre Schranken in der vom Gesetz gewollten Selbständigkeit des Vermögensverwalters[19]. Der Vormundschaftsrichter kann dadurch, daß er eine entsprechende Auflage macht, beispielsweise den Vermögensverwalter nicht zwingen, den Erlös aus einem Grundstücksverkauf in einer bestimmten Weise anzulegen und den Nachweis der Anlage ihm gegenüber zu erbringen, es sei denn, daß die Mündelinteressen im Einzelfall erheblich gefährdet wären. Mit einer solchen Auflage würde in die Befug-

---

16 BGH 15. 3. 1951, BGHZ 1, 294 (302 f.); LG Berlin 21. 12. 1972, FamRZ 1973, 146; a. A. anscheinend OLG Hamm 24. 10. 1990, RPfleger 1991, 56.
17 RG 3. 11. 1914, RGZ 85, 416 (421); KG 12. 2. 1937, JW 1937, 1552.
18 BayObLG 27. 10. 1923, BayObLGZ 22, 325 (330).
19 OLG Frankfurt a. M. 15. 8. 1952, NJW 1953, 67.

nis des Vormunds eingegriffen, unter mehreren vom Gesetz vorgesehenen Anlagemöglichkeiten zu wählen.

Niemals darf die Genehmigung an eine auflösende oder gar an eine offenbar widersinnige oder unerfüllbare Bedingung geknüpft werden [20].

III. Wirkung und Wirksamkeit der Genehmigung

1. Bestandskraft

Gemäß § 55 FGG ist für Änderungswünsche des Vormundschaftsgerichts kein Raum mehr, wenn die Genehmigung oder deren Versagung gegenüber einem Dritten bereits wirksam geworden ist [21]. Nicht einmal dann, wenn das Vormundschaftsgericht nachträglich, also nach Wirksamwerden gegenüber dem Dritten, erfährt, daß das von ihm genehmigte Rechtsgeschäft wegen Verstoßes gegen die guten Sitten oder aus einem anderen Grunde nichtig ist, kann es seinen Beschluß ändern [22]. Die Sicherung des Rechtsverkehrs erfordert, daß eine Verfügung, durch die dem Vormund die Genehmigung zu einem Rechtsgeschäft erteilt wurde, weder im ersten Rechtszuge noch im Rechtsbehelfsverfahren geändert werden darf, soweit sie einem Dritten gegenüber wirksam geworden ist. § 55 FGG verbietet die Änderung der Genehmigungsverfügung selbst dann, wenn beispielsweise nach einer Todeserklärung festgestellt wird, daß das Vormundschaftsgericht aus materiell-rechtlichen Gründen eine Genehmigung nicht erteilen durfte, die entsprechende Verfügung also tatsächlich unrichtig war.

2. Kausal- und Erfüllungsgeschäft

Es wurde bereits darauf hingewiesen, daß zwischen dem abgeschlossenen oder abzuschließenden Rechtsgeschäft einerseits und der Genehmigung andererseits Kongruenz bestehen muß. Es genügt allerdings die wirtschaftliche Übereinstimmung, auch wenn formal Unterschiede bestehen. Regelmäßig liegt in der Genehmigung eines obligatorischen Geschäftes

---

20 KG 12. 2. 1937, JW 1937, 1551.
21 KG 24. 10. 1919, OLGZ 40, 20; KG 21. 5. 1920, OLGZ 41, 14.
22 KG 9. 7. 1937, JW 1937, 2597.

durch das Vormundschaftsgericht, wenn sich aus dem Beschluß nicht etwas Gegenteiliges ergibt, auch die Einwilligung zu dem Erfüllungsgeschäft, also in der Genehmigung des Grundstückskaufvertrages der Konsens zur Auflassung. Umgekehrt bedeutet die vormundschaftsgerichtliche Genehmigung eines dinglichen Erfüllungsgeschäftes, daß auch das zugrundeliegende Kausalgeschäft genehmigt ist.

3. Genehmigung bei Geldanlage

Die Erteilung einer Genehmigung, die der Vormund für eine Geldanlage einholt, deckt diese Handlung in der Weise, daß der Vormund bei Ausführung dieses genehmigten Geschäftes nicht mehr als pflichtwidrig handelnd angesehen werden kann. Andererseits ist aber auch der Widerruf einer solchen Genehmigung durch das Vormundschaftsgericht vom Vormund zu beachten. Etwa bereits vorgenommene Maßnahmen sind rückgängig zu machen, soweit sie noch zu ändern sind. Ist die einmal genehmigte Handlung nicht wieder zurückzunehmen, ohne daß dem Mündel Schaden entsteht, oder läßt sie sich nicht wieder ungeschehen machen, so handelt der Vormund nicht pflichtwidrig, wenn er untätig bleibt.

4. Rechtsbehelfe

Der Beschluß des Vormundschaftsgerichts kann mit der Beschwerde gemäß § 20 FGG angefochten werden, vom Vormund sogar dann noch, wenn die Sperre nach § 55 FGG eingetreten ist, der Beschluß also wegen seiner Mitteilung an den anderen Teil nicht mehr geändert werden kann. Praktisch wird dies nur selten der Fall sein, z. B. dann, wenn das Gericht mit seinem Aufhebungsbeschluß einer zunächst erteilten Genehmigung zu spät gekommen ist, weil die Sperre nach § 55 FGG schon eingetreten war. Das Beschwerderecht ergibt sich daraus, daß der wirksame Vertrag mit dem Makel des Aufhebungsbeschlusses belastet ist[23].

---

23 KG 23. 4. 1920, KGJ 52, 46 (48).

IV. Verhältnis zu anderen Genehmigungen

Mitunter sind für ein Rechtsgeschäft des Vormunds neben der vormundschaftsgerichtlichen andere behördliche oder gerichtliche Genehmigungen erforderlich. Es gibt keine Rangfolge der verschiedenen Genehmigungen etwa derart, daß der Vormundschaftsrichter verpflichtet wäre zu warten, ob andere Behörden zu dem Rechtsgeschäft bereits ihre Zustimmung erteilt haben oder nicht. Solche Fälle kommen z. B. vor bei der Genehmigung von Kauf- und Pachtverträgen über landwirtschaftliche Grundstücke, bei der Notwendigkeit der Zustimmung bzw. Genehmigung der Deutschen Bundesbank zu Wertsicherungsklauseln und schließlich bei Teilung von Grundstücken nach dem Baugesetzbuch.

Die gleiche Selbständigkeit, die es dem Vormund erlaubt, sich frei zu entscheiden, ob er ein Grundstück verkaufen will oder nicht, hat das Vormundschaftsgericht, das berechtigt ist, die Genehmigung zu versagen, wenn es den Preis für zu niedrig hält.

Bedenklich erscheint in diesem Zusammenhang der Beschluß des OLG Stuttgart vom 12. 12. 1952[24], in dem das Vormundschaftsgericht für verpflichtet gehalten wird, Rechtsgeschäften, die durch eine landwirtschaftsgerichtliche Auflage gefordert wurden, seine Genehmigung zu erteilen. In dem Falle hatte das Landwirtschaftsgericht in zulässiger Weise die Genehmigung zu einem Überlassungsvertrag unter Auflage der Eintragung eines Vorkaufsrechtes zugunsten des Stellenübernehmers erteilt, während das Vormundschaftsgericht seine Genehmigung zur Eintragung dieses Vorkaufsrechtes versagte. Das Oberlandesgericht vertrat die Ansicht, das Vormundschaftsgericht hätte die Genehmigung erteilen müssen, weil es auch den ihm anvertrauten Mündeln keine bessere Stellung im Rechtsverkehr verschaffen dürfe als sie jedermann habe. Diese Feststellung beantwortet jedoch nicht die Kernfrage, ob ein solcher Überlassungsvertrag, bei dem der Mündel eine Auflage erfüllen muß, für den Mündel beschwerend oder unvorteilhaft ist. Ein anderes Gericht kann dem Vormundschaftsgericht das Recht und die Pflicht, diese Frage zu prüfen, nicht abnehmen.

---

24 RdL 1953, 76.

V. Genehmigung einseitiger Rechtsgeschäfte

Ein einseitiges Rechtsgeschäft, das der Vormund ohne die erforderliche Genehmigung des Vormundschaftsgerichtes vornimmt, ist unwirksam (§ 1831). Die unterschiedliche Behandlung des einseitigen Rechtsgeschäftes und des Vertrages hat ihren Grund darin, daß es unbillig wäre, die Frage der Wirksamkeit eines einseitigen Rechtsgeschäftes, z. B. einer Kündigung, deren Vornahme sich der Dritte gefallen lassen muß, für unbestimmte Zeit in der Schwebe zu lassen. Das der vormundschaftsgerichtlichen Genehmigung bedürftige einseitige Rechtsgeschäft ist daher, wenn die Genehmigung fehlt, unwirksam und kann durch die Nachbringung der Genehmigung nicht wirksam gemacht werden, vielmehr muß der Vormund es neu vornehmen [25]. Das Vormundschaftsgericht hat bei seiner Entscheidung auf den Zeitpunkt der Neuvornahme abzustellen und nicht zu berücksichtigen, ob im Zeitpunkt der Erstvornahme anders hätte entschieden werden müssen [26]. Der gesetzgeberische Grund für die unterschiedliche Behandlung entfällt aber, wenn das einseitige Rechtsgeschäft innerhalb der gesetzlichen Frist vorzunehmen ist. Daher ist die Ausschlagung einer Erbschaft gültig, wenn die vormundschaftsgerichtliche Genehmigung nachträglich innerhalb der Ausschlagungsfrist wirksam erteilt und dem Nachlaßgericht nachgewiesen wird [27].

§ 1831 findet auch keine Anwendung bei einseitigen Rechtsgeschäften, die durch Erklärung gegenüber Behörden, insbesondere gegenüber dem Grundbuchamt vorzunehmen sind. Aus diesem Grunde kann die Löschung einer Eigentümergrundschuld nachträglich vormundschaftsgerichtlich genehmigt werden; die Ungewißheit über die Genehmigung kann das Grundbuchamt durch eine befristete Zwischenverfügung gemäß § 18 GBO beseitigen [28].

Bei der von einem minderjährigen Vater zugunsten des ihm anerkannten nichtehelichen Kindes in vollstreckbarer Urkunde abgegebenen Verpflichtung zur Zahlung des Regelunterhaltes handelt es sich um eine einseitige Erklärung, die keiner vormundschaftsgerichtlichen Genehmigung bedarf [29].

---

25 KG 5. 1. 1901, 4. 3. 1901, Recht 1901 Nr. 1038, RG 14. 6. 1930, LZ 1930, Sp. 1390.
26 RG 14. 4. 1928, Seuff. Arch. 82 Nr. 134.
27 RG 25. 2. 1915, WarnRspr 1915 Nr. 120.
28 KG 9. 4. 1936, JW 1936, 2745.
29 LG Berlin 12. 1. 1970, FamRZ 1970, 144f.

VI. Mitteilung der Genehmigung an den Vertragspartner

Die Mitteilung der Genehmigung findet in zwei Stufen statt: Das Vormundschaftsgericht hat die Genehmigung zunächst dem Vormund mitzuteilen, der dann seinerseits den Vertragspartner informiert. Das Gericht kann also beispielsweise nicht bei der Genehmigung eines vom Vormund für den Mündel abgeschlossenen Vergleichs die Ausfertigung des Vergleichs zu den Grundakten mit dem Ersuchen um Eintragung überreichen, ohne daß der Vormund irgendwie aktiviert wird[30].

Die Mitteilung des Vormunds an den Vertragspartner muß unzweideutig und nicht auslegungsfähig sein, bedarf aber keiner bestimmten Form oder Inhalts, sofern die Erklärung nur eindeutig ist[31]. Sie kann demnach mündlich, schriftlich oder durch schlüssige Handlung erfolgen. Die Mitteilung macht eine Annahme durch den anderen Teil nicht erforderlich. Mit der Mitteilung bringt der Vormund zum Ausdruck, daß er einen Vertrag, so wie er geschlossen und vom Vormundschaftsgericht genehmigt ist, auch dann noch billigt.

Die Frage des Vertragspartners nach der Erteilung der Genehmigung gemäß § 1829 Abs. 2 erfordert nicht, daß das Vormundschaftsgericht seinen Beschluß bereits erlassen oder mitgeteilt hat. Die Zwei-Wochen-Frist läuft also nicht mit dem Beschluß des Vormundschaftsgerichts, sondern mit Zugang bei dem Vormund. Der Vormund ist nicht einmal verpflichtet, eine positive Antwort zu geben des Inhalts, daß das Geschäft vormundschaftsgerichtlich genehmigt ist, er kann vielmehr, wenn er das Geschäft inzwischen für nachteilig hält, durch Schweigen den Vertrag zu Fall bringen[32]. Ein Nachteil entsteht dem Vertragspartner dadurch nicht, da er es ist, der den Lauf der Zwei-Wochen-Frist in Gang setzt, wissend, daß das Geschäft der Genehmigung bedarf.

Die Parteien können die Zwei-Wochen-Frist verlängern oder abkürzen, die Wirkungen des Fristablaufes können sie jedoch nicht beeinflussen.

Es ist heute anerkannt, daß für die Entgegennahme der Mitteilung eine Doppelvollmacht ausreicht. Zu beachten ist allerdings, daß dann, wenn der Notar als Bevollmächtigter des Vormunds für die Empfangnahme der Mitteilung bestellt ist, er sie nicht selbst beurkunden kann. Wohl kann er

---

30 RG 7. 12. 1904, RGZ 59, 277.
31 KG 13. 6. 1924, OLGZ 44, 82.
32 RG 27. 10. 1930, RGZ 130, 148 (152).

die Erklärung des anderen Vertragsteiles beurkunden, daß dieser durch ihn als Vertreter des Vormundes von der Entscheidung des Vormundschaftsgerichts Mitteilung erhalten habe.

VII. Notwendigkeit der Genehmigung bei einzelnen Rechtsgeschäften

1. Allgemeines

Das Gesetz enthält in den §§ 1819 ff. einen umfangreichen und teilweise kasuistischen Katalog von Geschäften, der das Spiegelbild der vielfältigen Erscheinungsformen einer Vermögensverwaltung ist. Nachstehend werden diejenigen Fälle abgehandelt, die besondere Probleme aufwerfen.

Bei der Beurteilung der Frage, ob ein Geschäft genehmigungsbedürftig ist oder nicht, ist nach ständiger Rechtsprechung der Kreis der genehmigungspflichtigen Geschäfte um der Rechtssicherheit willen formal und nicht nach den jeweiligen Umständen des Einzelfalles zu bestimmen. Maßgebend ist die *Art,* nicht der Zweck des Geschäfts[33].

2. Wertpapierdepot

Das Gesetz ordnet in § 1819 an, daß der Vormund zur Verfügung über Depots von Wertpapieren, Kostbarkeiten und, wenn Grundstückspapiere hinterlegt sind, zu einer Verfügung über diese Werte der Genehmigung des Vormundschaftsgerichts bedarf. Dies gilt auch für die Umschreibung von Inhaberpapieren auf den Namen des Mündels gemäß § 1815.

3. Grundstücksgeschäfte

Bei dem häufig vorkommenden Fall, daß eine Verfügung über das Eigentum an einem Grundstück zugleich auch mit der Belastung des Grundstücks durch eine Hypothek vorgenommen wird und daß für einen Teil des Kaufpreises eine Hypothek bestellt wird, ist eine vormundschaftsgerichtliche Genehmigung nicht erforderlich. Dies trifft auch für den Fall zu, daß der Mündel auf dem Grundstück ruhende Lasten übernimmt

---

[33] BGH 20. 2. 1989, DB 1989, 918 (919).

oder dem Veräußerer oder dritten Personen einen Nießbrauch oder ein anderes Recht am Grundstück einräumt[34].

Hat das Vormundschaftsgericht die Bestellung einer Grundschuld genehmigt, so ist eine weitere Genehmigung für ein Rechtsgeschäft, in dem die Darlehensschuld eines Dritten der Grundschuld mit einer Sicherungsabrede zugrunde gelegt wird, nicht nötig[35].

Für die Bewilligung der Eintragung oder der Vormerkung ist die vormundschaftsgerichtliche Genehmigung nötig (§ 1821). Überträgt ein Elternteil seinem minderjährigen Kind einen Miteigentumsanteil an einem Grundstück, so ist der Vertrag vormundschaftsgerichtlich genehmigungspflichtig, und zwar nach §§ 1821 Abs. 1 Nr. 5, 1822 Nr. 10, 1915, wenn der Mündel gegenüber dem Grundpfandgläubiger als persönlicher Schuldner eingetreten ist. In diesem Falle muß der Vormundschaftsrichter, der mit der Frage der Genehmigung befaßt ist, von sich aus prüfen, ob die Verbindlichkeit, die der Mündel übernimmt, den Wert des Eigentumsanteils nicht übersteigt.

Eine Löschungsbewilligung bedarf keiner Genehmigung, wenn der Löschungsgegenstand eine Eigentümergrundschuld ist, der keine im Grundbuch eingetragenen nachstehenden Rechte folgen würden.

4. Erwerbsgeschäft und Gesellschaftsvertrag

Ein Erwerbsgeschäft im Sinne von § 1822 Nr. 3 ist nicht die freiberufliche Praxis eines Rechtsanwalts, Arztes, Architekten oder Wirtschaftsprüfers. Dies bewirkt, daß dann, wenn der Inhaber der Praxis stirbt und diese veräußert wird, die Veräußerung einer vormundschaftsgerichtlichen Genehmigung nicht bedarf[36].

Etwas anderes gilt, wenn Gegenstände des Anlagevermögens einer freiberuflichen Praxis auf Kinder des Inhabers der Praxis übertragen werden, damit dann die Praxis die Gegenstände wieder mietet. Ein solches Geschäft ist ein Erwerbsgeschäft und bedarf der Genehmigung[37].

Stirbt der Betriebsinhaber, so wird davon die Eigenschaft als Erwerbsgeschäft nicht berührt[38]. Veräußern die in Erbengemeinschaft stehenden

---

34 RG 1. 7. 1924, RGZ 108, 356 f.
35 BayObLG 31. 1. 1986, RPfleger 1986, 223.
36 RG 23. 3. 1934, RGZ 144, 1.
37 BayObLG 4. 7. 1989, RPfleger 1990, 67.
38 BGH 25. 9. 1952, BGHZ 7, 208.

Erben des Inhabers einer Ein-Mann-GmbH sämtliche Geschäftsanteile an der GmbH an einen Dritten, so bedarf diese Veräußerung namens eines minderjährigen Miterben der vormundschaftsgerichtlichen Genehmigung, weil es sich dabei um die Veräußerung eines Erwerbsgeschäfts handelt[39]. Hingegen bedarf der Mündel, der in ungeteilter Erbengemeinschaft das Handelsgeschäft fortführt, hierfür nicht der Genehmigung des Vormundschaftsgerichts[40]. Die Fortführung eines ererbten Handelsgeschäfts in ungeteilter Erbengemeinschaft darf nicht dazu führen, daß die Eltern den Minderjährigen unbegrenzt verpflichten können. Insoweit verletzt § 1629 das allgemeine Persönlichkeitsrecht des Minderjährigen[40a]. Der Erwerb eines Geschäftes liegt auch dann vor, wenn einige Geschäftsanteile oder nur ein Geschäftsanteil an einer GmbH in Frage steht oder der Mündel sich als Kommanditist beteiligt.

Die Übertragung eines Anteils an einer stillen Gesellschaft bedarf jedenfalls dann der vormundschaftsgerichtlichen Genehmigung, wenn es sich um eine atypische stille Gesellschaft handelt.

Bei der *Veräußerung* von GmbH-Anteilen ist im Einzelfall zu prüfen, ob eine Genehmigung nötig ist. Die schenkweise Übertragung eines GmbH-Anteils bedarf nicht der Genehmigung gemäß § 1822 Nr. 3, nur wenn der Mündel zugleich eine fremde Verbindlichkeit mit dem GmbH-Anteil übernimmt, die im Verhältnis zum bisherigen Schuldner dieser allein zu tilgen hat, ist eine Genehmigung, allerdings gemäß § 1822 Nr. 10, erforderlich[41].

Das Bayerische Oberste Landesgericht[42] hat es offengelassen, ob die Abtretung eines Geschäftsanteils von 10% des Stammkapitals unter Beteiligung eines minderjährigen Gesellschafters überhaupt die Veräußerung eines Erwerbsgeschäfts darstellt mit der Folge, daß diese zu genehmigen ist.

Die Genossenschaft ist keine Gesellschaft im Sinne von § 1822 Nr. 3, da das Erwerbsgeschäft nicht von den Genossen, sondern von der Genossenschaft selbst betrieben wird. Somit unterliegt der Beitritt zu einer eingetragenen Genossenschaft mit beschränkter Haftung nicht der vormundschaftsgerichtlichen Genehmigung.

---

39 OLG Hamm 9. 7. 1984, RPfleger 1984, 354 mit Anm. *Damrau* RPfleger 1985, 62.
40 BGH 8. 10. 1984, RPfleger 1985, 68.
40a BVerfG 13. 5. 1986, FamRZ 1986, 769.
41 BGH 20. 2. 1989, Fn. 33.
42 BayObLG 22. 5. 1985, RPfleger 1985, 366.

Vormundschaftsgerichtliche Genehmigung

Der Abschluß eines Gesellschaftsvertrages zur Errichtung einer Kommanditgesellschaft, an der ein Mündel beteiligt ist, bedarf stets der vormundschaftsgerichtlichen Genehmigung[43], ebenso wie die Teilnahme an einer GmbH-Gründung[44].

5. Treuhandschaft

Im modernen Wirtschaftsleben spielen Treuhandschaften eine immer größere Rolle; es ist daher zu prüfen, welche Treuhandschaften, an denen ein Minderjähriger beteiligt ist, einer vormundschaftsgerichtlichen Genehmigung bedürfen. Diese ist erforderlich, wenn ein Minderjähriger an Gewinn und Verlust einer Treuhandgesellschaft teilnimmt oder das Treugut den Gläubigern zur eventuellen Befriedigung offensteht. Der minderjährige Inhaber ist dann ebenfalls am Unternehmerrisiko beteiligt. Deshalb muß die Treuhandschaft eines Minderjährigen an einer OHG oder einer KG nach § 1822 Nr. 3 vom Vormundschaftsgericht geprüft und genehmigt sein. Dies gilt auch für Volljährige, die unter Betreuung stehen.

6. Kreditaufnahme

Gemäß § 1822 Nr. 8 bedarf die Kreditaufnahme durch den Mündel stets der Genehmigung des Vormundschaftsgerichts. Die Rechtsprechung hat sich mit der Frage befassen müssen, was bei einem Ratenzahlungskauf gilt, da die Stundung des Kaufpreises nicht der Genehmigung des Vormundschaftsgerichts bedarf[45]. Ist der Abzahlungskauf aber von dritter Seite oder ganz allgemein finanziert, so ist die vormundschaftsgerichtliche Genehmigung gemäß § 1822 Nr. 8 erforderlich[46].

§ 1822 Nr. 8 bezieht sich auf die Aufnahme von Geld auf Kredit des Mündels; wird der Kredit durch eine Sicherheit untermauert, bedarf dies keiner besonderen Genehmigung[47], es sei denn zur Sicherung des genehmigten Kredits wird eine Grundschuld bestellt.

---

43 BGH 30. 4. 1955, BGHZ 17, 160f., s.a. BayObLG 4. 11. 1976, BB 1977, 669.
44 BGH 20. 2. 1989, Fn. 33.
45 RG 26. 2. 1912, JW 1912, 590.
46 LG Mannheim 14. 2. 1962, NJW 1962, 1112; LG Berlin 1. 11. 1962, NJW 1963, 110; BGH 13. 4. 1972, BGH WM 1972, 699.
47 RG 27. 2. 1932, HRR 32 Nr. 1755.

§ 1822 Nr. 8 muß im Interesse des Mündels weit ausgelegt werden. Eine Kreditaufnahme zu Lasten des Mündels soll sogar dann vorliegen, wenn der Vormund für ein genehmigungspflichtiges, aber nicht genehmigtes Grundstückskaufgeschäft den Kaufpreis annimmt[48].

Unter § 1822 Nr. 8 fällt auch die Vereinbarung eines Überziehungskredits auf einem Girokonto, für dessen Eröffnung selbst sowie für Einzahlungen der Vormund keiner Genehmigung bedarf[49].

7. Bürgschaften

Die Bestimmung des § 1822 Nr. 10 soll den Mündel nur davor schützen, daß der Dritte, zu dessen Gunsten die Bürgschaft oder die Schuld übernommen wurde, die ihm obliegende Leistung nicht erbringt und deshalb der Mündel in Anspruch genommen wird. Dieser Fall liegt nicht vor, wenn der Mündel nach dem Vertrag die Leistung als eigene bewirken soll, z. B. wenn er beim Erwerb eines Grundstücks den Kaufpreis ganz oder zum Teil durch Abtragung einer Schuld des Verkäufers oder eines Dritten tilgt.

8. Betreuung und vormundschaftsgerichtliche Genehmigung

§ 1908i verweist fast auf alle Bestimmungen des Vormundschaftsrechts, die sich auf die vormundschaftsgerichtliche Genehmigung von Rechtsgeschäften beziehen. Ausgenommen ist allerdings die Verweisung auf § 1822 Nr. 5 (Abschluß eines Miet- oder Pachtvertrages). Dies hat seinen Grund darin, daß § 1907 eine Sonderregelung enthält: Danach kann der Betreuer ein Mietverhältnis über Wohnraum, den der Betreute gemietet hat, nur mit Genehmigung des Vormundschaftsgerichts kündigen. Der Genehmigung bedarf außerdem der Abschluß eines Miet- und Pachtvertrages sowie die Vermietung von Wohnraum durch den Betreuer. Die genannte Regelung bezweckt den Schutz alter und gebrechlicher Betreuter, die nicht durch eine Wohnungsauflösung ohne Not aus ihrer vertrauten Umgebung gerissen werden sollen[50].

---

48 OLG Hamburg 20. 9. 1951, NJW 1952, 938.
49 S. hierzu der instruktive Aufsatz von *Spanl*, Girokonto in der Vormundschaft, RPfleger 1989, 392–395.
50 Bundestagsdrucksache 11/4528 S. 149 f.

D.
Pflegschaften des Familienrechts

1. Allgemeines

Die bisherige Regelung des Pflegschaftsrechts in den §§ 1909 ff. hat eine grundlegende Änderung durch die Einführung der Betreuung erfahren, welche die in den – aufgehobenen – §§ 1910, 1920 geregelte Gebrechlichkeitspflegschaft abgelöst hat. Aus den bisherigen Gebrechlichkeitspflegschaften und den Vormundschaften für Volljährige werden gemäß Art. 9 § 1 Betreuungsgesetz ab 1. 1. 1992 Betreuungen.

Die weiter existierenden Pflegschaftsformen, insbesondere die Ergänzungspflegschaft, unterscheiden sich von der Vormundschaft vor allem darin, daß sie gegenstandsbezogen sind, sich also auf besondere Angelegenheiten beziehen, bei denen ein gesetzlicher Vertreter fehlt oder verhindert ist.

Für die Pflegschaft gelten gemäß § 1915 die Vorschriften des Vormundschaftsrechts entsprechend. Die Pflegschaft wird durch einen gerichtlichen Beschluß angeordnet und aufgehoben. Hinsichtlich des Endes der Pflegschaft besteht aber insoweit eine Abweichung, als diese auch ohne förmlichen Aufhebungsbeschluß endet, wenn die einzelne Angelegenheit erledigt ist[1].

Es gibt zum Pfleger keinen Gegenvormund (§ 1915 Abs. 2). Die Vorschriften über die Berufung zur Vormundschaft gelten nicht für den Ergänzungspfleger (§ 1916). Hingegen sieht § 1917 einen besonderen Berufungsgrund zum Ergänzungspfleger vor, wenn dieser durch letztwillige Verfügung oder bei der Zuwendung benannt worden ist.

2. Die einzelnen Pflegschaften

a) Ergänzungspflegschaft

Wer unter elterlicher Sorge oder unter Vormundschaft steht, erhält für Angelegenheiten, an deren Besorgung die Eltern oder der Vormund

---

1 BayObLG 9. 10. 1987, BayObLGZ 1988, 105 (Beendigung einer Prozeßpflegschaft durch gerichtlichen Vergleich).

gehindert sind, einen Pfleger (§ 1909). Diese Bestimmung gilt nicht für den Betreuer, weil dessen Funktion durch den ihm zugewiesenen Aufgabenkreis begrenzt ist und daher eine Verhinderung begrifflich nicht eintreten kann.

Der Minderjährige oder der Mündel erhält insbesondere einen Pfleger zur Verwaltung des Vermögens, das er von Todes wegen erwirbt oder das ihm unter Lebenden unentgeltlich zugewendet wird, wenn der Erblasser durch letztwillige Verfügung bzw. der Zuwendende bei der Zuwendung bestimmt hat, daß die Eltern oder der Vormund das Vermögen nicht verwalten sollen. Über die Notwendigkeit einer Pflegschaft haben Eltern und Vormund das Vormundschaftsgericht unverzüglich zu verständigen. Eine Pflegschaft ist auch dann anzuordnen, wenn die Voraussetzungen für die Anordnung einer Vormundschaft vorliegen, ein Vormund aber noch nicht bestellt ist. In der Praxis kommt dieser Fall allerdings selten vor.

Die Anordnung einer Ergänzungspflegschaft hat bei rechtlicher oder tatsächlicher Verhinderung des gesetzlichen Vertreters schon dann zu erfolgen, wenn ein rechtlich relevanter Zweifel eine solche Verhinderung anzunehmen erlaubt, und wenn andere mit dieser Frage befaßte Stellen diese Verhinderung annehmen konnten, schließlich dann, wenn der Elternteil mit der Pflegschaft einverstanden ist[2].

Bis zum Beschluß des BGH vom 18. 9. 1975[3] war angenommen worden, daß dann, wenn gesetzlicher Vertreter und Mündel Gesellschafter einer Familiengesellschaft waren, eine Dauerpflegschaft zu befürworten sei. Der BGH hat indes deutlich gemacht, daß das Verbot des Selbstkontrahierens den Gesellschafter einer Personengesellschaft grundsätzlich nicht daran hindert, bei Gesellschafterbeschlüssen über Maßnahmen der Geschäftsführung und im Rahmen des bestehenden Gesellschaftsvertrages als Vertreter eines anderen und zugleich im eigenen Namen aufzutreten. Allein die Tatsache, daß ein minderjähriger Kommanditist und sein gesetzlicher Vertreter an einer Personengesellschaft beteiligt sind, führt nicht dazu, eine Ergänzungspflegschaft zu beantragen oder anzuordnen.

Es wird auch keine Ergänzungspflegschaft angeordnet, wenn der andere Elternteil die elterliche Sorge ausüben kann oder ein Übertragungsgrund auf ihn vorliegt. Nehmen Vormund oder Elternteil von sich aus an, daß sie an der Mitwirkung an einem Rechtsgeschäft gehindert sein werden, so sollte man den Weg für eine Ergänzungspflegschaft nicht versperren. Die

---

2 KG 3. 5. 1935, JW 1935, 2154.
3 BGHZ 65, 93.

Tendenz in der Rechtsprechung geht jedoch dahin, daß Ergänzungspflegschaften, wenn möglich, zu vermeiden sind. Aus diesem Grunde wurde auch die Bestellung eines Pflegers und dessen Einwilligung nicht für erforderlich gehalten, wenn die Eltern dem minderjährigen Kind das Eigentum an beweglichen Sachen übertragen wollen und sich den Nießbrauch vorbehalten[4].

Wenn hingegen Eltern ihren minderjährigen Kindern unentgeltlich den Nießbrauch an einem bebauten Grundstück bestellen und diese dadurch nicht lediglich einen rechtlichen Vorteil erlangen, so ist das ohne Mitwirkung eines Ergänzungspflegers begründete Nutzungsrecht unwirksam[5].

Die Möglichkeiten eines Bedürfnisses für die Anordnung einer Ergänzungspflegschaft sind so vielfältig wie die Verträge, die unter Familienmitgliedern vorkommen. Aus der Praxis der Verfasser sei insbesondere folgender Fall erwähnt:

Ein unverheirateter Unternehmer, der auch keine ehelichen Abkömmlinge hat, wird Vater eines nichtehelichen Kindes, dessen Mutter jugoslawische Staatsangehörige ist. Würde dem Vater etwas zustoßen, so würde dieses nichteheliche Kind, und sei es erst zwei Jahre alt, Alleinerbe, da der auf Geld gerichtete Erbenersatzanspruch des § 1934a nicht zum Tragen kommt. In einem solchen Falle empfiehlt es sich, schleunigst einen Ergänzungspfleger zu bestellen und einen Erbverzichtsvertrag gegen Zahlung einer Abfindung abzuschließen, der dann auch vormundschaftsgerichtlich genehmigt werden muß.

b) Abwesenheitspflegschaft

Die Bestimmung des § 1911 über die Abwesenheitspflegschaft setzt voraus, daß ein abwesender Volljähriger unbekannten Aufenthaltes ist oder der Aufenthalt des Abwesenden zwar bekannt, dieser aber an der Rückkehr und Besorgung seiner Vermögensangelegenheit verhindert ist.

Einerseits fördern die politischen Verwicklungen in der Welt die Abwesenheitsfälle, andererseits machen es die modernen Kommunikationsmittel viel leichter als in früheren Jahrzehnten, miteinander in Verbindung zu treten oder Bevollmächtigte zu bestellen. § 1911 hat daher insgesamt gesehen keine so große Bedeutung mehr. Nur der Vollständigkeit halber sei auf einen Beschluß des Reichsgerichts[6] verwiesen, in dem es darum

---

4 RG 20. 9. 1935, RGZ 148, 321.
5 BFH 31. 10. 1989, FR 1990, 462.
6 RG 18. 3. 1920, RGZ 98, 263.

ging, ob jemand als abwesend angesehen werden kann, der seinen Wohnsitz in Poughkeepsee/USA hat, von diesem Ort zwar nicht abwesend ist, aber infolge der Kriegsverhältnisse keine Möglichkeit hat, sich um seine deutsche Vermögensangelegenheit zu kümmern. Das Gericht hat damals den Fall einer Abwesenheitspflegschaft bejaht. Daß jemand in Strafhaft ist und mangels Mitteln keinen Bevollmächtigten bestellen kann, rechtfertigt nicht die Anordnung einer Abwesenheitspflegschaft [7].

c) Pflegschaft für eine Leibesfrucht

Es mag der Hinweis auf § 1912 genügen.

d) Pflegschaft für unbekannte Beteiligte

§ 1913 erlaubt, soweit eine Fürsorge erforderlich ist, einem Beteiligten für Angelegenheiten einen Pfleger zu bestellen, wenn unbekannt oder ungewiß ist, wer bei diesen Angelegenheiten der Beteiligte ist. Insbesondere kann einem Nacherben, der noch nicht erzeugt ist oder dessen Person erst durch ein künftiges Ereignis bestimmt wird, für die Zeit bis zum Eintritt der Nacherbfolge ein Pfleger bestellt werden.

§ 1913 hat doppelte Bedeutung, weil es nicht immer eine Personalpflegschaft zu sein braucht, sondern weil nach dieser Bestimmung auch eine Pflegschaft für juristische Personen angeordnet werden kann. Allerdings ist die Anordnung einer Pflegschaft für juristische Personen nur das letzte Mittel, weil primär die Möglichkeit besteht, gemäß § 29 einen Notvorstand zu bestellen [8].

e) Pflegschaft für Sammelvermögen

Verfügungsberechtigt sind zunächst die Veranstalter der Sammlung [9]. Nur wenn solche wegfallen, ist eine Pflegschaft anzuordnen. Diese Pflegschaft ist als eine echte Güterpflegschaft zu betrachten. Sie endet durch Aufhebung seitens des Vormundschaftsgerichts, wenn der Grund für die Pflegerbestellung weggefallen ist, also auch bei Verlust des Sammelvermögens durch Geldentwertung oder durch unwirtschaftliches Verhalten des Pflegers bzw. Auskehrung des Vermögens an die Bedachten.

---

[7] KG 22. 12. 1987, FamRZ 1988, 877.
[8] KG 19. 3. 1920, OLGZ 41, 79.
[9] BGH 25. 9. 1972, MDR 1973, 742.

f) Beistandschaft

Zu den Pflegschaften gehört auch die Beistandschaft (§§ 1685 ff.). Gemäß § 1690 Abs. 2 hat ein Beistand die Rechte und Pflichten eines Pflegers, soweit das Vormundschaftsgericht eine Übertragung nach § 1690 Abs. 1 in bezug auf die Vermögenssorge vorgenommen hat, also auf Wunsch des Vaters oder der Mutter die Vermögenssorge ganz oder teilweise einem Beistand übertragen hat.

Bei der gesetzlichen Regelung handelt es sich mehr um Absichtserklärungen des Gesetzgebers denn um Bestimmungen mit praktischer Bedeutung, da ein Elternteil schwerlich einen derartigen Antrag auf Beistandschaft stellen wird, zumal sich niemand gerne in die Verwaltung des Kindesvermögens hineinreden läßt und jeder Elternteil die Möglichkeit hat, Fachleute, beispielsweise Banken, in Fragen der Vermögensverwaltung zu konsultieren.

Der Beistand hat innerhalb seines Wirkungskreises den Vater oder die Mutter bei der Ausübung der elterlichen Sorge zu unterstützen. Wird ein Vermögensverzeichnis angefertigt, ist der Beistand zuzuziehen (§ 1689). Seine Rechtsstellung entspricht derjenigen eines Gegenvormundes; dies gilt auch für seine Vergütung (§ 1691). Sein Amt endet, wenn die elterliche Sorge des Elternteils, dem der Beistand bestellt ist, ruht. Das Vormundschaftsgericht soll die Beistandschaft nur aufheben, wenn derjenige Elternteil zustimmt, der den Antrag auf eine Beistandschaft gestellt hat.

E.
Nachlaßpflegschaft

Von besonderer Bedeutung ist die Nachlaßpflegschaft, die das Bürgerliche Gesetzbuch nicht beim Familienrecht, sondern beim Erbrecht (§§ 1960 bis 1962) behandelt. Allerdings verweist das Gesetz auf die Vorschriften über die einfache Pflegschaft (mit Ausnahme der Zuständigkeit, s. § 1962 und § 75 FGG) und damit entsprechend auf die Vorschriften des Vormundschaftsrecht (§ 1915).

Die wesentliche Abweichung in formeller Hinsicht besteht darin, daß an die Stelle des Vormundschaftsgerichts das Nachlaßgericht tritt. Allerdings sind bei vielen deutschen Amtsgerichten die beiden Gerichte organisatorisch zusammengefaßt; häufig führt derselbe Richter das Nachlaßgericht und das Vormundschaftsgericht.

Die Nachlaßpflegschaft ist eine reguläre Pflegschaft mit einigen Besonderheiten. Der Nachlaßpfleger handelt für den Nachlaß sowie für die nach Person oder Berechtigung ungewissen Erben. Die Bedürfnisfrage richtet sich nach den Erfordernissen des Nachlasses und nicht nach den Interessen etwa der Nachlaßgläubiger oder sonstiger Interessenten. Die Bestellung zum Nachlaßpfleger ist ein Hoheitsakt. Sie ist die Grundlage für das Tätigwerden des Nachlaßpflegers[1]. Die Nachlaßpflegschaft bleibt solange bestehen, bis sie aufgehoben wird, auch wenn sie wegen Fehlens dieser Voraussetzungen nicht hätte angeordnet werden dürfen[2].

I. Verwaltung durch den Nachlaßpfleger

1. Inhalt und Bedeutung der Nachlaßpflegschaft

Die Nachlaßpflegschaft ist nicht eine Pflegschaft für den Nachlaß als Vermögensmasse, sondern eine Personenpflegschaft „für denjenigen, welcher Erbe wird" (§ 1960 Abs. 2) oder, richtiger gesagt, für denjenigen, der Erbe geworden ist, über dessen Person oder Aufenthalt jedoch Ungewißheit besteht oder der aus sonstigen Gründen persönlich verhindert ist,

---
1 BGH 10. 5. 1951, NJW 1951, 559.
2 OLG München 27. 6. 1942, DR 1943, 491.

Nachlaßpflegschaft

seine Aufgabe als Erbe wahrzunehmen. Der Nachlaßpfleger ist zugleich Repräsentant des Nachlasses, gegen den die gegen den Nachlaß gerichteten Ansprüche geltend gemacht werden können (§ 1961). Stets ist aber Beklagter die eingesetzte Person „als Nachlaßpfleger der unbekannten Erben nach dem verstorbenen...".

Die Nachlaßpflegschaft führt dann, wenn sie nicht von einer Nachlaßverwaltung oder einem Nachlaßkonkurs abgelöst wird, dazu, daß der Erbe den Nachlaß erhält, sobald er diesen in Besitz nehmen kann. Weil die Nachlaßpflegschaft also nur vorübergehend eingerichtet wird, ist die Verwaltungsaufgabe des Nachlaßpflegers von vornherein begrenzt. Die Streitfrage, ob die Nachlaßpflegschaft Vertretung oder Amt (vgl. die Ausführungen zum Nachlaßverwalter) ist, ist bedeutungslos, weil es sich um nichts anderes als um eine gesetzliche Vertretung des Erben handelt. Die Verwaltungsaufgabe erschöpft sich in der Fürsorge über den Nachlaß und in dessen Sicherung. Sie hat ihre Grenzen zum einen da, wo der Erbe auftritt und allein zu handeln befugt ist und zum anderen dort, wo Nachlaßpfleger und Erbe auszuscheiden haben und verpflichtet sind, dem Nachlaßverwalter oder dem Konkurs- und Vergleichsverwalter die Verwaltungsbefugnis zu überlassen (§ 1980).

Der Nachlaßpfleger ist nicht befugt, über das Erbrecht zu streiten[3] oder selbst einen Erbscheinsantrag zu stellen[4]. Bei einem Rechtsstreit über die Frage, wer Erbe wird, kann der Nachlaßpfleger nicht mitwirken. Im Streit um die Erbeneigenschaft würde der Nachlaßpfleger begrifflich mit sich selbst streiten. Der Nachlaßpfleger hat von sich aus auf die Aufhebung der Pflegschaft hinzuwirken, wenn der Erbe bekannt ist und damit der Grund für die Nachlaßpflegschaft weggefallen ist. Die Rechtsprechung hat in gewissem Umfang eine Klage des Erben gegenüber dem Nachlaßpfleger für möglich gehalten, wenn dieser das Erbrecht des Klägers bestreitet. Danach kann der Erbprätendent ein rechtliches Interesse an der Feststellung seines Erbrechts haben, so daß eine Klage gegen den Nachlaßpfleger nach § 256 ZPO möglich ist. Dies bedeutet, daß der Erbe das Recht hat, Feststellungsklage gegen den Nachlaßpfleger zu erheben mit dem Ziel, daß dieser die sich aus seinem Amt ergebenden Pflichten auch gegenüber dem Erben erfüllen muß[5].

Der Nachlaßpfleger hat aus § 16 Abs. 2c Verschollenheitsgesetz kein eigenes Recht auf Todeserklärung des Verschollenen, jedoch aufgrund

---

3 RG 27. 11. 1922, RGZ 106, 46.
4 KG 15. 11. 1912, OLGZ 26, 288, OLG Colmar 16. 12. 1914, OLGZ 30, 174.
5 BGH 10. 5. 1951, NJW 1951, 559.

der genannten Bestimmung ein Antragsrecht, wenn der Erbe hiervon keinen Gebrauch macht. Er muß aber die Genehmigung des Vormundschaftsgerichtes einholen[6].

Die vom Gesetz dem Nachlaßpfleger auferlegten Grenzen schließen es nicht aus, daß der Nachlaßpfleger gegenüber dem Grundbuchamt Eintragungsbewilligungen hinsichtlich eines Grundstücks abgibt, das zum Nachlaß gehört. Klagt der vermutliche Erbe auf Feststellung, daß das Vertretungsverhältnis zwischen ihm und dem Nachlaßpfleger nicht bestehe, oder macht der Erbe Ansprüche aus dem Verhältnis Nachlaßpfleger-Erbe geltend, so kann es in einem solchen Rechtsstreit auch um den Bestand oder Nichtbestand des Erbrechtes gehen[7].

Der Nachlaßpfleger ist nicht dazu berufen, letztwillige Verfügungen des Erblassers auszulegen. Es ist auch nicht seine Aufgabe zu klären, wer von mehreren Erbanwärtern der wirkliche Erbe ist. Diese Frage müssen die Erbprätendenten selbst ausstreiten[8]. Der Nachlaßpfleger kann weder die Annahme noch die Ausschlagung der Erbschaft erklären oder einen Erbschein beantragen. Etwas anderes gilt, wenn zum Nachlaß ein zweiter Nachlaß gehört, der dem präsumtiven Erben angefallen ist, weil sich hierauf nicht die Nachlaßpflegschaft bezieht, sondern der Nachlaßpfleger nur die zu seinem Nachlaß gehörenden Rechte bezüglich der zweiten Erbschaft wahrnimmt. Der Nachlaßpfleger hat auch nicht bei der Auseinandersetzung unter Miterben mitzuwirken; dies gehört nicht zu seinem Aufgabenbereich. Zur Nachlaßpflegschaft gehört auch nicht die Überwachung einer Erbauseinandersetzung, auch dann nicht, wenn die Miterben den Nachlaßpfleger um Vermittlung bei der Auseinandersetzung ersuchen[9]. Dennoch wird der Nachlaßpfleger häufig bei der Auseinandersetzung mitwirken, wenn das im Einzelfall zweckmäßig und geboten erscheint. Er überschreitet hierbei jedoch den Aufgabenbereich des Nachlaßpflegers und begibt sich in die Sphäre eines zusätzlichen Auftrages der Erben oder einer Geschäftsführung ohne Auftrag für die Erben. Handelt es sich um kleinere übersichtliche Nachlässe mit mehreren Beteiligten und um einen liquiden und leicht zu teilenden Nachlaß, so wird man dem Nachlaßpfleger gestatten dürfen, den Nachlaß so herauszugeben, daß jeder der Erben seinen Anteil von ihm bekommt. Der Nachlaßpfleger wird sich in solchen Fällen einen Plan für die Ausschüttung machen und

---

6 BayObLG 2. 12. 1958, NJW 1959, 725; AG Berlin-Schöneberg 5. 12. 1910 KGJ 40 A 37.
7 OGH 3. 8. 1950, OGHZ 4, 219.
8 BGH 6. 10. 1982, RPfleger 1983, 25.
9 RG 24. 2. 1937, RGZ 154, 110 (114), KG 16. 11. 1939, DFG 1940, BayObLG 3. 4. 1951, BayObLGZ 1948–1951, 346 (349).

leicht die Zustimmung aller Erben erhalten. Er muß sich hierbei allerdings stets darüber im klaren sein, daß er sich mit seinen Maßnahmen außerhalb seines Aufgabenbereiches begibt und in Wahrheit nicht als Nachlaßpfleger, sondern als Bevollmächtigter für mehrere Miterben handelt[10]. Diese Tätigkeit kann auch nicht in einem Vergütungsbeschluß mit honoriert werden. Ein vom Nachlaßpfleger berechnetes Entgelt haben die Erben als Vergütung für die Ausführung dieses Sonderauftrages an ihn zu bezahlen.

Dem Nachlaßpfleger muß es innerhalb seines eigentlichen Aufgabenbereiches gestattet sein, letztwillige Verfügungen auszuführen, soweit der Nachlaß übersichtlich und zweifelsfrei aktiv ist. Wenn z. B. Vermächtnisnehmer, etwa ein Dienstverpflichteter, denen der Erblasser Geldbeträge vermacht hat, ihn um Auszahlung solcher Vermächtnisse ersuchen, so wird er dem nachkommen dürfen. Das gleiche muß für die Erfüllung von Auflagen gelten[11].

2. Aufgaben des Nachlaßpflegers

Das Nachlaßgericht kann die Verwaltungsbefugnis des Nachlaßpflegers beschränken oder sogar ganz entziehen, so daß diesem nur die Aufgabe bleibt, den Nachlaß zusammenzuziehen und zu erhalten. Das wird aber nicht die Regel sein. Wenn Anordnungsbeschluß und Bestallungsurkunde keine Beschränkung enthalten, ist der Nachlaßpfleger in vollem Umfang zur Verwaltung des Nachlasses berechtigt.

Der Wirkungskreis des Nachlaßpflegers kann so bestimmt sein, daß er nur auf die Besorgung einzelner Angelegenheiten oder die Verwaltung einzelner Nachlaßgegenstände beschränkt ist. Voraussetzung ist nur, daß damit dem Bedürfnis der Sicherung des Nachlasses gedient ist[12].

Bei der Inbesitznahme des Nachlasses hat das Nachlaßgericht den Nachlaßpfleger zu unterstützen. Die Stellung des Nachlaßpflegers ist von vornherein schwächer als diejenige des Nachlaßverwalters oder des Konkursverwalters. Er hat nicht die Vorteile, die die Abtrennung des Nachlasses von dem sonstigen Vermögen des Erben mit sich bringt; <u>er kann auch nicht die Rechtsgeschäfte des Erblassers nach den §§ 29 ff. KO anfechten</u>. Ob ihm allerdings das Nachlaßgericht, wenn das erforderlich ist, die Hilfe

---

10 BayObLG 3. 4. 1951, BayObLGZ 1948–1951, 346 (349).
11 *Firsching,* Nachlaßrecht 6. Auflage 1986, 152.
12 KG 13. 5. 1965, NJW 1965, 1719.

eines Gerichtsvollziehers zur Verfügung stellen muß, um den Nachlaß in Besitz zu nehmen, ist zweifelhaft. Der Erbschaftsbesitzer ist nämlich, ungeachtet der Frage, ob er Erbe ist oder nicht, im Verhältnis zum Nachlaßpfleger in seiner Verfügungsbefugnis nicht beschränkt, ihm fehlt nur die Befugnis zum Erbschaftsbesitz. Der Nachlaßpfleger hat gegen den Erbschaftsbesitzer, der vor Anordnung der Nachlaßpflegschaft den Besitz von Nachlaßgegenständen ergriffen hat, ein Auskunftsrecht gemäß § 2027 Abs. 2, außerdem die Möglichkeit der Herausgabeklage, ohne daß er die Nichtberechtigung des Erbschaftsbesitzers nachzuweisen hat[13]. Der Nachlaßpfleger kann aufgrund seiner Stellung die Herausgabe der Nachlaßgegenstände verlangen. Herausgeben muß möglicherweise sogar der wahre Erbe, solange sein Erbrecht gegenüber dem Nachlaßpfleger nicht rechtskräftig festgestellt ist. Allerdings geht der Herausgabeanspruch nicht so weit, daß der mögliche Erbe aus seiner Wohnung weichen müßte[13a].

Allerdings hat der auf Herausgabe Belangte wegen der von ihm getätigten Verwendungen ein Zurückbehaltungsrecht, dessen Ausübung aber wiederum seine Grenze an dem Zweck der Nachlaßpflegschaft findet[14]. Der Nachlaßpfleger kann die aufschiebenden Einreden des Erben gemäß §§ 2014, 2015 geltend machen; er hat die Rechte des Erben, jedoch nicht die Befugnis, eine Beschränkung der Erbenhaftung durch Antrag auf Nachlaßverwaltung herbeizuführen[15]. Andererseits hat er, sobald er von einer Überschuldung des Nachlasses Kenntnis erlangt, die Eröffnung des Konkurs- oder Vergleichsverfahrens unverzüglich zu beantragen (§ 1980). Eine Inventarfrist kann ein Gläubiger dem Nachlaßpfleger nicht setzen, da dieser gegenüber dem Nachlaßgericht ohnehin verpflichtet ist, ein Verzeichnis des Nachlasses zu überreichen.

Bei der Aufnahme des Inventars tut der Nachlaßpfleger gut daran, einen amtlichen Schätzer hinzuzuziehen, der dem Nachlaßgericht bekannt ist und dessen Vertrauen genießt. Der Schätzer hat nicht nur die einzelnen Nachlaßgegenstände aufzunehmen, sondern, wenn dies geboten ist, deren Zustand festzuhalten und den Wert am Tag der Nachlaßaufnahme zu schätzen. Nicht selten wird es unterlassen zu prüfen, ob eine Einbruch-Diebstahl- oder eine andere Schadensversicherung besteht, und ob für den Fortbestand oder den Abschluß solcher Versicherungen gesorgt ist.

---

13 RG 9. 12. 1941, DR 1942, 533.
13a BGH 22. 1. 1981, RPfleger 1981, 185.
14 BGH 21. 6. 1972, LM Nr. 3 zu § 1960.
15 KG 21. 3. 1940, JFG 21, 213.

Gegebenenfalls ist hierfür die Genehmigung des Nachlaßgerichts zu beantragen.

Der Nachlaßpfleger kann mit dem Erben abstimmen, ob bei einem nach kaufmännischen Grundsätzen geführten Erwerbsgeschäft die Bilanz nebst Gewinn- und Verlustrechnung, die schon zu Lebzeiten des Erblassers erstellt ist, oder auch eine spätere Bilanz nachgeprüft werden muß. Nach der Rechtsprechung – entschieden für die Nachlaßverwaltung – soll dann auch der Nachlaßrichter von der Verpflichtung entbunden sein, die Bilanz zu überprüfen[16]. Allerdings wird sich der Nachlaßpfleger immer fragen müssen, ob er nicht Gefahr läuft, ein Rechenwerk anzuerkennen, das vielleicht objektiv unrichtig ist und damit den Anforderungen der Finanzbehörden nicht mehr gerecht zu werden.

Der Nachlaßpfleger kann das Aufgebotsverfahren der Nachlaßgläubiger mit den Folgen der §§ 1970 ff. betreiben. Er wird dies tun müssen, wenn er Grund hat, sich einen Überblick über die Nachlaßpassiva zu beschaffen.

Bei der Geldanlage muß der Nachlaßpfleger eine ebenso sichere Anlageform wie der Vormund wählen[17].

Zur Verwaltungsbefugnis des Nachlaßpflegers gehört auch das Recht, den Nachlaß zu liquidieren oder einzelne Nachlaßgegenstände zu veräußern. Er kann den Antrag auf Zwangsversteigerung eines Nachlaßgrundstücks beim Vollstreckungsgericht stellen (§ 175 ZVG). Bei der Veräußerung von Nachlaßgegenständen, insbesondere bei der Auflösung eines Erwerbsgeschäftes, muß der Nachlaßpfleger abwägen, ob dies im Interesse des Nachlasses liegt. Selbstverständlich kann er Gegenstände, die nur Kosten verursachen oder für die der Verwaltungsaufwand unverhältnismäßig hoch ist, versilbern. Er ist auch nicht verpflichtet, ein Erwerbsgeschäft längere Zeit zu halten, sofern die Beendigung der Pflegschaft nicht abzusehen ist und der Nachlaßpfleger annehmen muß, daß der vermutliche Erbe kein Interesse an der Fortführung des Geschäfts hat und eine vorteilhafte Veräußerung oder eine günstige Liquidation möglich ist. Dasselbe gilt für gesellschaftsrechtliche Beteiligungen.

Zu den Pflichten des Nachlaßpflegers gehört es auch, den Erben zu ermitteln. Hierzu kann der Antrag auf Erlaß des Aufgebots nach § 16 Abs. 1 und 2b Verschollenheitsgesetz dienen. Der Nachlaßpfleger kann auch den Antrag auf Todeserklärung stellen. Überdies hat er jede Möglichkeit

---

16 OLG Frankfurt 8. 7. 1963, NJW 1963, 2278.
17 LG Berlin 31. 8. 1984, RPfleger 1984, 467.

zu nutzen, die ihm bei der Erbenermittlung hilft. Er darf bei Standesämtern nachfragen, Auskunft von Behörden verlangen, eine Auskunftei oder einen Detektiv beauftragen, schließlich in der Tagespresse inserieren. Alles, was er zur Erbenermittlung tut, geschieht auf Kosten des Nachlasses.

3. Dürftige Nachlässe

Lohnt sich die Verwaltung mangels Masse nicht, ist also die Anordnung von Nachlaßverwaltung oder Konkurs untunlich, so darf der Nachlaßpfleger wie der Erbe, den er gesetzlich vertritt, gemäß § 1990 vorgehen. Er kann die Befriedigung eines Nachlaßgläubigers insoweit verweigern, als der Nachlaß nicht ausreicht und den Nachlaß zum Zwecke der Befriedigung an den Gläubiger im Wege der Zwangsvollstreckung herausgeben. Geschieht das, so darf er den Betrag seiner Vergütung und der Auslagen als einen den Nachlaß mindernden Posten vorweg abziehen[18]. Hat der Nachlaßpfleger von § 1990 Gebrauch gemacht, so sind die §§ 1991, 1992 anzuwenden. Dies bedeutet, daß Titulargläubiger voll und ganz vorweg zu befriedigen sind, an letzter Stelle kommen die Ansprüche aus Pflichtteilsrechten, Vermächtnissen und Auflagen (§ 1991 Abs. 4, § 226 KO). Liegen rechtskräftige Titel gegen den Nachlaß nicht vor, die ohne Vorbehalt der beschränkten Erbenhaftung ergangen sein können (§ 780 Abs. 2 ZPO) und sind auch keine Gläubiger nach § 1991 Abs. 4 vorhanden, und fehlt andererseits für einen Konkurs oder eine Nachlaßverwaltung eine ausreichende Masse, so ist der Nachlaßpfleger in der Reihenfolge der Befriedigung der Gläubiger aus Nachlaßmitteln frei. Dann braucht er nicht nach der Reihenfolge des Nachlaßkonkurses vorzugehen, weil § 1991 Abs. 4 die Wahrung dieser Anordnung nur bei Gläubigern aus Pflichtteilsansprüchen, Vermächtnissen und Auflagen vorschreibt.

Bei Überschuldung des Nachlasses hat der Nachlaßpflegers gemäß § 1980 die Eröffnung des Konkurs- oder Vergleichsverfahrens zu beantragen; dazu ist ihm zur Vermeidung von Regreßansprüchen grundsätzlich zu raten. Er kann den Antrag nur dann unterlassen, wenn er von vornherein übersieht, daß diese Verfahren mangels Masse nicht eröffnet werden. Es besteht dann die unter eigener Verantwortung des Nachlaßpflegers die Möglichkeit eines außergerichtlichen Vergleiches mit den bekannt gewordenen Nachlaßgläubigern. Hat er sofort das Aufgebot der Nachlaßgläu-

---

18 OLG Dresden 9. 12. 1916, OLGZ 35, 373.

biger betrieben und durch ein Ausschlußurteil die Übersicht erlangt, so wird man ihm auch einen außerverfahrensrechtlichen allgemeinen Vergleich gestatten dürfen. Hierbei hat der Nachlaßpfleger jedoch zu beachten, daß nach § 1962, 1915, 1822 Nr. 12 die Genehmigung des Nachlaßgerichts erforderlich ist. Wird der Konkurs eröffnet, so bleibt die Nachlaßpflegschaft grundsätzlich bestehen. Sie endet nicht mit der Eröffnung des Nachlaßkonkurses[19]. Bei überschuldeten Nachlässen sollte der Nachlaßpfleger primär daran denken, einen Konkursantrag zu stellen, wenn dies im Interesse der vertretenen unbekannten Erben erforderlich ist, dies auch deswegen, weil sonst Nachteile aus einem Rechtsstreit mit einem Nachlaßgläubiger drohen können.

Auch wenn ein Vergleich mit einem Nachlaßgläubiger zweckmäßig erscheint, soll er diesen Vergleich nicht schließen, weil die anteilsmäßige Minderung der Überschuldung nicht zu einer Freistellung des Nachlasses führen kann. Auch eine nachlaßgerichtliche Genehmigung würde in diesem Fall den Nachlaßpfleger nicht von der Haftung freistellen[20].

II. Voraussetzungen der Anordnung

1. Der Nachlaß vor der Annahme der Erbschaft

a) Sicherungsmaßnahmen

Das Nachlaßgericht hat für die Sicherung von Nachlässen zu sorgen, soweit ein Bedürfnis dafür besteht (§ 1960 Abs. 1 Satz 1). Ein Bedürfnis ist nach § 1961 (der insoweit etwas unglücklich formuliert ist) schon dann gegeben, wenn die Bestellung zum Zwecke der gerichtlichen Geltendmachung eines Anspruches, der sich gegen den Nachlaß richtet, von dem Berechtigten beantragt wird. Eine Nachlaßpflegschaft ist aber auch dann einzurichten, wenn der Erbe die Erbschaft noch nicht angenommen hat und ein Sicherungsbedürfnis besteht, oder wenn der Erbe unbekannt oder wenn ungewiß ist, ob er die Erbschaft angenommen hat und der Nachlaß der Fürsorge bedarf (§ 1960 Abs. 1 Satz 2). Die Voraussetzungen, die in § 1960 Abs. 1 Satz 2 genannt werden, sind nicht völlig logisch, denn in den Fällen, in denen der Erbe unbekannt ist, liegt in Wirklichkeit der Fall

---

[19] AG und LG Hannover 21. 6. 1909, KGJ 38 A 116.
[20] KG 7. 2. 1975, FamRZ 1975, 292.

des § 1960 Abs. 1 Satz 1 vor. In den meisten Fällen, in denen ungewiß ist, ob der (bekannte) Erbe die Erbschaft angenommen hat, wird es so sein, daß die Erbschaft noch nicht angenommen wurde. Der ungenaue Wortlaut der gesetzlichen Bestimmung mag vielleicht mit daran schuld sein, daß die Begriffe „unbekannt sein" und „ungewiß" in diesem Zusammenhang mißverständlich sein können.

In der Praxis kommt es wiederholt vor, daß beim Tode eines Unternehmers das Nachlaßgericht eilends angegangen wird, einen Pfleger zu bestellen. Das Nachlaßgericht sollte in diesem Fall schnell handeln und die Nachlaßpflegschaft anordnen, wenn es sich um nicht unerhebliches Vermögen handelt, insbesondere, wenn zum Nachlaß eine freiberufliche Praxis oder ein Gewerbebetrieb gehört[21].

Die Sicherungsmaßnahmen, die in § 1960 Abs. 2 vorgesehen sind, sind nur eine beispielhafte Aufzählung der Maßnahmen, mit denen nach Auffassung des Gesetzes eine Nachlaßsicherung herbeigeführt werden kann. Dazu gehören die Anlegung von Siegeln, die Hinterlegung von Geld, Wertpapieren und Kostbarkeiten sowie die Aufnahme eines Nachlaßverzeichnisses und die Bestellung eines Pflegers für denjenigen, der Erbe wird. Sollen Nachlaßsicherungsmaßnahmen angeordnet werden, so muß im Zeitpunkt der Anordnung einer Nachlaßpflegschaft oder einer anderen Sicherungsmaßnahme der Erbe unbekannt oder die Annahme der Erbschaft ungewiß sein. Das Nachlaßgericht hat die Frage, ob eine Erbenermittlung Erfolg haben wird oder möglich ist oder ob die Ungewißheit über die Erbschaftsannahme zu beseitigen ist, den Ermittlungen des Nachlaßpflegers zu überlassen[22]. Unbekannt ist der Erbe auch dann, wenn ungewiß ist, wer von mehreren streitigen Erbprätendenten Erbe ist[23]. Liegen die Voraussetzungen des § 1960 nur für einzelne Erben vor, so erfaßt das Fürsorgebedürfnis nur den Erbteil des unbekannten oder ungewissen Miterben; eine Nachlaßpflegschaft ist für denjenigen einzurichten, der Erbe dieses Erbteils wird[24].

Die vom Nachlaßgericht im Anordnungsbeschluß vorausgesetzte Tatsache des Unbekanntseins oder der Ungewißheit hat das Prozeßgericht nicht nachzuprüfen[25], ebensowenig die Frage, ob ein Bedürfnis für die Nachlaßsicherung besteht.

---

21 BayObLG 13. 11. 1974, RPfleger 1975, 47.
22 KG 3. 7. 1919, KGJ 52 A 57.
23 KG 23. 12. 1913, KGJ 45 A 106; KG 3. 7. 1919, KGJ 52 A 57 (59).
24 KG 26. 6. 1911, KGJ 41, 94; KG 11. 3. 1915, KGJ 48 A 77.
25 RG 9. 12. 1941, WarnRspr 1942 Nr. 24.

Die Nachlaßpflegschaft ist auf Antrag eines Gläubigers auch dann einzuleiten, wenn der Gläubiger zunächst über die Anerkennung eines Anspruchs verhandeln will, und wenn er nur im Falle des Bestreitens den Klageweg zu beschreiten beabsichtigt[26].

b) Ungewißheit des Erbes

Ein nasciturus, der als Erbe in Betracht kommt, wird stets der Fürsorge bedürfen. Ein anderer Fall, bei dem ein Fürsorgebedürfnis ohne weiteres gegeben ist, liegt vor, wenn eine Stiftung oder eine Körperschaft öffentlichen Rechts Erbe werden soll und die staatliche Genehmigung noch aussteht. Ungewißheit kann schon vorliegen, wenn ein Streit um die Erbschaftsannahme ausgefochten werden muß oder wenn Zweifel über den Verlauf der Ausschlagungsfrist bestehen. In diesen Fällen soll das Nachlaßgericht nicht kleinlich verfahren, sondern den Fürsorgecharakter seiner Aufgaben in den Vordergrund stellen[27]. Die Anordnung der Nachlaßpflegschaft ist auch dann gerechtfertigt, wenn das Nachlaßgericht zur Feststellung der Erbfolge umfangreiche Ermittlungen anstellen muß[28]. Sind die Erben bekannt, ist aber die Größe des Erbteils ungewiß, so ist ein Nachlaßpfleger auch dann zu bestellen, wenn es sich um eine einzige Quote handelt, bei der ungewiß ist, wer sie erbt[29]. Ungewißheit und damit Anlaß für eine Nachlaßpflegschaft liegen auch dann vor, solange zwar die Erbprätendenten bekannt sind, aber nicht bekannt ist, wer der Erbe ist[30].

c) Antrag eines Nachlaßgläubigers

Das Nachlaßgericht hat genau zu prüfen, ob die Bestellung eines Nachlaßpflegers aufgrund eines Antrags eines Nachlaßgläubigers vorzunehmen ist. Der Antragsteller hat hierfür sein berechtigtes Interesse darzulegen. Hierzu genügt es in der Regel, wenn der Antragsteller seinen Anspruch schlüssig und substantiiert darlegt, also sinngemäß den Klagevoraussetzungen des § 253 ZPO genügt. Wenn auch keine Glaubhaftmachung oder kein Nachweis der Rechtmäßigkeit des Anspruchs verlangt

---

26 KG 10. 7. 1901, KGJ 22 A 71.
27 Vgl. dazu die in der Fußnote zu OLG Rostock 31. 3. 1921, OLGZ 42 143 zitierte Entscheidung des KG 3. 11. 1921; KG 12. 10. 1922, OLGZ 43, 388.
28 BayObLG 5. 3. 1990, RPfleger 1990, 257.
29 KG 11. 3. 1915, KGJ 48 A 77.
30 KG 3. 12. 1913, KGJ 45, 106.

werden darf, genügt doch nicht ein bloßer Antrag ohne ernsthafte Begründung. Den Interessen des Antragstellers ist in billiger Weise Rechnung zu tragen. So ist die Nachlaßpflegschaft für zulässig zu erachten, wenn zwar die Person der Erben bekannt, die Sachlage jedoch unübersichtlich ist und daher begründete Zweifel bestehen, ob das Nachlaßgericht dem Gläubiger einen Erbschein erteilen kann[31]. Es reicht aus, daß dem Nachlaßgläubiger die Beschaffung der zum Nachweis der Passivlegitimation des mutmaßlichen Erben erforderlichen Unterlagen nicht zugemutet werden kann[32].

Die Nachlaßpflegschaft ist anzuordnen, damit ein Nachlaßgläubiger die Zwangsvollstreckung durchführen kann[33] oder wenn der Nachlaßpfleger an der Auflassung eines Grundstücks teilnehmen soll[34].

Das Nachlaßgericht hat auf Antrag des Nachlaßgläubigers zu prüfen, ob neben den bekannten Erben noch unbekannte Erben für den Erbteil in Betracht kommen. So ist es denkbar, daß für ein nichteheliches Kind des verstorbenen Erblassers zur Sicherung von dessen Ansprüchen Maßnahmen getroffen werden müssen und das nichteheliche Kind „als unbekannter Erbe" zu behandeln ist[35].

Ein Miterbe, der die Auseinandersetzung des Nachlasses wünscht, ist kein Inhaber eines Anspruchs im Sinne von § 1961. Die Nachlaßpflegschaft dient der Ermittlung unbekannter Erben, jedoch nicht dazu, daß der Nachlaßpfleger für einen unbekannten Miterben bestellt wird mit dem Ziel, an der Erbauseinandersetzung mitzuwirken[36].

d) Uneinigkeit von Miterben

Sie ist kein Grund für die Anordnung einer Nachlaßpflegschaft, auch dann nicht, wenn sie dazu dient, einen vom Erblasser begonnenen Rechtsstreit fortzuführen. Die Nachlaßpflegschaft dient nicht dazu, bei Feststehen der Erben dem Prozeßgegner einen einzigen Ansprechpartner zu vermitteln[37].

---

31 KG 20. 5. 1914, KGJ 46 A 128.
32 BayObLG 11. 1. 1984, RPfleger 1984, 102 (Erblasser 1911 verstorben, 23 Erbeserben hinsichtlich einer Grundstücksfläche von 141 qm).
33 LG Oldenburg 7. 12. 1981, RPfleger 1982, 105.
34 KG 10. 6. 1901, KGJ 22 A 71.
35 OLG Stuttgart 6. 2. 1975, NJW 1975, 890.
36 KG 13. 11. 1970, NJW 1971, 565.
37 OLG Zweibrücken 5. 5. 1986, RPfleger 1986, 433.

Nachlaßpflegschaft

2. Zuständigkeit, Beschwerdeverfahren

Für die Nachlaßpflegschaft ist zuständig das Amtsgericht, in dessen Bezirk das Bedürfnis der Fürsorge hervortritt; es soll dem nach § 73 FGG zuständigen Nachlaßgericht Mitteilung machen (§ 74 FGG). Gemäß §§ 46, 75 FGG kann das Nachlaßgericht aus wichtigen Gründen die Pflegschaft abgeben, wenn ein anderes Gericht zur Übernahme bereit ist und der Nachlaßpfleger zustimmt. In denjenigen Fällen, in denen der Erblasser Deutscher war und zur Zeit des Erbfalles weder im Inland Wohnsitz noch Aufenthalt hatte und auch ein letzter inländischer Wohnsitz nicht festzustellen ist, ist als Nachlaßgericht das Amtsgericht Berlin-Schöneberg zuständig (§ 14 ZustVO)[38].

Die Anordnung der Nachlaßpflegschaft erfolgt durch den Rechtspfleger und nicht durch den Richter, was in der Praxis offensichtlich bisweilen zu Schwierigkeiten führt[39]. Abschließend noch nicht geklärt ist die Frage, ob der Rechtspfleger oder der Richter zu entscheiden hat, wenn es um den inländischen Nachlaß eines ausländischen Erblassers geht. Da die Nachlaßpflegschaft eine Personenpflegschaft für denjenigen ist, welcher Erbe wird, besteht kein Anlaß, die Zuweisung an den Richter, die sonst bei Nachlaßsachen stattfindet, auf die Nachlaßpflegschaft zu übertragen[40].

Beschwerdeberechtigt gegen die Anordnung einer Nachlaßpflegschaft ist der Erbe und gegebenenfalls der Testamentsvollstrecker. Das gleiche gilt für einen Gläubiger, der den Anspruch des Erben auf Nachlaßherausgabe gepfändet hat. Auch ein Erbschaftskäufer kann Beschwerde einlegen.

3. Nachlaßpflegschaft in Fällen mit Auslandsberührung

Hinterläßt ein Ausländer im deutschen Inland einen Nachlaß, und ergibt sich deshalb entweder ein Fürsorgebedürfnis (§ 1960) oder beantragt ein Gläubiger eine Prozeßpflegschaft (§ 1961) oder eine Nachlaßverwaltung (§ 1975), so hat das Gericht zu prüfen, ob es überhaupt tätig werden und eine Pflegschaft anordnen darf. § 73 FGG gibt dem deutschen Gericht zwar verfahrensrechtlich die Möglichkeit, so zu handeln, es hat aber vorher zu prüfen, ob der ausländische Erblasser aufgrund Kollisionsnormen

---

38 BayObLG 22. 5. 1951, BayObLGZ 1949–1951, 408.
39 OLG Köln 4. 1. 1989, RPfleger 1989, 189.
40 BayObLG 16. 8. 1982, RPfleger 1982, 423f., a. A. OLG Hamm 21. 11. 1975, RPfleger 1976, 9.

des Internationalen Privatrechts nicht nach seinem Heimatrecht, sondern nach deutschem Recht beerbt wird.

Gemäß Art. 25 EGBGB richtet sich die Erbfolge nach einem Ausländer nach seinem Heimatrecht. Gleichwohl hat sich die deutsche Praxis dafür entschieden, eine Nachlaßpflegschaft gemäß § 1960 zu gestatten, wenn die Bestellung eines Nachlaßpflegers zur Fürsorge für den Nachlaß notwendig erscheint[41]. Nach Auffassung des Bundesgerichtshofes kann ein inländisches Gericht auf Antrag eines Nachlaßgläubigers eine Nachlaßpflegschaft auch dann anordnen, wenn der Verstorbene Ausländer war. Es spielt keine Rolle, ob das Heimatland des Verstorbenen eine Nachlaßpflegschaft kennt[42].

Ist auf den Nachlaß des Ausländers deutsches Recht anzuwenden, unterwirft jedoch das Heimatrecht des Ausländers im Ausland belegenes Vermögen dem ausländischen Recht, so kann ein deutsches Nachlaßgericht eine Nachlaßpflegschaft nicht für den im Ausland belegenen (Grund-)Besitz anordnen. Insoweit fehlt es dem deutschen Nachlaßgericht an der internationalen Zuständigkeit[43].

Die Anordnung einer Nachlaßpflegschaft auf Antrag eines Gläubigers ist zulässig, wenn sie zur Geltendmachung eines Anspruches gegen die unbekannten Erben eines im Ausland wohnhaft gewesenen Ausländers beantragt wird, sofern inländisches Vermögen des Ausländers erfaßt werden soll[44]. Diese Rechtsprechung beruht auf der Überlegung, daß ein Gläubiger eines Ausländernachlasses die Möglichkeit haben muß, im deutschen Inland die Frage der Berechtigung oder Nichtberechtigung seiner Forderung entscheiden zu lassen.

Es ist allerdings klarzustellen, daß etwa eine Nachlaßpflegschaft in Form einer Nachlaßverwaltung für einen in Deutschland befindlichen Nachlaß eines ausländischen Staatsangehörigen, der nach ausländischem Recht beerbt wird, nicht angeordnet werden kann, ebensowenig wie die Bestimmung eines Ersatztestamentsvollstreckers für einen Ausländernachlaß. Die Möglichkeit, ausnahmsweise Pflegschaften auch dann einzurichten, wenn nach dem Internationalen Privatrecht ein ausländisches Sachrecht maßgeblich ist, hat seinen Grund allein im Interesse der Nachlaßsiche-

---

41 KG 3. 6. 1908, KGJ 36 A 85 (86); KG 11. 7. 1911, KGJ 41, 62 (67); OLG Dresden 17. 2. 1914, KGJ 47, 238 (239).
42 BGH 26. 10. 1967, BGHZ 49, 1 mit Anmerkung von *Rietschel,* BGH WM 1968, 615 = LM EGBGB Art. 25 Nr. 4.
43 BayObLG 16. 8. 1982, RPfleger 1982, 423.
44 KG 8. 2. 1934, JW 1934, 909.

rung und entspricht auch internationaler Rechtspraxis. Auch ausländische Staaten handeln entsprechend. So kann in den Vereinigten Staaten ein Nachlaßadministrator in einem Einzelstaat bestellt werden, während für Vermögenswerte desselben Nachlasses in einem anderen amerikanischen Staat ein sogenannter Nebenverwalter zu bestellen ist. Solche Verwalter werden in den USA auch dann bestellt, wenn der Erblasser seinen Wohnsitz nicht in den USA hatte. Für den Nachlaßpfleger des Nachlasses eines deutschen Staatsangehörigen besteht die Möglichkeit, in den Einzelstaaten der USA die Einsetzung von Nebenverwaltern anzuregen, wenn der Deutsche dort Nachlaßgegenstände hinterlassen hat. Entsprechendes gilt in Großbritannien.

Das schweizerische Recht schließt die Zuständigkeit ausländischer Behörden für die Behandlung des Nachlasses eines schweizer Staatsangehörigen aus, jedoch werden auch in der Schweiz Sicherungsmaßnahmen eingeleitet, gleichgültig, ob es sich bei dem Erblasser um einen Schweizer oder einen ausländischen Staatsangehörigen handelt.

III. Der Nachlaßpfleger zwischen Gericht, Erben und Gläubigern

1. Nachlaßpfleger und Nachlaßgericht

Auf die Nachlaßpflegschaft sind die allgemeinen Vorschriften über die Pflegschaft und daher gemäß § 1915 die für die Vormundschaft geltenden Vorschriften entsprechend anzuwenden, soweit sich nicht aus dem Gesetz etwas anderes ergibt. Die Tätigkeit des Nachlaßpflegers beruht auf einem besonderen Vertrauensverhältnis, das den Nachlaßpfleger gegenüber dem Gericht, den Erben und dem Nachlaß bindet und das in geringerem Maße auch Rechtswirkungen zwischen dem Nachlaßpfleger und den Nachlaßgläubigern erzeugt.

Der Nachlaßpfleger hat die Verpflichtung zur Aufstellung eines Nachlaßverzeichnisses, zur Rechnungslegung und zur Schlußrechnung wie jeder andere Vermögensverwalter in Vormundschaftssachen auch. Die von ihm geführte Verwaltung ist wie die Vormundschaft eine Selbstverwaltung, die ihn analog zur Stellung des Vormundes gegenüber dem präsumtiven Erben verantwortlich macht. Das Nachlaßgericht hat die gleichen Aufsichts-, Überwachungs- und Beratungspflichten wie bei der Vormundschaft das Vormundschaftsgericht. Auch hier ergeben sich die gleichen

Grenzen, die es dem Vormundschaftsgericht verbieten, sich in Zweckmäßigkeitsfragen einzuschalten oder das Recht der Selbstverwaltung des Nachlasses durch den Nachlaßpfleger zu behindern.

Andererseits nimmt das Nachlaßgericht bei der Beaufsichtigung der Vermögensverwaltung des Nachlaßpflegers nicht nur allgemeine staatliche Aufsichtsbelange wahr, sondern auch fremde Vermögensinteressen. Eine Verletzung dieser Vermögensfürsorgepflicht kann eine Untreue im Sinne von § 266 StGB darstellen[45].

Die Vorschriften über die Anlegung von Nachlaßgegenständen, Geld, Wertpapieren usw. sowie die Bestimmungen über die nachlaßgerichtliche Genehmigung sind die gleichen wie für den Vormund und die vormundschaftsgerichtliche Genehmigung. Allein die Tatsache, daß ein Nachlaßpfleger sofort nach seiner Verpflichtung eine ganze Reihe von Geschäften vornehmen muß, die keinen Aufschub vertragen, also Verträge zu kündigen, Räume freizugeben, über Geldmittel zu verfügen usw., veranlaßt das Nachlaßgericht in der Praxis mit Recht dazu, dem Nachlaßpfleger eine allgemeine Ermächtigung zur Vornahme von Rechtsgeschäften im Rahmen des § 1825 zu erteilen. Es kann auch durchaus vorkommen, daß die Genehmigung zum Verkauf eines Grundstücks erteilt werden muß[46].

2. Nachlaßpfleger und Erbe

Sobald der Erbe feststeht und die Nachlaßpflegschaft aufzuheben ist, hat der Erbe Anspruch auf Herausgabe des Nachlasses gegen den Nachlaßpfleger. Dieser hat ihm jedoch bereits vorher Auskunft zu erteilen, er ist ihm für die ordnungsgemäße Führung der Nachlaßpflegschaft verantwortlich.

Es wurde bereits darauf hingewiesen, daß die Nachlaßpflegschaft nicht dazu da ist, die Erbenhaftung zu beschränken, es sei denn, daß der Nachlaßpfleger einen Antrag auf die Eröffnung des Konkurs- oder Vergleichsverfahrens stellt und dadurch die beschränkte Erbenhaftung herbeiführt. Im Rahmen seiner Befugnis bei der Aufstellung des Nachlaßverzeichnisses, bei der Geltendmachung der aufschiebenden Einreden und bei der Einleitung und Durchführung des Aufgebotsverfahrens nimmt der Nachlaßpfleger aber bereits vor Annahme der Erbschaft durch den Erben diesem Verrichtungen ab, die dieser sonst selbst vorzunehmen hätte. Es kann

---

45 OLG Koblenz 28. 6. 1985, RPfleger 1985, 442.
46 KG 16. 11. 1939, DFG 1940, 26.

überdies sein, daß er bereits vor dem Auftreten des Erben und vor Erbschaftsannahme den Nachlaß selbst den Gläubigern überantwortet hat; dann hat der Nachlaßpfleger dem Erben auch die Herausgabe des Nachlasses zu verantworten. Tritt an die Stelle des Nachlaßpflegers der Erbe, so besteht während eines Rechtsstreits kein Aussetzungsgrund, weil mit dem Eintritt des Erben die Partei selbst prozeßfähig geworden ist. Sie führt dann den Rechtsstreit ohne weiteres fort [47].

3. Nachlaßpfleger und Nachlaßgläubiger

Die Nachlaßpflegschaft ist eine Verwaltung des Nachlasses vor der Annahme der Erbschaft, bei der die Erwirkung und Vollstreckung von Urteilen der Gläubiger ohne den Vorbehalt der beschränkten Erbenhaftung nach § 780 Abs. 2 ZPO möglich und durchführbar ist. Die Nachlaßpflegschaft gehört aber auch nach dem Inhalt und der Systematik der Vorschriften des BGB in den Bereich der Fürsorgepflegschaften, die dem Schutzbedürfnis desjenigen dienen, für den sie geführt werden. Sie steht deshalb in einer Reihe mit der Ergänzungs- und Abwesenheitspflegschaft sowie der Betreuung. Die Tatsache, daß auch ein Gläubiger berechtigt ist, sie zu beantragen, ändert daran nichts, weil der Antrag gemäß § 1961 nur eine Anregung gegenüber dem Nachlaßgericht darstellt.

Die Nachlaßpflegschaft unterscheidet sich in wesentlichen Punkten von der Nachlaßverwaltung gemäß § 1981 und noch stärker vom Nachlaßkonkursverfahren. Die Nachlaßverwaltung ist eine auch den Gläubigern nützliche Verwaltung, wenn sie auch zu den gesetzlichen Vertretungspflegschaften für Erben und Nachlaß gehört. Nach § 1985 Abs. 2 ist der Nachlaßverwalter auch den Nachlaßgläubigern für den Nachlaß verantwortlich; die Nachlaßverwaltung tritt unter den öffentlich bestellten Verwaltungen in ihrer Wirkung nach außen am stärksten in Erscheinung. Neben dem Nachlaßverwalter hat der Erbe keinerlei Befugnis zu der Verwaltung und Verfügung; es findet eine völlige Trennung der Vermögensmassen statt. Im Gegensatz dazu ist neben dem Nachlaßpfleger der Erbe voll handlungs- und verfügungsfähig. Aus diesem Grunde ist die Vorschrift des § 1985 Abs. 2 über die Verantwortlichkeit eines Nachlaßverwalters gerechtfertigt und auf die Nachlaßpflegschaft nicht anwendbar. Dies ist – nach früherem Streit – heute einhellige Meinung [48].

---

[47] OLG Hamburg 24. 9. 1908, OLGZ 17, 318.
[48] *Staudinger/Otte/Marotzke*, § 1960 Rdnr. 54 und *Leipold* in Münchner Kommentar § 1960 Rdnr. 59.

Da der Nachlaßpfleger gesetzlicher Vertreter des Erben ist, besteht auch keine Veranlassung, eine andere Auffassung etwa deshalb zu vertreten, weil der Erbe die Möglichkeit hat, gegenüber den Nachlaßgläubigern seine Haftung zu beschränken, und weil er über § 278 für das Verschulden des Nachlaßpflegers beschränkbar oder gar nur mit dem Nachlaß beschränkt haften würde. Es besteht kein Grund, über die Einrichtung der Nachlaßpflegschaft den Gläubigern eine weitere Befriedigungsmöglichkeit zu verschaffen, die über diejenige gegen den Erben hinausgeht. Die Haftung des Erben für den Nachlaßpfleger gemäß § 278 reicht völlig aus. Die Tatsache allein, daß die Nachlaßpflegschaft nicht nur der Sicherung der Erben, sondern auch derjenigen der Gläubiger dient, bedeutet nicht, daß der Nachlaßpfleger den Nachlaßgläubigern unmittelbar haftet[49]. Hinsichtlich der Haftung des Pflegers gegenüber den Nachlaßgläubigern kommt überdies § 1978 zur Anwendung; danach haftet der Erbe (für sich und nach § 278 für den Nachlaßpfleger) bei nachfolgender Anordnung von Nachlaßverwaltung und Nachlaßkonkurs, und zwar vor der Annahme der Erbschaft nach den Grundsätzen für die Geschäftsführung ohne Auftrag (§§ 677 ff.), nach der Annahme der Erbschaft nach Auftragsvorschriften (§§ 662 ff.). Diese Haftung genügt praktischen Bedürfnissen, zumal die den Nachlaßgläubigern zustehenden Erstattungsansprüche als zum Nachlaß gehörend anzusehen sind, im Ergebnis also den Verlust des Nachlasses wieder wettmachen.

IV. Der Nachlaßpfleger im Rechtsstreit

Der Nachlaßpfleger als Vertreter ungewisser Erben kann einen laufenden Rechtsstreit übernehmen und weiterführen. Er kann hierfür die Bewilligung von Prozeßkostenhilfe beanspruchen, wenn er die Prozeßkosten aus den Mitteln des Nachlasses nicht bestreiten kann[50]. § 116 Nr. 1 ZPO bestimmt, daß eine Partei kraft Amtes auf Antrag Prozeßkostenhilfe erhält, wenn die Kosten aus der verwalteten Vermögensmasse nicht aufgebracht werden können und den am Gegenstand des Rechtsstreits wirtschaftlich Beteiligten nicht zuzumuten ist, die Unkosten aufzubringen.

Gegen den durch eine Nachlaßpflegschaft gesicherten Nachlaß ist ein Arrestbefehl nicht möglich. Der Sicherungszweck der Nachlaßpflegschaft überdeckt den Sicherungsanspruch des Arrestklägers[51].

---

49 OLG Hamburg 30. 7. 1906, RJA 8, 24.
50 BayObLG 4. 6. 1902, BayObLGZ 3, 479.
51 RG 24. 2. 1905, RGZ 60, 179.

In einem Rentenbewilligungsverfahren ist der Nachlaßpfleger berechtigt, für die unbekannten Erben eines Versicherten Rentennachzahlungen in Besitz zu nehmen, und zwar auch dann, wenn das Feststellungsverfahren nach den §§ 1964–1966 nicht abgeschlossen ist. Der Versicherungsträger kann nicht einwenden, daß möglicherweise der Fiskus den Versicherungsanteil erbt[52].

V. Aufhebung der Nachlaßpflegschaft

1. Voraussetzungen

Die Nachlaßpflegschaft ist aufzuheben, wenn der Grund für ihre Anordnung weggefallen ist. Eine Beendigung kraft Gesetzes tritt nicht ein. Wenn und solange der Aufhebungsbeschluß nicht ergangen ist, bleibt der Nachlaßpfleger gesetzlicher Vertreter desjenigen, der sich als Erbe herausstellt[53]. Die Voraussetzungen der Aufhebung der Nachlaßpflegschaft sind vom Nachlaßgericht zu prüfen. Es muß für das Nachlaßgericht Gewißheit über die Erbschaftsannahme bestehen. Der zunächst unbekannte Erbe muß nicht nur ermittelt sein, Voraussetzung für die Aufhebung ist es auch, daß er die Erbschaft angenommen hat[54]. Handelt es sich um mehrere Erben, so ist die Nachlaßpflegschaft nur für diejenigen Erben aufzuheben, bei denen diese Voraussetzungen vorliegen.

Von der Aufhebung der Nachlaßpflegschaft ist die Entlassung des Nachlaßpflegers zu unterscheiden, die in entsprechender Anwendung des § 1886 in Betracht kommt[55].

2. Beschwerderecht

Gegen den Aufhebungsbeschluß hat weder der Pfleger noch ein Nachlaßgläubiger das Recht der Beschwerde[56], der letztere jedenfalls dann nicht, wenn die Anordnung der Nachlaßpflegschaft allein auf § 1960 beruht.

---

52 BSG 1. 12. 1971, MDR 1972, 363.
53 RG 27. 11. 1922, RGZ 106, 44 (48); RG 24. 2. 1937, RGZ 154, 110 (114).
54 KG 3. 7. 1919, KGJ 52 A 58; KG 14. 12. 1905, RJA 7, 296.
55 BayObLG 10. 3. 1983, RPfleger 1983, 252.
56 OLG Colmar 22. 12. 1914, OLGZ 30, 173.

Hat ein Nachlaßgläubiger die Pflegschaft gemäß § 1961 beantragt, so soll ihm gegen die Aufhebung der Pflegschaft ein Beschwerderecht zustehen[57]. Die Beschwerde kann nicht dazu dienen, eine sachliche Bereinigung von Kontroversen zwischen dem Pfleger und den anderen Beteiligten herbeizuführen. Hierfür muß der Prozeßweg gewählt werden[58].

3. Wirkungen der Aufhebung

Nach der Aufhebung der Nachlaßpflegschaft hat der Pfleger den Nachlaß an den oder die Erben herauszugeben. Er hat nicht das Recht, den Nachlaß zur Bezahlung von anderen Schulden als der eventuellen Erbschaftsteuer zurückzuhalten.

Hat der Nachlaßpfleger Schlußrechnung gelegt, ist diese für richtig befunden und die Nachlaßpflegschaft aufgehoben, so ist die Tätigkeit des Nachlaßgerichts beendet. Das Gericht ist nicht berechtigt, jetzt noch einzugreifen und die Erben etwa aufzufordern, den Nachlaß in Besitz zu nehmen. Die Aushändigung des Nachlasses bleibt Privatsache des Nachlaßpflegers. Sie fällt nicht unter die Angelegenheiten, die nach dem FGG dem Nachlaßgericht übertragen sind[59].

Der Aufhebungsbeschluß beendet jedoch nicht jegliche Tätigkeit des Nachlaßgerichts und des Nachlaßpflegers. Beide bleiben noch so lange in Funktion, wie es die Lösung des Vertrauensverhältnisses fordert. Das Nachlaßgericht hat die Schlußrechnung des Pflegers zu prüfen, es hat darüber hinaus auf Verlangen des Erben Bescheinigungen auszustellen, die der Erbe zur Legitimation für die Aufhebung hinterlegter Gelder oder Wertpapiere benötigt, die Auszahlung einer etwa vom Pfleger geleisteten Sicherheit zu veranlassen und gegebenenfalls dem Pfleger eine Vergütung festzusetzen. Solange die Nachlaßpflegschaft nicht ausdrücklich aufgehoben ist, kann der Nachlaßpfleger für die Erben mit verbindlicher Wirkung handeln. Dies ergibt sich zwingend aus §§ 1915, 1919. Diese Regelung entspricht sowohl der Sicherheit im Rechtsverkehr als auch dem Zweck der Nachlaßpflegschaft[60]. Ist die Nachlaßpflegschaft aber aufgehoben und Schlußrechnung gestellt, so endet die Handlungsbefugnis des Nachlaßgerichts. Es ist nicht mehr berechtigt, den Pfleger zu bestimmten Verwaltungshandlungen oder weiteren Rechnungslegungen zu zwingen.

---

57 OLG Hamm 3. 7. 1987, RPfleger 1987, 416.
58 KG 7. 4. 1902, KGJ 24 A 23.
59 OLG Braunschweig 7. 11. 1910, OLGZ 23, 313.
60 BayObLG 30. 9. 1922, BayObLGZ 22, 111.

Mit einer förmlichen Schlußrechnung endet die Rechnungslegungspflicht des Pflegers gegenüber dem Nachlaßgericht. Die Rückgabe der Bestallungsurkunde kann das Gericht mit Ordnungsstrafen erzwingen[61].

VI. Verhältnis der Nachlaßpflegschaft zu anderen Pflegschaftsarten

Dem Gericht stehen häufig 3 Arten von Pflegschaften zur Auswahl, nämlich die Pflegschaft gemäß § 1911, § 1913 und § 1960. Bisweilen ist es schwierig zu entscheiden, welche Pflegschaft die richtige ist. Eine Pflegschaft für einen unbekannten Beteiligten (§ 1913) wird z. B. dann einzurichten sein, wenn der Vorerbe bekannt ist, jedoch nicht der Nacherbe, der selbst noch ungeboren ist, oder wenn eine zum Nacherben eingesetzte Stiftung noch nicht rechtsgültig errichtet ist[62]. Vor die Wahl gestellt, ob Abwesenheits- oder Nachlaßpflegschaft das richtige Verwaltungsinstitut ist, wird das Gericht, wenn ein Erbe vermißt oder verschollen ist, die Nachlaßpflegschaft bevorzugen, sofern eine Lebensvermutung für den Vermißten oder Verschollenen nicht mehr besteht. Die Nachlaßpflegschaft ist das Institut, das dem Fürsorgebedürfnis des Nachlasses, aber auch dem Schutze des Vermißten oder Verschollenen besser gerecht wird, weil der Nachlaß auf jeden Fall auf diese Weise gesichert wird und dem Vermißten oder Verschollenen Möglichkeiten zur Erklärung in bezug auf den Nachlaß bis zu seiner etwaigen Rückkehr offengehalten werden. Man darf auch nicht verkennen, daß der Erbe während der Dauer einer Nachlaßpflegschaft seine Handlungsfreiheit und Verwaltungs- und Verfügungsbefugnis behält; diese sollte man auch dem Vermißten und Verschollenen erhalten[63].

Nachlaßpflegschaft und Nachlaßverwaltung können nicht nebeneinander bestehen. Die Nachlaßverwaltung ist eine Nachlaßpflegschaft zum Zwecke der Befriedigung der Nachlaßgläubiger (§ 1975). Ein Nebeneinander ist daher begrifflich ausgeschlossen, vielmehr geht bei Anordnung der Nachlaßverwaltung durch das Nachlaßgericht die Nachlaßpflegschaft in diese besondere Form über. Der Nachlaßkonkurs hingegen und

---

61 KG 13. 2. 1969, FamRZ 1969, 446.
62 RG 5. 6. 1919, LZ 1919, Sp. 1247; KG 7. 5. 1920, OLGZ 41, 80.
63 Unentschieden bei BGH 6. 3. 1952, BGHZ 5, 240; OLG Stuttgart 30. 4. 1953, DNotZ 1953, 427.

das gerichtliche Vergleichsverfahren über den Nachlaß, die nicht durch das Nachlaßgericht, sondern durch das Vollstreckungsgericht anzuordnen sind, beenden die Nachlaßpflegschaft nicht. Hier tritt das Ende der Nachlaßpflegschaft vielmehr erst mit dem Aufhebungsbeschluß des Nachlaßgerichts ein.

F.
Nachlaßverwaltung

I. Information des Erben über sein Haftungsrisiko

Die Erbschaft geht auf den berufenen Erben unbeschadet des Rechts über, diese auszuschlagen. Der Erbe, der die Erbschaft angenommen hat, hat zunächst ein Interesse daran zu erfahren, woraus der Nachlaß besteht, welche Verbindlichkeiten zu Lasten des Nachlasses vorhanden sind, schließlich, wie er seine Haftung auf den Nachlaß beschränken kann. Der Gesetzgeber unterstützt dieses Informationsinteresse des Erben, indem er diesem die Möglichkeit gibt, einen Gläubigeraufruf (Aufgebot) durchzuführen.

1. Aufgebot der Nachlaßgläubiger

Jeder (Mit-)Erbe kann die Nachlaßgläubiger auffordern, ihre Forderungen binnen einer Frist von 6 Monaten bei ihm oder dem Nachlaßgericht anzumelden. Die im Bundesanzeiger veröffentlichte Aufforderung, die zu Lasten der Erben erfolgt, führt dazu, daß nach der Nachlaßteilung jeder Miterbe nur für den seinem Erbteil entsprechenden Teil einer Forderung haftet, soweit die Forderung nicht vor Ablauf der Anmeldefrist angemeldet ist oder die Forderung ihm zur Zeit der Teilung bekannt war (§ 2061). Das Aufgebot führt im Rahmen des § 1973 zur Ausschließung von Gläubigern und, wenn ein Nachlaßgläubiger erst nach 5 Jahren mit seinen Ansprüchen hervortritt, zu den Ausschließungsfolgen. In beiden Fällen hat der Erbe die Möglichkeit, die Befriedigung ausgeschlossener oder beschränkter Nachlaßgläubiger zu verweigern. Wenn er sie befriedigen will, kann er dies ausnahmsweise vor den Verbindlichkeiten aus Pflichtteilsrechten, Vermächtnissen und Auflagen noch tun, es sei denn, daß der Gläubiger sich so spät meldet, wenn diese 3 Gläubigergruppen bereits befriedigt sind.

Pfandgläubiger und Gläubiger, die im Konkurs den Pfandgläubigern gleichgestellt sind sowie Gläubiger, die bei der Zwangsvollstreckung in das unbewegliche Vermögen ein Recht auf Befriedigung aus diesem Vermögen haben, werden, soweit es sich um die Befriedigung aus den ihnen haftenden Gegenständen handelt, durch das Aufgebot nicht betroffen. Das gleiche gilt von Gläubigern, deren Ansprüche durch eine Vormerkung gesichert sind oder denen im Konkurs ein Aussonderungsrecht zusteht, in Ansehung des Gegenstandes ihres Rechtes (§ 1971). Nach § 1972 sind Pflichtteilsrechte, Vermächtnisse und Auflagen durch das Aufgebot nicht betroffen.

Die praktische Bedeutung der Vorschriften über das Aufgebot gemäß §§ 1970–1974 liegt darin, daß der Nachlaßpfleger bzw. der Nachlaßverwalter einen außergerichtlichen Vergleich schließen kann, dergestalt, daß alle Gläubiger ohne Ausnahme anteilig befriedigt werden. Nachlaßpfleger und Nachlaßverwalter, die einen solchen außergerichtlichen Vergleich schließen und dessen Genehmigung beim Nachlaßgericht erwirken, können dadurch Prozeßstreitigkeiten vermeiden. Sie gehen zwar über ihre eigentlichen Aufgaben hinaus, können aber durch ihre eigene Mühewaltung mit jedem einzelnen Gläubiger, ohne einen auszuschließen, eine Vereinbarung treffen, die dann das ganze Verfahren beendet. Das Gesetz bietet also die Möglichkeit, in bezug auf die Gläubiger gewissermaßen „reinen Tisch" zu machen und schafft damit eine echte Arbeitshilfe. Der Nachlaßpfleger bzw. der Nachlaßverwalter darf nicht vergessen, daß ein von ihm ausgehandelter Vergleich erst wirksam wird, wenn das Nachlaßgericht ihn genehmigt (§ 1822 Nr. 12) und er die Genehmigung den Beteiligten mitgeteilt hat.

2. Aufschiebende Einrede

3 Monate gibt das Gesetz den Erben Zeit, die Berichtigung einer Nachlaßverbindlichkeit zu verweigern, nicht jedoch über die Errichtung des Inventars hinaus (§ 2014). Einen weiteren Aufschub gestattet das Gesetz dem Erben für die Schuldenbereinigung, wenn ein Aufgebotsverfahren beantragt ist, und wenn dies innerhalb eines Jahres nach Annahme der Erbschaft geschieht. In diesem Fall ist der Erbe berechtigt, die Berichtigung von Verbindlichkeiten bis zur Beendigung des Aufgebotsverfahrens zu verweigern (§ 2015). Wenn vor der Annahme der Erbschaft zur Verwaltung des Nachlasses ein Nachlaßpfleger bestellt ist, so beginnen die in §§ 2014 und 2015 Abs. 1 bestimmten Fristen mit der Bestellung (§§ 2016, 2017) des Nachlaßpflegers.

3. Inventarerrichtung (Inhalt und Rechtsfolgen)

Wenn der Erbe nicht voll haften will, muß er sich zuvor darüber klar sein, daß er sein eigenes Wissen in die Nachlaßabwicklung einzubringen hat, er muß also ein Inventar errichten. Der Erbe ist berechtigt, dieses Nachlaßinventar beim Nachlaßgericht einzureichen.

Um den Lauf der Dinge zu beschleunigen, kann das Nachlaßgericht dem Erben eine Frist zur Errichtung des Inventars bestimmen, nach deren fruchtlosem Ablauf der Erbe für die Nachlaßverbindlichkeiten unbeschränkt haftet. Die Inventarfrist soll nach § 1995 mindestens 1 Monat, höchstens 3 Monate betragen. Sie beginnt mit der Zustellung des Beschlusses, durch den die Frist bestimmt wird. §§ 1993–2013 geben die bei der Inventarerrichtung zu beachtenden Einzelheiten wieder. Gemäß § 1999 ist zu beachten, daß dann, wenn ein Erbe unter elterlicher Sorge oder Vormundschaft steht oder die Nachlaßangelegenheit in den Aufgabenkreis eines Betreuers des Erben fällt, das Nachlaßgericht dem Vormundschaftsgericht von der Bestimmung der Inventarfrist Mitteilung machen muß.

Das Inventar muß vollständig sein. Bei seiner Aufnahme soll der Erbe eine zuständige Behörde oder einen Beamten oder Notar hinzuziehen oder beim Nachlaßgericht beantragen, selber das Inventar aufzunehmen. Dazu muß der Erbe dem Nachlaßgericht jederzeit Auskunft erteilen. Das Inventar ist in allen Fällen beim Nachlaßgericht einzureichen. Das vollständige Inventar ist das Gegenstück zum Aufgebot. Während sich nämlich im Aufgebot die Gläubiger zu den Passiva zu erklären haben, umfaßt das Inventar die Aktiva und die Passiva. Der Erbe ist auf Verlangen eines Nachlaßgläubigers verpflichtet, zu Protokoll des Nachlaßgerichts an Eides Statt zu versichern, daß er nach bestem Wissen die Nachlaßgegenstände so vollständig angegeben habe, wie er dazu imstande ist.

Ein rechtzeitiges und vollständiges Inventar gibt dem Erben die Möglichkeit, seine Haftung auf den Nachlaß zu beschränken. Dies eröffnet den Weg für die Nachlaßverwaltung oder den Nachlaßkonkurs bzw. ein Vergleichsverfahren. Nach § 2012 kann jedoch einem Nachlaßpfleger bzw. Nachlaßverwalter keine Inventarfrist bestimmt werden.

Hat der Erbe die Inventarfrist versäumt oder ein unvollständiges Inventar abgegeben, so kann er nicht mehr die Anordnung einer Nachlaßverwaltung beantragen; er haftet unbeschränkt.

4. Beschränkung der Haftung auf den Nachlaß

Hat der Erbe keine Frist versäumt, das Inventar vollständig errichtet und mit der nötigen Versicherung versehen, so kann er, um seine eigene Haftung auf den Nachlaß zu beschränken, Nachlaßverwaltung bzw. Konkurs oder Vergleich beantragen. Wird die Nachlaßverwaltung bzw. Konkursverwaltung angeordnet, so ist zunächst der Nachlaß, wenn aus ihm Aktiven entnommen worden sind, wieder aufzufüllen. Der separierte Nachlaß muß aus all dem bestehen, was seinen Inhalt zum Zeitpunkt des Erbfalles ausmachte.

II. Nachlaßverwaltung und Nachlaßverwalter

1. Verhältnis zum Nachlaßkonkurs

Nachlaßverwaltung und Nachlaßkonkurs weisen Parallelen auf. Die Nachlaßverwaltung soll zur gleichmäßigen und vollständigen Befriedigung aller Nachlaßgläubiger führen, und zwar aus dem abgetrennt zu behandelnden Nachlaß selbst. Der vielleicht kürzere Weg des Nachlaßkonkurses führt jedoch meist zur quotenmäßigen Befriedigung der Nachlaßgläubiger, in der Regel nicht zur vollen Befriedigung. Dies ist auch der Grund, warum im Zweifelsfall die Vorschriften des ausführlich geregelten Nachlaßkonkurses zur Ergänzung und Auffüllung der Vorschriften über die Nachlaßverwaltung hinzugezogen werden können (§ 1984 Abs. 1 Satz 2). Daneben sollte der Nachlaßverwalter nicht die Möglichkeit vernachlässigen, welche die Vergleichsordnung bietet.

In der Praxis ist es häufig nicht einfach zu entscheiden, welches der richtige Weg für den Nachlaßverwalter ist. So ist es (Fall aus der Praxis der Verfasser) denkbar, daß nach einer sorgfältigen Prüfung von Aktiva und Passiva, zu denen auch Steuerverbindlichkeiten gehören, der Nachlaß ausreichend ist, um alle Gläubiger zu befriedigen und sich dann nach einer Betriebsprüfung herausstellt, daß auf den Nachlaß ganz erhebliche Steuernachforderungen zukommen, für deren Befriedigung die vorhandenen Werte nicht mehr ausreichen.

Bei der Überschuldung des Nachlasses darf der Nachlaßverwalter auch nicht statt des Antrags auf Nachlaßkonkurs ein (genehmigungsbedürftiges) Rechtsgeschäft abschließen, das zur Befriedigung des absonderungsberechtigten Nachlaßgläubigers führt. Dies gilt selbst dann, wenn mit der Ablehnung des Konkursantrages mangels Masse zu rechnen ist [1].

2. Keine Konfusion von Recht und Verbindlichkeit

Die Folgen der Zäsur und die Abtrennung des Nachlasses von anderweitigem Vermögen des Erben durch die Nachlaßverwaltung bringen es mit sich, daß die infolge des Erbfalls durch Vereinigung von Recht und Verbindlichkeit oder von Recht und Belastung erloschenen Rechtsverhältnisse wieder ins Leben zurückgerufen werden. Hat ein Nachlaßgläubiger vor der Anordnung der Nachlaßverwaltung oder vor der Eröffnung des Nachlaßkonkurses seine Forderung gegen eine nicht zum Nachlaß gehörende Forderung des Erben oder dessen Zustimmung aufgerechnet, so ist nach der Anordnung der Nachlaßverwaltung oder der Eröffnung des Nachlaßkonkurses die Aufrechnung als nicht erfolgt anzusehen. Gemäß § 1977 Abs. 2 gilt das gleiche, wenn ein Gläubiger, der nicht Nachlaßgläubiger ist, die ihm gegen den Erben zustehende Forderung gegen eine zum Nachlaß gehörende Forderung aufgerechnet hat.

3. Vorherige Verwaltungshandlungen des Erben

Nicht selten wird die Nachlaßverwaltung erst zu einem Zeitpunkt angeordnet oder ein Konkurs eröffnet, zu dem der Erbe einzelne Verwaltungshandlungen bereits getroffen hat. Auf solche Handlungen des Erben finden die Vorschriften über die Geschäftsführung ohne Auftrag entsprechende Anwendung (§ 1978). Der Erbe hat auch ein Recht auf Aufwendungsersatz, soweit er nach der Vorschrift über die Geschäftsführung ohne Auftrag Ersatz verlangen könnte.

Soweit Nachlaßverbindlichkeiten bereits befriedigt sind, haben sie die Nachlaßgläubiger als für die Rechnung des Nachlasses erfolgt gelten zu lassen, jedoch nur, wenn der Erbe des Glaubens sein konnte, der Nachlaß reiche hierzu aus. Weiß indes der Erbe, daß der Nachlaß überschuldet ist, so hat er unverzüglich die Konkurseröffnung zu beantragen oder, sofern nach § 113 VerglO ein solcher Antrag zulässig ist, die Eröffnung des gerichtlichen Vergleichsverfahrens über den Nachlaß zu beantragen. Wenn er all dies unterläßt, ist er den Gläubigern zum Schadensersatz verpflichtet (§ 1980). Der Kenntnis der Überschuldung wird gleichgesetzt die

---

1 OLG Stuttgart 22. 5. 1984, RPfleger 1984, 416.

auf Fahrlässigkeit beruhende Unkenntnis des Erben. Hier spielt wiederum das Aufgebotsverfahren eine besondere Rolle. Mußte der Erbe annehmen, daß unbekannte Nachlaßverbindlichkeiten bestehen, und hat er den Antrag auf Aufgebot unterlassen, ohne daß die Aufgebotskosten gegenüber den Verbindlichkeiten unverhältnismäßig hoch sind, so tritt wiederum die Haftung des Erben gemäß § 1980 Abs. 2 ein. Gerade die Tatsache des Erbfalls muß den Erben veranlassen, besonders sorgfältig Ermittlungen anzustellen.

4. Grundsätze der Nachlaßverwaltung

Der Nachlaßverwalter, dessen Aufgabe in der Führung einer besonderen Art der Nachlaßpflegschaft besteht, ist, ebenso wie der Konkursverwalter, nötig, weil der getrennte Nachlaß nicht führungslos sein darf. Beide Verwaltungsorgane – Nachlaßverwalter und Nachlaßkonkursverwalter – unterscheiden sich zwar in der Zielsetzung ihrer Aufgaben, bieten aber ansonsten gewisse Ähnlichkeiten. Die Nachlaßverwaltung ist auf *Erhaltung* des Nachlasses gerichtet – der Nachlaßverwalter kann sogar gegenüber dem Erben neue Rechte begründen[1a] –, während der Konkursverwalter Vermögenswerte „zerschlägt", um den Gläubigern eine möglichst hohe Quote zu bieten. Ihrer beider Stellung liegt deshalb auch die Empfehlung nahe, daß Gläubiger, Erbschaftskäufer und Nachlaßpfleger Anträge auf Nachlaßverwaltung und Nachlaßkonkurs stellen sollen, weil es in ihrem Interesse liegt, den vom Vermögen des Erben abgetrennten Nachlaß nicht führungslos zu lassen. Damit ist zugleich gesagt, daß sowohl Nachlaßverwalter wie Nachlaßkonkursverwalter dem Gebot zu folgen haben, zwar für die Gläubiger da zu sein, gleichzeitig aber auch gegenüber dem Erben Sorgfalt walten zu lassen.

5. Grundsätze für die Auswahl des Nachlaßverwalters

Niemand ist verpflichtet, eine Nachlaßverwaltung zu übernehmen. Das Nachlaßgericht wird nach besonderen Fähigkeiten und Kenntnissen die Persönlichkeit des Nachlaßverwalters auswählen. Das geht so weit, daß es sogar den Erben selbst zum Nachlaßverwalter bestellen könnte. Begründet wird dies damit, daß es sich materiell bei der Nachlaßverwaltung nicht um eine Pflegschaft handelt[2].

[1a] BGH 14. 12. 1990, WM 1991, 550.
[2] *Weissler*, Das Nachlaßverfahren (1920), 425; a. A. *Firsching*, Nachlaßrecht (6. Auflage 1986), 328.

Nachlaßverwaltungen verlangen eine besonders sorgfältige und sachliche Auswahl hinsichtlich der Person des Nachlaßverwalters. Es ist ein großer Unterschied, ob das Nachlaßgericht die Auswahl für den Nachlaß eines Rechtsanwalts oder eines Arztes, eines Kaufmannes oder einer Privatperson zu treffen hat, weiter, ob es sich um einen verschuldeten oder einen reichen Erblasser handelt. Bestimmt das Nachlaßgericht eine Persönlichkeit, die bereits Pfleger, Verwalter oder Testamentsvollstrecker ist oder war, so ist mit großer Aufmerksamkeit zu prüfen, ob der Ausgewählte nicht objektiv in eine Interessenkollision gerät[3]. Dies trifft jedoch nicht zu, wenn das Nachlaßgericht einen Zwangsverwalter für ein dem Erben gehörendes Grundstück zum Nachlaßverwalter bestimmt, da beide Zwangsliquidatoren sind und in der Regel in ihrem Aufgabenkreis nicht verschiedene Interessen verfolgen.

III. Verfahrensrecht

1. Antrag

Das Recht, Nachlaßverwaltung zu beantragen, ist ein höchst persönliches Recht des Erben, des Gläubigers oder des Nachlaßkäufers. Der Berechtigte kann die Nachlaßverwaltung bereits vor der Annahme der Erbschaft beantragen (analog §§ 216 KO, 113 Abs. 1 Nr. 2 VerglO).

Sobald der allgemein tätige Nachlaßpfleger die Notwendigkeit hierzu erkannt hat, ist er verpflichtet, seinerseits Nachlaßverwaltung zu beantragen. Beantragt jemand ohne hinreichenden sachlichen Grund eine Nachlaßverwaltung, fehlt für die gerichtliche Anordnung das Rechtsschutzbedürfnis.

2. Anordnung und Ablehnung des Antrags auf Nachlaßverwaltung

Lehnt das Nachlaßgericht den Antrag eines Erben auf Bestellung eines Nachlaßverwalters ab, so hat der Erbe die Möglichkeit der Beschwerde nach § 20 Abs. 2 FGG. Dies gilt zunächst für den Alleinerben. Handelt es sich um eine Erbengemeinschaft, so kann der Antrag auf Nachlaßverwaltung von den Erben nur gemeinschaftlich gestellt werden. Die Nachlaßverwaltung kann nicht mehr angeordnet werden, wenn der Nachlaß

---

[3] KG 1. 12. 1938, JFG 18, 329 ff.

bereits geteilt ist. Diese grundsätzliche Bestimmung läßt eine Ausnahme nur dann zu, wenn zum Nachlaß eine Personengesellschaft gehört. Dies ist dann der Fall, wenn es sich um die Forderungen handelt, die daraus entstehen, daß unter mehreren Erben einer die Wahl aus § 139 HGB ausgeübt hat und damit in Abweichung von §§ 2042 ff. die Erbengemeinschaft insoweit aufgelöst ist. In diesem Fall muß den Miterben die Möglichkeit gegeben werden, nicht gemeinschaftlich zu haften, sondern die Nachlaßverwaltung anzuordnen, um damit den Nachlaß für die Deckung der Nachlaßschulden zu konservieren. In solchen Fällen kann entgegen der Bestimmung des § 2062 jeder Miterbe die Anordnung einer Nachlaßverwaltung beantragen oder Antrag auf Eröffnung des Nachlaßvergleichsverfahrens stellen, nachdem der Erbe infolge der Bestimmung des § 139 HGB aus der Miterbengemeinschaft ausgeschieden ist[4].

Die Nachlaßverwaltung ist, gleichgültig, von wem sie beantragt wird, anzuordnen, wenn das Verhalten des Erben oder die Vermögenslage des Erben befürchten lassen, daß die Befriedigung der Nachlaßgläubiger in ihrer Gesamtheit gefährdet ist. Gefahr kann auch vom Testamentsvollstrecker ausgehen. Wenn der Erbe weiß, daß der Testamentsvollstrecker unzuverlässig ist oder pflichtwidrig handelt, so muß er auf Abberufung des Testamentsvollstreckers drängen, weil er sich dessen Verhalten zurechnen lassen muß[5]. Es ist daher Aufgabe des Erben, durch Antrag an das Nachlaßgericht auf Entlassung des Testamentsvollstreckers den Nachlaßgläubiger vor dem ungeeigneten Testamentsvollstrecker zu schützen, selbst wenn man diesen nicht als Vertreter des Erben ansieht[6].

Ein einzelner Nachlaßgläubiger ist in der Regel nicht befugt, eine Nachlaßverwaltung zu beantragen, damit ihm ein Privatliquidator für die Durchsetzung seines Individualanspruchs bestellt wird. Dies ergibt sich daraus, daß § 1981 Abs. 2 von einer Gefährdung *der* Nachlaßgläubiger spricht. Vielmehr muß der einzelne Gläubiger versuchen, mit Hilfe prozessualer Rechtsbehelfe die Durchsetzung seines Anspruchs zu erreichen[7].

Für die Anordnung der Nachlaßverwaltung ist zuständig das Nachlaßgericht, dort der Rechtspfleger. Dieser hat nur zu prüfen, ob eine Gefähr-

---

[4] *Börner*, Erbengemeinschaft als Gesellschafterin einer OHG, AcP 166, 453; *Westermann*, Haftung für Nachlaßschulden bei Beerbung eines Personengesellschafters durch eine Erbengemeinschaft, AcP 173, 44.
[5] KG 27. 2. 1930, HRR 30, Nr. 1109.
[6] OLG Colmar 22. 5. 1918, OLGZ 39, 1213.
[7] KG 25. 7. 1940, DFG 1941, 25.

dung der Nachlaßgläubiger gegeben ist. Es genügt regelmäßig, wenn der Nachlaßgläubiger Tatsachen vorträgt, die es dem Rechtspfleger ermöglichen zu prüfen, ob die Voraussetzungen für eine Anordnung einer Nachlaßverwaltung vorliegen oder nicht. Es besteht insoweit keine Pflicht zur Glaubhaftmachung, sondern nur eine Darlegungspflicht[8].

Sofern dem Antrag des Erben gemäß § 1981 Abs. 1 auf Anordnung der Nachlaßverwaltung stattgegeben wird, steht dem Antragsteller kein Beschwerderecht zu. Im Interesse der Rechtssicherheit muß eine Nachlaßverwaltung wegen der weitgehenden Rechtsfolgen grundsätzlich bestandssicher und nicht vom Willen des Antragstellers abhängig sein. Auch würde eine Beschwerde des Antragstellers gegen die auf seinen Wunsch hin angeordnete Nachlaßverwaltung gegen das Verbot des widersprüchlichen Verhaltens verstoßen. Auch die Rücknahme des Antrags vor Anordnung der Nachlaßverwaltung kann die Einleitung des amtlichen Liquidationsverfahrens nicht rückgängig machen. Da die Nachlaßverwaltung auch dem Interesse der Nachlaßgläubiger dient und Rechtsähnlichkeit mit dem Konkursverfahren besteht, ist dem antragstellenden Erben die Befugnis genommen, ab Antragstellung auf den Gang des eingeleiteten Nachlaßverwaltungsverfahrens Einfluß zu nehmen[9].

3. Beschwerdemöglichkeiten

Gemäß § 76 Abs. 2 FGG können der Erbe (bei Miterben jeder Erbe) sowie der zur Verwaltung des Nachlaßvermögens befugte Testamentsvollstrecker gegen eine auf Antrag eines Nachlaßgläubigers angeordnete und damit gegen ihren Willen aufgedrängte Nachlaßverwaltung sofortige Beschwerde einlegen. Von der zweiwöchigen Beschwerdefrist, die für jeden Beteiligten unterschiedlich mit der jeweiligen Bekanntmachung an ihn zu laufen beginnt (§§ 22 Abs. 1, 16 Abs. 2 und 3 FGG), ist der Antrag auf Aufhebung der Nachlaßverwaltung gedanklich zu trennen. Die Beschwerde gegen die Anordnung bezieht sich auf Tatsachen im Zeitpunkt der Anordnung, während der Antrag auf Aufhebung voraussetzt, daß nach der Anordnung Umstände eingetreten sind, welche die Beendigung der an sich zu Recht angeordneten Verwaltung erfordern. Neue Tatsachen können nur die Aufhebung der Nachlaßverwaltung begründen[10].

---

8 KG 21. 10. 1912, KGJ 44 A 73, A 74; KG 7. 12. 1905, OLGZ 12, 357; KG 25. 7. 1940, DFG 1941, 25.
9 KG 6. 6. 1907, OLGZ 17, 366f.
10 *Weissler*, a. a. O. 422; KG 6. 6. 1907, OLGZ 17, 366; BayObLG 6. 7. 1932, BayObLGZ 32, 336; BayObLG 15. 12. 1966, BayObLGZ 1966, 75.

Die Wirksamkeit des Anordnungsbeschlusses tritt mit der Bekanntmachung gegenüber dem Erben ein[11].

4. Notwendigkeit und Inhalt der Bekanntmachung

Bei der Bekanntmachung der Anordnung der Nachlaßverwaltung gemäß § 1983 ist der Name des Nachlaßverwalters anzuführen. Der Name des Erben braucht nicht angegeben zu werden. Die Bekanntmachung braucht auch keine Angaben darüber zu enthalten, ob die Nachlaßverwaltung auf Antrag des Erben oder auf Antrag des Gläubigers angeordnet worden ist[12].

Ebenso, wie die Bekanntgabe der angeordneten Nachlaßverwaltung gegenüber den Finanzbehörden zu erfolgen hat (§ 12 Abs. 1 ErbStDV), hat das Nachlaßgericht von Amts wegen die eintragungsfähige Tatsache der Nachlaßverwaltung gegenüber dem Grundbuchamt zu veranlassen (§ 113 Abs. 2 KO, so auch § 79 Abs. 2 BayNO). Art und Weise der öffentlichen Bekanntmachung erfolgen entsprechend den Vorschriften der §§ 76, 111 KO.

5. Kostenvorschuß

Die Ablehnung der Nachlaßverwaltung mangels Masse gemäß § 1982 Abs. 2 kann vom Antragsteller dadurch abgewendet werden, daß er analog § 107 Abs. 2 Satz 2 KO einen entsprechenden Kostenvorschuß leistet.

6. Wirkung der Anordnung auf den Zivilprozeß

Mit dem Verlust der Verfügungsbefugnis über das Nachlaßvermögen gemäß § 1984 Abs. 1 Satz 1 geht der Verlust der Passivlegitimation des Erben einher: Ein Anspruch, der sich gegen den Nachlaß richtet, kann nur gegen den Nachlaßverwalter geltend gemacht werden (§ 1984 Abs. 1 Satz 3). Daß der Erbe auch seine Aktivlegitimation mit Anordnung der Nachlaßverwaltung verliert, ergibt sich bereits aus § 1984 Abs. 1 Satz 1. Der Verlust der Prozeßführungsbefugnis hat folgende Wirkungen:

---

[11] BayObLG 28. 6. 1976, BayObLGZ 76, 166 (170 f.).
[12] So auch für Bayern § 78 Bayerische NO.

Nachlaßverwaltung

Gemäß § 241 Abs. 3 ZPO wird ein streitiges Verfahren kraft Gesetzes unterbrochen, unabhängig davon, welche Parteistellung der Erbe – Kläger oder Beklagter – innehat. Der geltend gemachte prozessuale Anspruch, also der Streitgegenstand des Prozesses, muß das der Verwaltung des Nachlaßverwalters unterliegende Nachlaßvermögen betreffen. Soweit sich das streitige Rechtsverhältnis lediglich auf das Eigenvermögen des Erben bezieht, tritt keine Unterbrechung ein, da hinsichtlich seines Eigenvermögens der Erbe in vollem Umfang trotz der angeordneten Nachlaßverwaltung prozeßführungsbefugt bleibt. Es ist daher denkbar, daß lediglich für einen Teil des Streitgegenstandes oder für einzelne von mehreren Streitgegenständen eine Unterbrechung eintritt und der Erbe im übrigen prozeßführungsbefugt bleibt. Ein Streit über die Zugehörigkeit des Streitgegenstandes zum Nachlaß- oder Eigenvermögen des Erben ist durch eine Zwischenfeststellungsklage (§ 256 ZPO) zu klären.

Wird eine Klage nach Anordnung der Nachlaßverwaltung gegen den Erben auf Befriedigung aus dem Nachlaß erhoben, liegt aufgrund der Nachlaßverwaltung eine prozeßhindernde Einrede vor, die von Amts wegen zu berücksichtigen ist. Es ist dabei Sache des Klägers, sich, bevor er gegen den Erben vorgeht, beim Nachlaßgericht darüber zu unterrichten, ob der Erbe für die Nachlaßschulden unbeschränkt haftet oder ob er eine Haftungsbeschränkung herbeigeführt hat [12a]. Das von der Nachlaßverwaltung nicht erfaßte Eigenvermögen des Erben steht also weiterhin dem Zugriff der Eigengläubiger als auch der Nachlaßgläubiger offen. Gegenüber letzteren kann und muß der Erbe aber den Vorbehalt der beschränkten Erbenhaftung gemäß § 780 ZPO erheben, um eine Vollstreckung in sein Eigenvermögen zu verhindern. Von Amts wegen wird das Eigenvermögen des Erben nicht geschützt.

Soweit bereits vor Anordnung der Nachlaßverwaltung Eigen- oder Nachlaßgläubiger ein Pfändungspfandrecht bzw. eine Sicherungshypothek am Nachlaßvermögen erlangt haben, kann der Nachlaßverwalter in entsprechender Anwendung von § 221 KO verlangen, daß die Vollstreckungsmaßnahmen rückgängig gemacht werden. Würden Vollstreckungsmaßnahmen von Nachlaßgläubigern in Kraft bleiben, so würde dies zu einer ungerechtfertigten Bevorzugung einzelner Nachlaßgläubiger führen und im Widerspruch zu § 1977 stehen, wo die „Vollstreckung" eines Nachlaßgläubigers durch Aufrechnung ausdrücklich rückgängig gemacht wird. Die Rechtsähnlichkeit der Nachlaßverwaltung mit der Konkursverwaltung gebietet eine entsprechende Anwendung des § 221 KO.

12a OLG Posen 17. 1. 1901, OLGZ 2, 160.

Das Verlangen auf Aufhebung einer bereits bestehenden Zwangsvollstreckungsmaßnahme kann aber rechtsmißbräuchlich sein, sofern bei wirtschaftlicher Betrachtung keine wertmäßige Bereicherung des Nachlaßvermögens durch Aufhebung der Zwangsvollstreckung eintritt.

7. Grundbuchrechtliche Fragen

Ist Nachlaßverwaltung angeordnet, so wird ein Anspruch, der zum Nachlaß gehört, im Grundbuch nicht für den Nachlaßverwalter, sondern für die Erben als Berechtigten eingetragen. Es wirkt sich hier wiederum das Pflegschaftselement aus [12b].

IV. Inlandsnachlaß bei ausländischem Erbstatut

Während bei der Nachlaßpflegschaft bei einem Inlandsnachlaß, der einem ausländischen Erbstatut unterliegt, kraft Gewohnheitsrecht durch das deutsche Nachlaßgericht eine entsprechende Anordnung erfolgen kann, sind die deutschen Nachlaßbehörden nicht befugt, für einen Ausländernachlaß ein Verteilungsverfahren zur Befriedigung der Nachlaßgläubiger einzuleiten. Das Institut der Nachlaßpflegschaft dient lediglich der Sicherung des Nachlasses, während Nachlaßverwaltung aufgrund ihrer Zielsetzung und der mit ihr zusammenhängenden Rechtsfolgen weit einschneidender in die Rechtsposition des Erben eingreift, dessen Erbe ausländischem Recht unterliegt [13].

V. Aufgaben und Tätigkeit des Nachlaßverwalters

1. Sammlung des Nachlasses

Der Nachlaßverwalter hat nicht nur zu prüfen, welche Aktiva im Nachlaß sind, er muß auch feststellen, ob der Erblasser oder der Erbe dem Nach-

---

12b OLG Hamm 31. 5. 1988, OLGZ 1988, 390.
13 BayObLG 22. 6. 1976, BayObLGZ 1976, 151, KG 4. 3. 1977, OLGZ 1977, 309; *Pinckernelle/Spreen*, Das Internationale Nachlaßverfahrensrecht, DNotZ 1967, 218f.

Nachlaßverwaltung

laß irgendwelche aktiven Werte vor Anordnung der Nachlaßverwaltung entzogen haben. Er ist insoweit gehalten, selbst Aktivprozesse zu führen.

Dem Nachlaßverwalter ist es jedoch verwehrt, Anfechtungsprozesse nach dem Anfechtungsgesetz zu führen. Stößt er auf eine nach diesem Gesetz anfechtbare Rechtshandlung des Erblassers oder des Erben, und ist der Nachlaß überschuldet, so muß der Nachlaßverwalter unverzüglich einen Antrag auf Eröffnung des Nachlaßkonkurses stellen, denn die Anfechtung von Rechtshandlungen des Erben oder des Erblassers ist ihm versagt. Dies folgt daraus, daß der Nachlaßverwalter im Spannungsverhältnis zwischen Gläubigern und Erben nicht gegen das Interesse des Erben handeln darf. Es folgt auch aus § 3a AnfG. Der sorgfältige Nachlaßverwalter wird daher, wenn er einen überschuldeten Nachlaß zu vertreten hat oder gewiß ist, nicht alle Gläubiger befriedigen zu können, den Antrag auf Eröffnung des Konkursverfahrens stellen.

Von der vorgenannten Möglichkeit ist die Frage der Gläubigeranfechtung gemäß § 3a AnfG zu trennen, die auf Rechtshandlungen des Erben, unabhängig davon, ob er Alleinerbe, Vorerbe, Nacherbe oder Miterbe ist, stattfindet. Solche anfechtbaren Rechtshandlungen können auch durch den Nachlaßpfleger oder den Testamentsvollstrecker begangen werden. Im Bereich des § 3a AnfG gelten solche Rechtshandlungen als Handlungen des Erben. Darüber hinaus wird auch zu prüfen sein, ob eine Anfechtbarkeit gemäß § 1 AnfG vorliegt.

2. Bedeutung der Trennung von Privatvermögen des Erben und Nachlaß

Die völlige Trennung der beiden Vermögensmassen „Privatvermögen" und „Nachlaß" hat verschiedene Folgen. Der Nachlaßverwalter muß wissen, was seiner Verwaltung unterliegt und was nicht. Dies gilt nicht nur für den Alleinerben, sondern auch für eine Erbengemeinschaft oder einen qualifizierten Miterben, wenn der Erblasser Gesellschafter einer OHG oder KG war. In die Verfügungsbefugnis des Nachlaßverwalters gelangen nur die Auseinandersetzungsansprüche und andere mit dem Anteil verbundene Vermögensrechte, wenn es sich um Gewinnansprüche handelt, die zur Zeit des Erbfalls bereits verdient waren oder dem Erblasser noch hätten zufließen müssen. Dies bewirkt, daß Erträge oder Beteiligungen des Erblassers, die nach Anordnung der Nachlaßverwaltung entstehen, dem Erben zustehen. Die nach dem Erbfall entstandenen oder zufließen-

Aufgaben und Tätigkeit des Nachlaßverwalters

den Gewinne aus einer Beteiligung stehen dem Erben auch deshalb zu, weil er auch alle Risiken aus späteren Wertschwankungen des Anteils zu tragen hat[14].

Bei Personalgesellschaften hat der Nachlaßverwalter darauf zu achten, daß der OHG-Anteil und der Anspruch auf das Auseinandersetzungsguthaben getrennt zu halten sind. Die Absicht, das Auseinandersetzungsguthaben zu verwerten, setzt eine Kündigung voraus, zu der der Nachlaßverwalter berechtigt ist, die er aber nur aussprechen soll, wenn der übrige Nachlaß zur Befriedigung aller Gläubiger nicht ausreicht[15].

Der Nachlaßverwalter ist nicht berechtigt, anstelle eines oder mehrerer Gesellschafter-Erben Antrag auf Abberufung eines Liquidators einer OHG zu stellen[16].

Die Abgrenzung von Mitgliedschaftsrechten, die nicht der Nachlaßverwaltung unterliegen[16a] und materiellrechtliche Ansprüche, die der Nachlaßverwalter geltend machen kann, ist nicht einfach zu ziehen. So soll nach einem Urteil des BGH[17] der Nachlaßverwalter nicht berechtigt sein, Mitgliedschaftsrechte eines Gesellschafter-Erben geltend zu machen oder die Feststellung zu begehren, daß der Gesellschaftsvertrag nichtig oder wirksam angefochten sei. Andererseits soll der Nachlaßverwalter aber rechtsgestaltend erklären können, das Geschäft analog § 142 HGB mit allen Aktiven und Passiven übernehmen zu wollen, da der Nachlaßverwalter nicht Mitgliedschaftsrechte geltend mache, sondern bürgerlichrechtlich Herausgabe verlange, wozu er legitimiert sei. Nach der genannten Entscheidung braucht der Nachlaßverwalter nicht einmal eine Übernahmeklage zu erheben, vielmehr genüge eine einfache rechtsgestaltende Erklärung, das Geschäft als Ganzes zu übernehmen.

Im Gegensatz zu den Personalgesellschaften bleiben bei den Kapitalgesellschaften oder Anteilen hieran die Rechte nicht bei dem Erben, sondern gehen auf den Nachlaßverwalter über. Dieser kann darüber verfügen und auch die Einkünfte hieraus einziehen.

---

14 *Ulmer*, Gesellschafternachfolge und Erbrecht ZGR 1972, 330 ff., *Meincke*, Das Recht der Nachlaßbewertung in BGB (1973), 200 f.
15 KG 15. 8. 1932, HRR 42, 477.
16 BayObLG 4. 2. 1988, Rechtspfleger 1988, 318 f.
16a BayObLG 30. 10. 1990, Rechtspfleger 1991, 58.
17 BGH 30. 3. 1967, JZ 1967, 703 ff.; ebenso BayObLG 30. 10. 1990, FamRZ 1991, 485.

3. Berichtigung von Nachlaßverbindlichkeiten

Eine der wesentlichen Aufgaben des Nachlaßverwalters ist es, daß er die Nachlaßverbindlichkeiten berichtigt, für die der Erbe nach § 1967 haftet. Zu diesen Verbindlichkeiten gehören außer den vom Erblasser herrührenden Schulden die den Erben als solchen treffenden Verbindlichkeiten, insbesondere diejenigen aus Pflichtteilsrechten, Vermächtnissen und Auflagen, § 1967 Abs. 2, außerdem der sogenannte Dreißigste gemäß § 1969.

Zu den Verbindlichkeiten gehören auch die Beerdigungskosten. Dies sind nicht nur die Kosten des Begräbnisses, die damit verbundenen Nebenkosten, Kundmachung, Zeitungsanzeigen und Trauerkleidung, sondern auch die Kosten einer Umbettung des Erblassers, wenn er dies gewollt hat und deshalb auch seine Erben die Umbettung verlangen können. Stellen die Verwandten des Erblassers einen solchen Antrag, so gilt allein der Wunsch des Verstorbenen. Wenn jemand die Umbettung verlangt, ohne daß er sich auf den Wunsch des Erblassers berufen kann, trägt er auch die damit verbundenen Kosten.

Nachlaßverbindlichkeiten bestehen auch dann, wenn eine Bank mit Zustimmung des Erben ein Erblasserkonto weiterführt. Haben die Erben zur Abwicklung der Verbindlichkeiten das bestehende Erblasserkonto benutzt, so treffen sämtliche sich aus der Fortführung des Kontos ergebenden Verbindlichkeiten den Nachlaß und damit den Erben.

Nachlaßverbindlichkeiten sind auch diejenigen Kosten, die mit der Nachlaßverwaltung zusammenhängen.

Der Nachlaßverwalter muß alle ihm zugänglichen Informationen und alle zur Verfügung stehenden Unterlagen prüfen, um die Verbindlichkeiten festzustellen. Er hat die Verbindlichkeiten sorgfältig aufzuzeichnen. Um Klarheit zu erlangen, ist ihm dringend zu raten, die Nachlaßgläubiger im Wege eines Aufgebotsverfahrens zur Anmeldung ihrer Forderungen aufzufordern, und zwar unter Hinweis darauf, daß Forderungen, die später als 5 Jahre nach dem Erbfall geltend gemacht werden, als ausgeschlossen anzusehen sind, weiter, daß der Erbe gemäß § 1973 die Möglichkeit hat, Gläubiger als ausgeschlossen anzusehen, die ihre Ansprüche im Aufgebotsverfahren nicht anmelden. Die Rechtsprechung stellt an die Pflicht des Nachlaßverwalters, die Verbindlichkeiten, gleich, ob sie bereits entstanden sind oder noch entstehen können, zu prüfen und aufzuzeichnen, hohe Anforderungen[18].

---

18 BGH 11. 7. 1984, NJW 1985, 140.

Zu den Gläubigern, die ihre Ansprüche nicht anzumelden brauchen und die auch nicht betroffen sind, gehören Pfandgläubiger und Gläubiger, die im Konkurs den Pfandgläubigern gleichstehen, außerdem Gläubiger, die bei der Zwangsvollstreckung in das unbewegliche Vermögen ein Recht auf Befriedigung aus diesem Vermögen haben. Das gleiche gilt für Gläubiger, deren Ansprüche durch eine Vormerkung gesichert sind oder denen im Konkurs ein Aussonderungsrecht zusteht, in Ansehung des Gegenstandes ihres Rechtes. Nicht betroffen sind schließlich Pflichtteilsansprüche, Vermächtnisse und Auflagen.

Meldet sich ein Gläubiger erst nach Aufhebung der Nachlaßverwaltung, so wäre es unangemessen, wenn man den Nachlaßverwalter zwingen würde, noch einmal Nachlaßverwaltung zu beantragen. Gläubiger, die nachträglich hervortreten und die nicht mehr berücksichtigt werden können, weil sie bereits durch das Aufgebotsverfahren ausgeschlossen sind oder erst nach Aufhebung der Nachlaßverwaltung Ansprüche geltend machen, können auf § 1990 verwiesen werden (Einrede der Dürftigkeit des Nachlasses)[19].

4. Aufrechnung gegenüber einer Nachlaßforderung

Eine Folge der durch die Nachlaßverwaltung herbeigeführten Haftungsbeschränkungen des Erben besteht darin, daß die erklärte Aufrechnung eines Nachlaßgläubigers oder eines Eigengläubigers des Erben, sofern er gegen eine Nachlaßforderung aufrechnet, unwirksam wird (§ 1977 Abs. 1 und Abs. 2). Dabei sind folgende Fälle zu unterscheiden:

a) Ein Nachlaßgläubiger befriedigt sich aus dem Eigenvermögen des Erben, indem er mit seiner Forderung gegen den Nachlaß gegen die zum Eigenvermögen des Erben zugehörige Forderung aufrechnet. Voraussetzung dafür ist aber, daß die Aufrechnung ohne Zustimmung des Erben erklärt wurde. Sinn und Zweck dieser Regelung ist es, daß sich der Nachlaß nicht dadurch bereichert, daß eine gegen ihn gerichtete Forderung durch Aufrechnung aus dem Eigenvermögen des Erben beglichen wird. Haftet der Erbe unbeschränkt, bleibt die schuldtilgende Wirkung der Aufrechnung bestehen (§ 2013 Abs. 1).

b) Erklärt der Erbe die Aufrechnung mit einer Nachlaßforderung gegen die Forderung seines Nachlaßgläubigers, bleibt die Aufrechnung wirksam.

---
[19] BGH 17. 12. 1953, NJW 1954, 635 f.

Gleichwohl liegt auch in diesem Fall eine ungerechtfertigte Bereicherung des Nachlaßvermögens zu Lasten des Eigenvermögens vor, so daß der Erbe wie jeder andere Nachlaßgläubiger entweder einen Aufwendungs- oder Bereicherungsanspruch gemäß §§ 670, 683, 1978 Abs. 3, 1979 oder gemäß §§ 812 Abs. 1 Satz 1, 684, 1978 Abs. 3, 1979 erhält, je nachdem ob die erklärte Aufrechnung dem Interesse und mutmaßlichen Willen der Nachlaßgläubiger entspricht oder nicht.

Das gleiche gilt, wenn der Erbe der durch den Nachlaßgläubiger erfolgten Aufrechnung zustimmt. Auch hier hat der Erbe willentlich sein Vermögen zugunsten des Nachlasses geopfert.

c) Gemäß § 1977 Abs. 2 gilt das gleiche wie in § 1977 Abs. 1, sofern ein Eigengläubiger des Erben mit seiner Forderung gegen eine zum Nachlaß gehörende Forderung aufrechnet. Während aber § 1977 Abs. 1 den Erben schützen will, geht die ratio legis des § 1977 Abs. 2 dahin, eine eingetretene Bereicherung des Eigenvermögens des Erben zu Lasten des Nachlaßvermögens rückgängig zu machen. Der Schutz der Nachlaßgläubiger vor einer Schmälerung des Nachlasses durch Aufrechnungshandlungen von Eigengläubigern des Erben erfordert daher, daß auch in den Fällen, wo der Erbe der erklärten Aufrechnung des Eigengläubigers zustimmt oder gar selbst aufrechnet, die Aufrechnung im Interesse des Nachlaßvermögens rückgängig gemacht wird. Der Wortlaut des § 1977 Abs. 2 („Das gleiche gilt") bezieht sich also nur auf die Rechtsfolgen des § 1977 Abs. 1, nicht aber auf die tatbestandsmäßigen Voraussetzungen. Die am Normzweck orientierte Auslegung wird den Interessen der Nachlaßgläubiger und der kraft Gesetzes eintretenden umfassenden Gütersonderung am ehesten gerecht.

d) Nach Anordnung der Nachlaßverwaltung können weder Nachlaßgläubiger mit ihrer Nachlaßforderung gegen eine Eigenforderung des Erben noch Nachlaßschuldner eine Eigenforderung gegen den Erben gegen eine Nachlaßforderung aufrechnen. Das gleiche gilt für den Erben, soweit er Schuldner des Nachlasses ist. Strittig ist, ob der Erbe eine Nachlaßverbindlichkeit gegenüber einem Nachlaßgläubiger wie jeder Dritte auch durch Aufrechnung tilgen kann. Nach einer Auffassung soll es aufgrund der eingetretenen Gütersonderung an der Gegenseitigkeit der Forderungen fehlen. Hiergegen spricht aber, daß der Erbe weiterhin materiell Rechtsinhaber des Nachlaßvermögens einschließlich Nachlaßverbindlichkeiten ist.

Die mangelnde Verfügungsbefugnis bezieht sich nur auf die Aktiva des Nachlasses, während es dem Erben unbenommen bleibt, den Nachlaß von einer Verbindlichkeit durch Aufrechnung zu befreien. Für den Erben wie jeden anderen Dritten gelten dann die Grundsätze über die Tilgung fremder Schulden. Seine Ersatzansprüche richten sich nach den Vorschriften der §§ 670, 683 Satz 1, 1978 Abs. 3, 1979 bzw. 812 Abs. 1 Satz 1 Fall 1, 684, 1978 Abs. 3, 1978, je nachdem, ob die Befreiung von einer Verbindlichkeit im Interesse der Nachlaßgläubiger gelegen hat oder nicht.

VI. Rechte und Pflichten des Nachlaßverwalters

1. Ansprüche des Nachlaßverwalters

Mit der Anordnung der Nachlaßverwaltung hat der Nachlaßverwalter das vorhandene Nachlaßvermögen in Besitz zu nehmen. Der Erbe ist gegenüber dem Nachlaßverwalter verpflichtet, ein Nachlaßverzeichnis zu fertigen und diesem vorzulegen (§ 260). Der Nachlaßverwalter, dem ein Recht auf Besitz am Nachlaßvermögen zusteht (argumentum e contrario aus § 1986 Abs. 1), kann die Herausgabe des vollständigen Nachlasses sowohl vom Erben, sich streitenden Erbprätendenten[20] als auch von jedem Dritten verlangen. Gibt der Erbe oder ein Dritter nicht freiwillig den Besitz auf, ist der Nachlaßverwalter gezwungen, Klage auf Herausgabe zu erheben. Der Anordnungsbeschluß des Nachlaßgerichts auf Herausgabe des Nachlasses stellt keinen vollstreckungsfähigen Titel dar[21]. Das vom Nachlaßverwalter eingereichte Verzeichnis über das Nachlaßvermögen kann durch eine Anordnung der Erben die Rechtswirkungen eines Inventars im Sinne von § 1993 haben[22].

2. Befriedigung der Nachlaßverbindlichkeiten durch Versilberung des Nachlasses

Primärer Zweck der Nachlaßverwaltung ist es, die Nachlaßgläubiger zu befriedigen. Sofern keine ausreichenden Barmittel im Nachlaß vorhanden sind, muß der Nachlaßverwalter darangehen, die verwertbaren Aktiven des Nachlasses zu versilbern. Um eine Verschleuderung der Nachlaß-

---

20 RG 21. 5. 1909, Recht 1909 Nr. 2/27.
21 KG 15. 9. 1958, NJW 1958, 2071.
22 KG 10. 4. 1912, KGJ 42 A 94, A 98.

werte zu verhindern, hat der Nachlaßverwalter mehr noch als ein Vormund oder Betreuer, deren Tätigkeit vornehmlich auf Bestandssicherung des vorhandenen Vermögens zielt, die Grundsätze einer wirtschaftlichen Vermögensverwaltung (§ 1811) zu beachten. Es steht im pflichtgemäßen Ermessen des Nachlaßverwalters, wann und auf welche Art und Weise der Nachlaß liquidiert wird. Er hat demgemäß zu prüfen, was er veräußert. Er muß sich hüten, aus einer Nachlaßverwaltung durch Zerschlagen von Wirtschaftseinheiten zwangsläufig den Nachlaßkonkurs oder ein Nachlaßvergleichsverfahren vorzubereiten.

Sofern die Verwaltungsmaßnahmen des Nachlaßverwalters den Grundsätzen einer wirtschaftlichen Vermögensverwaltung widersprechen, kann sich der Erbe an das Nachlaßgericht wenden, damit dieses kraft seines Aufsichtsrechts (§§ 1915, 1837) durch geeignete Gebote und Verbote einschreitet. Pflichtwidrigkeiten des Nachlaßverwalters entfalten Rechtswirkungen nur im Innenverhältnis zum Erben und zum Nachlaßgericht; Dritte, im Außenverhältnis Stehende, können daraus keine Einreden oder Einwendungen herleiten.

Trotz der dem Nachlaßverwalter übertragenen Befugnisse bleibt der nunmehr beschränkt haftende Erbe materiell Rechtsinhaber des aufgrund eines gesetzlichen Treuhandverhältnisses verwalteten Nachlaßvermögens. Dies ist der Grund, daß, wie bereits ausgeführt, im Grundbuch nicht der Nachlaßverwalter, sondern der Erbe einzutragen ist.

Veräußert der Nachlaßverwalter ein Erwerbsgeschäft des Erben, bedarf er gemäß §§ 1915, 1822 Nr. 3 wie jeder andere Pfleger auch der Genehmigung des Nachlaßgerichts[23]. Dagegen bedarf der Nachlaßverwalter zur Abtretung eines Geschäftsanteils an einer Kapitalgesellschaft nicht der Genehmigung des Nachlaßgerichts[24].

Nicht zu den beim Erben verbleibenden persönlichen Rechten zählt die durch den Erblasser erteilte Generalvollmacht. Der Nachlaßverwalter kann daher die Bestellung eines Generalbevollmächtigten durch den Erblasser durch Widerruf der Vollmacht rückgängig machen[25]. Ebenso ist er berechtigt, ein vom Erblasser erteiltes Anwaltsmandat zu widerrufen. Dagegen ist es dem Nachlaßverwalter untersagt, die mit dem Tod des Erblassers erloschene Prokura durch erneute Bestellung des Erben zum Prokuristen wieder aufleben zu lassen[26].

---

23 BayObLG 4. 9. 1905, KGJ 30 A 299, A 301.
24 KG 4. 7. 1907, KGJ 34 A 89, A 90, A 91.
25 KG 12. 10. 1970, NJW 1971, 566f.
26 KG 15. 1. 1915, Recht 1915 Nr. 2339.

Sofern sich der Nachlaßverwalter wie ein Kaufmann geriert, sind auf ihn die Grundsätze über das Schweigen auf kaufmännische Bestätigungsschreiben entsprechend anzuwenden. Obwohl der kaufmännisch tätige Nachlaßverwalter nicht Kaufmann im materiellen Sinne ist, trifft ihn die gesetzliche Vertrauenshaftung, da die Grundsätze über die Wirkungen eines kaufmännischen Bestätigungsschreibens nicht nur im Verkehr zwischen Kaufleuten im handelsrechtlichen Sinne gelten[27].

3. Der Nachlaßverwalter als Interessenwahrer der Nachlaßgläubiger und der Erben; Aufsicht des Nachlaßgerichts

a) Unterstützung und Aufsicht des Nachlaßgerichts

Ebenso wie der Vormund, der Betreuer und der Pfleger des Familien- und Erbrechts untersteht der Nachlaßverwalter gemäß §§ 1915, 1837 im Rahmen seiner Verwaltungstätigkeit der Aufsicht des Nachlaßgerichts. Mehr noch als der Vormund und Betreuer nimmt der Nachlaßverwalter gegenüber dem Nachlaßgericht eine eigenständige Stellung ein. Da er für seine Verwaltungsmaßnahmen nicht nur gegenüber den Erben (§§ 1915, 1833), sondern ausnahmsweise auch gegenüber den Nachlaßgläubigern auf Schadensersatz haftet (§ 1985 Abs. 2), muß er gleichzeitig die Interessen von Nachlaßgläubigern und Erben wahren. Daraus folgt zum einen bei seinen Entscheidungen ein großer Beurteilungs- und Ermessensspielraum, der wiederum häufig von zum Teil widersprechenden Interessen beeinflußt ist.

Andererseits haftet aber auch das Nachlaßgericht für die Folgen mangelnder Aufsicht den Nachlaßgläubigern, so daß es im Rahmen seiner gesetzlichen Befugnisse als kontrollierendes Aufsichtsorgan tätig zu werden hat. Inbesondere hat es den Nachlaßverwalter darauf hinzuweisen, daß er gleichzeitig nach Kenntnisnahme der Überschuldung des Nachlasses Nachlaßkonkurs anzumelden hat (§§ 1985 Abs. 2 Satz 2, 1980). Ein fahrlässiges Unterlassen liegt bereits darin, daß der Nachlaßverwalter kein Aufgebotsverfahren durchführt, obwohl eine die Kosten des Aufgebotsverfahrens deckende Nachlaßmasse vorhanden ist (§ 1980 Abs. 2 Satz 2)[28]. Die wichtigste Einflußmöglichkeit des Nachlaßgerichts auf den Nachlaßverwalter bietet die Haftung des Gerichts bei der Prüfung der Frage, ob einem genehmigungspflichtigen Rechtsgeschäft des Nachlaßverwalters gemäß §§ 1821, 1822 zugestimmt werden soll oder nicht.

---

27 BGH 4. 3. 1976, NJW 1976, 1402.
28 RG 26. 5. 1916, RGZ 88, 264 f.

Kommt der Nachlaßverwalter seinen Pflichten nicht nach, kann das Nachlaßgericht Zwangsmittel gemäß § 1837 ergreifen, hat jedoch das Gebot der Verhältnismäßigkeit zu beachten[29].

b) Der Nachlaßverwalter als Interessenwahrer der Nachlaßgläubiger

Die besondere, sich aus dem Zweck der Nachlaßverwaltung ergebende Stellung des Nachlaßverwalters gegenüber den übrigen Pflegern des Familien- und Erbrechts zeigt sich in seiner unmittelbaren Haftung gegenüber den Nachlaßgläubigern gemäß § 1985 Abs. 2 Satz 1. Die Tätigkeit des Nachlaßverwalters zum Zwecke der Befriedigung der Nachlaßgläubiger (§ 1975) begründet ein gesetzliches Schuldverhältnis zwischen Verwalter und Gläubigern. Die Amtspflichten des Nachlaßverwalters haben drittschützende Wirkung, so daß der Nachlaßverwalter mit seinem Privatvermögen neben dem Erben nach den Nachlaßgläubigern für schuldhafte Pflichtverletzungen verantwortlich ist. Dies ist der Grund, warum auch in der Vermögenshaftpflichtversicherung von Rechtsanwälten üblicherweise die Tätigkeit als Nachlaßverwalter mit abgedeckt ist. Eine Haftungsbeschränkung, sei es nach dem Grad des Verschuldens oder vom Umfang der Haftung, ergibt sich weder aus dem Gesetz noch aus Sinn und Zweck der Nachlaßverwaltung. Allerdings kann der Schaden der Nachlaßgläubiger nie höher sein als der jeweilige quotenmäßige Anteil am vorhandenen Nachlaßvermögen.

Um eine Verschleuderung der liquidierbaren Nachlaßwerte zu vermeiden – dies würde den Grundsätzen einer wirtschaftlichen Vermögensverwaltung zuwiderlaufen (§ 1811) –, sollte der Nachlaßverwalter eine außergerichtliche Einigung mit den Nachlaßgläubigern anstreben. Dies gilt auch dann, wenn der Nachlaß überschuldet ist und ein Nachlaßkonkursverfahren droht.

Die Schadenersatzforderung der Nachlaßgläubiger stellt gemäß §§ 1985 Abs. 2 Satz 2, 1978 Abs. 2 eine Nachlaßforderung dar, die gegebenenfalls von einem neu bestellten Nachlaßverwalter bzw. Nachlaßkonkursverwalter gegenüber dem aus dem Amt geschiedenen Nachlaßverwalter geltend gemacht werden kann. Der Nachlaßverwalter ist in der Regel für die Erfüllung der ihm obliegenden Pflichten nur allen beteiligten Nachlaßgläubigern gemeinsam verantwortlich (§ 82 KO), so daß die Schadener-

---

29 BayObLG 9. 1. 1914, BayObLGZ 15, 31 (35 f.), BayObLG 8. 12. 1987, RPfleger 1988, 264.

satzforderung auch nur allen Nachlaßgläubigern gemeinschaftlich als Gesamtgläubiger zusteht. Ausnahmsweise kann auch eine Schadenersatzpflicht gegenüber einzelnen Nachlaßgläubigern bestehen, wobei dessen Schadenersatzforderungen nicht zur Nachlaßmasse gemäß § 1978 Abs. 2 gehören.

Um den Gläubigerinteressen gerecht zu werden, sollte das Nachlaßgericht vor wichtigen Entscheidungen die Nachlaßgläubiger, gegebenenfalls vertreten durch einen Gläubigerbeirat, hören. So kann das Nachlaßgericht im Zusammenwirken mit Nachlaßgläubigern und Erben vereinbaren, daß eine Prüfung der Schlußrechnung nicht stattfindet, weil die Kosten für einen Buchsachverständigen zu hoch sind[30].

c) Das Rechtsverhältnis zwischen Nachlaßverwalter und Erben

aa) Der Nachlaßverwalter als Vertreter des Erben oder Partei kraft Amtes

Die Rechtsprechung sieht den Nachlaßverwalter ähnlich dem Konkursverwalter als selbständiges Organ der Rechtspflege an[31]. Da der Nachlaßverwalter sowohl den Interessen des Erben dienen als auch zugleich die Nachlaßgläubiger befriedigen muß, ein gesetzlicher Vertreter aber allein die Interessen des Vertretenen wahren muß, kommt dem Nachlaßverwalter eine Mittlerfunktion zwischen sich widerstreitenden Interessen zu. Im Konfliktfall kann der Nachlaßverwalter gezwungen sein, die Interessen der Nachlaßgläubiger höher zu bewerten als die des von ihm vertretenen Erben. Hierin erblicken die Anhänger der Amtstheorie einen auflösbaren Widerspruch zu den Vertretungsregeln gemäß §§ 164 ff. Der dogmatische Streit zwischen Vertreter- und Amtstheorie hat zwar keine Bedeutung, in der Praxis wird jedoch beispielsweise im Prozeß der Nachlaßverwalter als Partei, und zwar für den Nachlaß des Erblassers, aufgeführt, während der Nachlaßpfleger als Vertreter der unbekannten Erben auftritt. Man kann die Stellung des Nachlaßverwalters als diejenige eines treuhänderischen Vermögensverwalters mit Vertretungsbefugnis für und gegen den Vermögensinhaber auf gesetzlicher Grundlage kennzeichnen.

---

30 OLG Frankfurt 8. 7. 1963, NJW 1963, 2278 f.
31 KG 1. 12. 1938, JFG 18, 329 f.

bb) Der Erbe und die gewillkürte Prozeßstandschaft des
Nachlaßverwalters

In einem Prozeß, der das Nachlaßvermögen als nicht rechtsfähiges Sondervermögen betrifft, kann der Nachlaßverwalter den Erben ermächtigen, einen Rechtsstreit mit Wirkung für und gegen den Nachlaß zu führen.

Der nicht mehr verfügungsberechtigte Erbe wird somit in die Lage versetzt, das ihm noch materiell zustehende Recht im eigenen Namen einzuklagen. Auf den Erben, der kein fremdes Recht, sondern ein ihm selbst zustehendes Recht geltend macht und dem lediglich aufgrund der angeordneten Nachlaßverwaltung die Verfügungs- und damit auch die Prozeßführungsbefugnis entzogen wurde, können die von der Rechtsprechung entwickelten Grundsätze über die Zulässigkeit einer gewillkürten Prozeßstandschaft entsprechend angewandt werden. Die Rechtsprechung begründet dies damit, daß die Beschränkungen, denen der Erbe bei der Nachlaßverwaltung unterworfen ist, keine unabdingbare Regelung darstellen. Es stehe im pflichtgemäßen Ermessen des Nachlaßverwalters, sich zur Erfüllung seiner Aufgaben Dritter oder auch des Erben als Hilfsperson zu bedienen. Unzulässig sei nur eine generelle Ermächtigung des Erben zur Prozeßführung. Es wäre allerdings ein gegen die guten Sitten verstoßender Rechtsmißbrauch, wenn die Ermächtigung zur Prozeßführung zu dem Zwecke erteilt worden wäre, das Kostenrisiko zu Lasten des Prozeßgegners zu vermindern oder auszuschließen[32]. Das bei der gewillkürten Prozeßstandschaft für den Kläger erforderliche Interesse ergibt sich im Regelfall daraus, daß der Erbe trotz der angeordneten Nachlaßverwaltung weiterhin Träger des materiellen Rechts bleibt.

cc) Haftung des Nachlaßverwalters gemäß §§ 1915, 1833

Gemäß §§ 1915, 1833 haftet der Nachlaßverwalter dem Erben auf Schadensersatz für jede schuldhafte Verletzung seiner Amtspflichten aufgrund des durch die Anordnung begründeten gesetzlichen Schuldverhältnisses zwischen ihm und dem Erben. Im Einzelfall kann aber eine Haftung des Nachlaßverwalters — wie auch diejenige des Vormunds — entfallen, wenn er nicht nur lediglich die ihn treffenden Pflichten befolgt, sondern mit „überobligationsmäßigem" Aufwand das Nachlaßvermögen

---

[32] BGH 28. 11. 1962, NJW 1963, 297 (299 f.) mit Anm. *Nirk/Bötticher*, Erbe und Gemeinschuldner als gewillkürte Prozeßstandschafter des Nachlaß- und des Konkursverwalters, JZ 1963, 582 ff.

verwaltet. Die Geltendmachung von Schadenersatz durch den Erben kann rechtsmißbräuchlich sein, wenn den Vermögensverlusten entsprechende wirtschaftliche Vorteile und damit eine Mehrung des Nachlaßvermögens gegenüberstehen[33].

Zu den Aufgaben eines Nachlaßverwalters gegenüber den Erben gehört es nicht, eine Nachlaßauseinandersetzung unter mehreren Miterben zu betreiben[34].

VII. Beendigung der Nachlaßverwaltung

Die angeordnete Nachlaßverwaltung endet entweder durch einen rechtsgestaltenden, die Nachlaßverwaltung aufhebenden Verfahrensakt des Nachlaßgerichts oder kraft Gesetzes. In folgenden Fällen muß bzw. kann das Nachlaßgericht nach pflichtgemäßem Ermessen das (privatrechtliche) Amt des Nachlaßverwalters aufheben:

- Wenn der Zweck der Nachlaßverwaltung, die Nachlaßgläubiger umfassend zu befriedigen (§ 1975), erreicht ist. Damit teilt die Nachlaßverwaltung das Schicksal jeder anderen Pflegschaft des Familien- und Erbrechts, wonach die Pflegschaft aufzuheben ist, wenn der Grund für die Anordnung der Pflegschaft weggefallen ist (§ 1919);
- wenn eine die Kosten der Nachlaßverwaltung deckende Masse („dürftige Masse") nicht vorhanden ist (§ 1988 Abs. 2, vgl. die entsprechende Regelung in § 204 KO)[35]. Durch Hinterlegung eines Kostenvorschusses kann aber die Aufhebung abgewendet werden;
- wenn die Anordnung der Nachlaßverwaltung von vornherein ungerechtfertigt war (§ 19 FGG, vgl. auch § 76 Abs. 2 FGG);
- wenn der Vorerbe stirbt, da es dem Nacherben freigestellt sein muß, ob er das ererbte Nachlaßvermögen wiederum in die Hände eines gerichtlich bestellten Vermögensverwalters gibt und damit auch eine Haftungsbeschränkung in seiner Person herbeiführen will;
- wenn sowohl Erbe als auch alle bekannten Nachlaßgläubiger die Aufhebung der Nachlaßverwaltung anregen. Die Nachlaßverwaltung beschränkt sich auf das private Interesse der Nachlaßgläubiger an einem ihrer alleinigen Haftung unterliegenden und für sie verwalteten

---

33 BayObLG 11. 12. 1926, BayObLGZ 25, 454.
34 BayObLG 11. 12. 1926, BayObLGZ 25, 454.
35 RG 6. 12. 1909, RGZ 72, 260 (263 f.).

Nachlaßverwaltung

Sondervermögen sowie auf das private Interesse des Erben an einer Haftungsbeschränkung. Ein über diese Interessen hinausgehendes öffentliches Interesse besteht nicht.

Kraft Gesetzes, also ohne Zutun des Nachlaßgerichts, endet die Nachlaßverwaltung nur im Falle der Eröffnung des Nachlaßkonkurses gemäß § 1988 Abs. 1 oder bei Tod des Nachlaßverwalters. Man wird davon ausgehen müssen, daß das Amt auch dann endet, wenn der Nachlaßverwalter unter Betreuung gestellt wird und der Aufgabenkreis des Betreuers gerade die Vermögensverwaltung umfaßt.

Grundsätzlich haben die Beteiligten, insbesondere der Erbe und die Nachlaßgläubiger, keine Möglichkeit, durch bloße Rücknahme ihrer Anträge auf Bestellung eines Nachlaßverwalters die einmal angeordnete, in ihren Rechtswirkungen weitreichende Nachlaßverwaltung gegenstandslos zu machen. Die Sicherheit des Rechtsverkehrs erfordert es, daß die weitgehenden Rechtswirkungen der Nachlaßverwaltung nicht dem Belieben der Nachlaßgläubiger unterstehen dürfen. Auch können die Nachlaßgläubiger die auf Antrag des Erben angeordnete Nachlaßverwaltung nicht durch eine Beschwerde zu Fall bringen (§ 76 Abs. 1 FGG), selbst wenn eine die Kosten der Nachlaßverwaltung deckende Masse von vornherein nicht vorhanden war.

Die Nachlaßverwaltung ist daher bis zur Zweckerreichung (§ 1919) durchzuführen. Der Zweck ist erreicht, wenn die Nachlaßverbindlichkeiten berichtigt sind oder der Nachlaß erschöpft ist oder wenn sich ergibt, daß eine den Kosten entsprechende Masse nicht vorhanden ist. Kein Fall der Zweckerreichung liegt vor, wenn sich später herausstellt, daß ursprünglich die Anordnung der Nachlaßverwaltung ungerechtfertigt war[36]. Etwas anderes soll gelten bei einer auf Antrag des Erben angeordneten Nachlaßverwaltung im Falle des Eintritts veränderter Nachlaßverhältnisse[37]. Es bleibt allerdings dunkel, wie diese Rechtsprechung mit §§ 18 Abs. 2, 76 Abs. 2 FGG vereinbar ist.

Ausnahmsweise kann die Nachlaßverwaltung aufgehoben werden, wenn sowohl aus der Sicht des Erben als auch derjenigen der Nachlaßgläubiger kein Bedürfnis mehr für die vollständige Durchführung der Nachlaßverwaltung besteht[38]. Den Erben und Nachlaßgläubigern bleibt es unbenommen, jederzeit beim Nachlaßgericht die von Amts wegen aufzuhe-

---

36 KG 7. 3. 1935, JW 1935 Sp. 1022.
37 BayObLG 28. 6. 1976, BayObLGZ 1976, 167 (173).
38 OLG Hamburg 14. 7. 1919, OLGZ 41, 82 f., OLG München 30. 6. 1936, JFG 14, 61 (67).

bende Nachlaßverwaltung anzuregen, weil z. B. nach ihrer Ansicht deren Zweck erreicht wurde oder weil eine die Kosten des Nachlaßverfahrens deckende Masse nicht vorhanden ist. Steht das Nachlaßvermögen einer Erbengemeinschaft zur gesamten Hand zu, kann jeder Miterbe ohne Rücksicht auf die übrigen Miterben die Aufhebung anregen.

Die kraft Gesetzes eintretende Beendigung der Nachlaßverwaltung bei Eröffnung des Nachlaßkonkursverfahrens ist endgültig; die Nachlaßverwaltung lebt nicht etwa nach der Aufhebung des Konkurses wieder auf[39]. Die Nachlaßverwaltung endet jedoch nicht durch Einleitung eines Nachlaßvergleichsverfahrens. Nachlaßverwaltung und Nachlaßvergleichsverfahren können daher nebeneinander bestehen. Dies hat seinen Grund darin, daß durch die Anordnung von Verfügungsbeschränkungen (§§ 58ff. VglO) im Vergleichsverfahren der Schutz der Nachlaßgläubiger nicht in demselben Maße erreicht wird, wie dies bei der Anordnung einer Nachlaßverwaltung kraft Gesetzes geschieht (§ 1984 Abs. 1). Das Vergleichsverfahren führt wohl zu einem weitgehenden Mitwirkungsrecht des Vergleichsverwalters, nicht aber zum Übergang der Verfügungs- und Verwaltungsbefugnis[40].

Gegen die Aufhebung der Nachlaßverwaltung steht dem oder den Erben gemeinschaftlich ein Beschwerderecht gemäß § 20 FGG zu. Aus § 20 Abs. 2 FGG kann gefolgert werden, daß gegen die Verfügung, durch welche die Nachlaßverwaltung aufgehoben wird, die Beschwerde nur von demjenigen erhoben werden kann, welcher den Antrag auf Anordnung gestellt hat[41]. Neben den Erben hat auch ein Nachlaßgläubiger, dessen rechtliches Interesse sich unmittelbar aus der Zweckbestimmung der Nachlaßverwaltung ergibt, ein Beschwerderecht gemäß § 57 Abs. 1 Nr. 3 FGG. Diese Zweckbestimmung kann entweder das Recht auf Befriedigung einer Forderung aus dem Nachlaß oder die Stellung einer Sicherheitsleistung sein. Dieses Recht des Gläubigers wird beeinträchtigt, wenn die Nachlaßverwaltung vorzeitig aufgehoben wird[42].

Es ist streitig, inwieweit der Nachlaßverwalter selbst gegen die Aufhebung seines Amtes durch Beschluß des Nachlaßgerichts Beschwerde einlegen kann. Unstreitig kann der Nachlaßverwalter gegen den seine Vergütung festsetzenden Beschluß Beschwerde einlegen, da er möglicherweise in seinem Recht auf eine angemessene Vergütung gemäß § 1987 beeinträchtigt

---

39 KG 9. 1. 1917, OLGZ 34, 274f.
40 *Klien*, Nachlaßverwaltung und Nachlaßvergleich, JW 1936, 1196f.
41 KG 19. 11. 1931, JW 1932, 1389 mit Anm. *Boehmer*, HRR 1932, Nr. 956.
42 OLG Jena 11. 6. 1903, OLGZ 7, 134f.

ist[43]. Darüber hinaus ist der Nachlaßverwalter berechtigt, Beschwerde einzulegen, sofern seine Verwaltungsbefugnis eingeschränkt wird[44].

Als einziger Pfleger des Familien- und Erbrechts ist der Nachlaßverwalter für die korrekte Führung seines Amtes unmittelbar den Nachlaßgläubigern verantwortlich (§ 1985 Abs. 2). Hieraus folgt das rechtliche Interesse des Nachlaßverwalters, daß die Nachlaßverwaltung nicht vor Erledigung seiner Aufgaben vom Nachlaßgericht aufgehoben wird[45].

Die Haftung aus § 1985 Abs. 2 stellt auch das notwendige Korrelat zu dem ebenfalls nur dem Nachlaßverwalter zustehenden gesetzlichen Vergütungsanspruch gemäß § 1987 dar. Der gesetzliche Vergütungsanspruch soll das erhöhte Risiko einer doppelten Inanspruchnahme durch Erben und Nachlaßgläubiger ausgleichen. Der Nachlaßverwalter hat weder einen gesetzlichen Anspruch noch ein sonstiges schützenswertes rechtliches Interesse auf Berufung in das private Amt durch das Nachlaßgericht. Daraus folgt, daß ein rechtliches Interesse am Fortbestand des nur auf Zeit verliehenen Amtes nicht anzuerkennen ist. Der Nachlaßverwalter hat damit ebenso wie die übrigen Pfleger des Familien- und Erbrechts lediglich ein berechtigtes Interesse, aber kein rechtliches Interesse im Sinne von § 57 Abs. 1 Nr. 3 FGG am Fortbestand des Amtes.

Mit dem Ende der Nachlaßverwaltung verliert der Nachlaßverwalter seine Verwaltungsbefugnisse, so daß er verpflichtet ist, an den Erben als den materiellen Rechtsinhaber das um die Nachlaßschulden bereinigte Nachlaßvermögen auszukehren. Das noch verbliebene Nachlaßvermögen darf aber erst dem Erben übergeben werden, wenn die bekannten Nachlaßverbindlichkeiten berichtigt sind (§ 1986 Abs. 1). Soweit eine Nachlaßverbindlichkeit nicht getilgt werden konnte, weil z. B. der Nachlaßgläubiger unbekannt ist oder weil hinsichtlich der geltend gemachten Forderung ein Rechtsstreit anhängig ist, darf die Ausantwortung des Nachlasses nur erfolgen, wenn dem Gläubiger Sicherheit geleistet oder die Forderung durch Hinterlegung zum Erlöschen gebracht wurde (vgl. §§ 232, 372 ff.).

Der Nachlaßverwalter hat nach Beendigung seines Amtes alles herauszugeben, was er aus der Verwaltung des Nachlasses erlangt hat, dazu gehören auch die von ihm angelegten Akten[46].

---

43 BayObLG 10. 12. 1953, BayObLGZ 1953, 51 f.
44 OLG München 23. 7. 1937, JFG 16, 98 (101 f.).
45 OLG München 11. 12. 1926, JFG 4, 151 (152) mit zustimmender Anm. von *Endemann,* JW 1927, 165.
46 KG 12. 10. 1970, NJW 1971, 566 f.

Gegenüber dem Herausgabeverlangen des Erben (oder eines neu bestellten Nachlaßverwalters!) steht dem (früheren) Nachlaßverwalter ein Zurückbehaltungsrecht gemäß § 273 zu, sofern er noch Gegenrechte, insbesondere seinen gesetzlichen Vergütungsanspruch gemäß § 1987 hat. Auch nach Beendigung des Amtes bleibt das Nachlaßgericht befugt, dem Nachlaßverwalter Anweisungen zu erteilen und gegebenenfalls ihm gegenüber Ordnungsstrafen zu verhängen[47].

Nach Beendigung der Nachlaßverwaltung bleibt die mit Anordnung der Nachlaßverwaltung eingetretene Haftungsbeschränkung des Erben bestehen. In entsprechender Anwendung der §§ 1990, 1991 ist der Erbe berechtigt, seine Haftung gegenüber den Nachlaßgläubigern auf das noch vorhandene Nachlaßvermögen zu beschränken. Die Haftungsbeschränkung besteht und entfällt also nicht nur für die Dauer der Nachlaßverwaltung, vielmehr wirkt die Haftungsbeschränkung nach Aufhebung der Nachlaßverwaltung fort, da der Erbe erwarten kann, daß ihm ein schuldenfreier Nachlaß übergeben wird. Dem Erben kann nicht zugemutet werden, auch bei einem nicht dürftigen Nachlaß erneut Nachlaßverwaltung zu beantragen[48]. Das schutzwürdige Vertrauen des Erben auf eine umfassende Schuldenbereinigung ist höher zu werten als das Haftungsinteresse eines bisher unbekannten Nachlaßgläubigers. Das Problem stellt sich nicht, wenn der Nachlaßverwalter, was ihm stets anzuraten ist, ein Aufgebotsverfahren durchgeführt hat.

VIII. Vergleichsverfahren

Der überschuldete Nachlaß soll den Nachlaßpfleger und den Nachlaßverwalter veranlassen, auch andere Möglichkeiten der Behandlung von Gläubigerforderungen bei Erhaltung der beschränkten Erbenhaftung ins Auge zu fassen. Den Verwaltern bieten sich zunächst der Nachlaßkonkurs und das diesem unter Umständen vorausgehende Vergleichsverfahren. Wenn die Eröffnung des Vergleichsverfahrens abgelehnt wird, so hat der Richter zugleich von Amts wegen über die Eröffnung des Konkursverfahrens zu entscheiden. Der Vergleichsantrag kann nach § 113 Abs. 1 Nr. 1 VglO von einer ganzen Reihe von Berechtigten gestellt werden. Mehrere Erben können den Antrag nur gemeinschaftlich stellen. Sie sind hierzu berechtigt,

---
47 KG 11. 2. 1915, OLGZ 32, 49.
48 BGH 17. 12. 1953, NJW 1954, 635 f.

wenn bereits Nachlaßverwaltung angeordnet oder schon ein Testamentsvollstrecker bestellt ist. Außerdem können Nachlaßverwalter und Nachlaßpfleger den Vergleichsantrag stellen. Wenn mehrere Pfleger, die nur gemeinschaftlich zur Antragstellung berechtigt sind, Meinungsverschiedenheiten haben, dann hat der Richter zu entscheiden. Eine Nachlaßverwaltung endet auch nicht mit der Eröffnung des Vergleichsverfahrens[49].

Unter Berücksichtigung der Notwendigkeit gemeinschaftlichen Handelns dürfen Testamentsvollstrecker den Vergleichsantrag stellen, desgleichen ein Ehegatte des Erben, wenn der Nachlaß zum Gesamtgut einer Gütergemeinschaft gehört; auch der Erbschaftskäufer ist dazu berechtigt. Den Vergleich können die Berechtigten sogar vor der Annahme der Erbschaft beantragen. Nicht mehr kann der Vergleichsantrag gestellt werden, wenn entweder der Erbe unbeschränkt haftet oder der Nachlaß bereits geteilt ist.

Der Vergleichsantrag eröffnet dem erfahrenen Vermögensverwalter Möglichkeiten, sich mit den Gläubigern zu arrangieren und gibt ihm eine einmalige Chance. Nicht selten wird ein Nachlaßkonkursverfahren vermieden, wenn der zur Führung und Gestaltung befähigte Verwalter den Konkurs zu vermeiden vermag. In der klassischen Reihenfolge Pflegschaft, Nachlaßverwaltung, Vergleichsverfahren, Konkursverfahren ist das letzte sicherlich das teuerste und dasjenige, das es zu vermeiden gilt.

Im übrigen wird auf die einschlägigen Bestimmungen der Vergleichsordnung (z. B. § 113 ff.) verwiesen.

IX. Nachlaßkonkursverfahren

Ist der Nachlaß überschuldet, so muß der Nachlaßverwalter darauf achten, den Konkursantrag rechtzeitig zu stellen, denn alles, was er vom Augenblick seiner Kenntnis der Überschuldung des Nachlasses an unternimmt, birgt besondere Risiken in sich. Selbst der Konkursverwalter des Vermögens eines Konkursschuldners kann bezüglich des Vermögens eines Erben den Antrag auf Anordnung der Nachlaßverwaltung stellen, sofern diese zur Erreichung besserer Befriedigung der Konkursgläubiger erforderlich ist[50]. Fällt ein Erbe in Konkurs, so berührt dies nicht die Befug-

---

49 *Klien,* Nachlaßverwaltung und Nachlaßvergleich, JW 1936, 1197.
50 LG Aachen 22. 9. 1959, NJW 1960, 48.

nisse des Testamentsvollstreckers. Das Nachlaßvermögen kommt in die Konkursmasse und wird nicht vor Abwicklung der Testamentsvollstreckung von der Konkursmasse erfaßt. Auch nimmt die Eröffnung des Konkursverfahrens über sein Vermögen dem Erben nicht das Recht, ohne weiteres die Anordnung der Nachlaßverwaltung zu beantragen.

Die Eröffnung des Nachlaßkonkurses sowie die Eröffnung des Vergleichsverfahrens erfordern die Überschuldung des Nachlasses, weil nach § 215 KO Vergleich und Konkurs die gleichen Voraussetzungen haben. Die Vorschrift des § 215 KO setzt die gleichen Nachlaßrechte und Nachlaßverbindlichkeiten voraus. Antragsverpflichtet gegenüber den Nachlaßgläubigern sind der Erbe, der Nachlaßverwalter und der Testamentsvollstrecker. Die gleiche Verpflichtung trifft auch den Nachlaßpfleger, weil der Antrag auf Konkurseröffnung auf jeden Fall gestellt werden muß, wenn der Nachlaß überschuldet ist.

Zu erwähnen ist § 218 KO in bezug auf das Gesamtgut der Gütergemeinschaft, desgleichen § 219 KO, der dem im Aufgebotsverfahren ausgeschlossenen Nachlaßgläubiger kein Antragsrecht mehr gewährt, es sei denn, daß u.a. über das Vermögen des Erben das Konkursverfahren eröffnet worden ist.

Ein Antrag kann nicht mehr gestellt werden, wenn seit der Annahme der Erbschaft zwei Jahre verstrichen sind (§ 220 KO).

§ 222 KO bestimmt, daß, wenn der Erbe vor der Eröffnung des Verfahrens aus dem Nachlaß Pflichtteilsansprüche, Vermächtnisse oder Auflagen erfüllt hat, seine Handlung so betrachtet werden muß, als sei die Leistung in gleicher Weise anfechtbar wie eine unentgeltliche Verfügung des Erben.

Auf alle übrigen einschlägigen Bestimmungen der Konkursordnung sei verwiesen (z.B. § 224 ff.).

Eine im Wirtschaftsleben nicht seltene Häufung von Konkursen behandelt die Konkursordnung wie folgt: Wenn im Konkursverfahren über das Vermögen des Erben Gläubiger hervortreten, und wenn auch über den Nachlaß das Konkursverfahren eröffnet worden ist oder wenn eine Nachlaßverwaltung angeordnet ist, finden auf Nachlaßgläubiger, denen gegenüber der Erbe unbeschränkt haftet, die Vorschriften der §§ 64, 96, 153, 155, 156, des § 168 Nr. 3 und des § 169 KO entsprechende Anwendung (§ 234 Abs. 1 und 2 KO).

Über ein Erbteil kann kein Konkursverfahren stattfinden, weil dies begrifflich mit der Rechtsnatur der Erbengemeinschaft als einer Gemein-

Nachlaßverwaltung

schaft zur gesamten Hand und der gesamtschuldnerischen Haftung der Miterben nicht zu vereinbaren wäre (§ 235 KO).

§ 237 KO gestattet den Zugriff auf inländisches Vermögen, wenn über das Vermögen des Schuldners ein Konkursverfahren im Ausland eröffnet worden ist[51].

---

51 Hierzu ausführlich *Hanisch*, Grenzüberschreitende Nachlaßinsolvenzverfahren, ZIP 1990, 1241 ff.

G.
Testamentsvollstreckung

I. Allgemeines, Bedeutung, Abgrenzung

Das Institut der Testamentsvollstreckung gibt dem Erblasser die Möglichkeit, über seinen Tod hinaus durch eine dritte Person (meist seines Vertrauens) seinen Nachlaß zu lenken, zu verwalten und abzuwickeln. Die Bedeutung der Testamentsvollstreckung im Rechts- und Wirtschaftsleben ist ungeschmälert; sie wird wohl noch zunehmen, wenn die nach dem Zweiten Weltkrieg aufgebauten kleinen und großen Vermögen auf die nächste Generation übergehen[1]. Die faktische Bedeutung der Testamentsvollstreckung spiegelt sich nur unvollkommen in den veröffentlichten Gerichtsentscheidungen wider. Der Grund hierfür dürfte darin liegen, daß letztwillige Verfügungen, in denen eine Testamentsvollstreckung angeordnet wird, meist unter juristischer Beratung errichtet und deshalb durch die richtige Formulierung Streit vermieden wird. Demgemäß befaßt sich die Rechtsprechung auch meist mit Konflikten zwischen Testamentsvollstrecker und Erben.

Die Beweggründe für den Erblasser, Testamentsvollstreckung anzuordnen, sind vielfältig. Er will den Nachlaß, häufig sein Lebenswerk, erhalten; Vermögen, das er in sein Unternehmen investiert hat, soll nicht zweckentfremdet werden. Soweit Nachlaßschulden vorhanden sind, soll durch die Testamentsvollstreckung die Erfüllung von Verpflichtungen sichergestellt werden. Bisweilen hegt der Erblasser gegenüber den als Erben eingesetzten Personen ein gewisses Mißtrauen, oder er ist sich dessen bewußt, daß die Erben bei allem guten Willen aufgrund ihres Alters, mangelnder Lebenserfahrung oder mangels wirtschaftlicher Kenntnisse oder mangels Durchsetzungsvermögen gar nicht in der Lage sind, ein Vermögen zu verwalten und zu erhalten. In diesen Fällen Testamentsvollstreckung anzuordnen, ist keine Beeinträchtigung der Erben, sondern – man denke beispielsweise an minderjährige Kinder als Erben – eine echte Hilfe. Der Erblasser wird deshalb genau überlegen, wen er als Testamentsvollstrecker einsetzt, wer die nötige Sachkunde und etwaige Spezialkenntnisse besitzt, weiter, wer aufgrund seiner Persönlichkeit geeignet

---

1 „Eine riesige Geldwelle schwappt übers Land", „Spiegel" 1988, Nr. 29.

ist, eine so weitgehende treuhänderische Ermächtigung zur Verwaltung des Nachlasses zu erhalten.

Mit anderen Instituten der Vermögensverwaltung bestehen Gemeinsamkeiten und Unterschiede. Mit der Vormundschaft und der Betreuung hat die Testamentsvollstreckung gemeinsam, daß fremdes Vermögen verwaltet wird, hinsichtlich der Nachlaßverwaltung hat sie die Trennung des Eigenvermögens vom der Testamentsvollstreckung unterliegenden Vermögen gemein. Gerade die letztgenannte Wirkung ist bedeutsam: Die Testamentsvollstreckung schützt den Nachlaß vor den eigenen Gläubigern des Erben, da gemäß § 2214 die Gläubiger des Erben, die nicht zu den Nachlaßgläubigern gehören, nicht das Recht haben, sich an Nachlaßgegenstände zu halten, die ausschließlich der Verwaltung des Testamentsvollstreckers unterliegen. Auf diese Weise wird auch eine Verschleuderung von Nachlaßmitteln verhindert.

Die Testamentsvollstreckung ist andererseits nicht statisch in dem Sinne, daß sie ausschließlich auf die Anweisungen des Erblassers fixiert ist. Wenn Bestimmungen des Erblassers durch Zeit- und Tatumstände unhaltbar geworden sind, kann der Testamentsvollstrecker gemäß § 2216 Abs. 2 beantragen, daß solche Bestimmungen, die den Nachlaß erheblich gefährden, außer Kraft gesetzt werden.

Wenn die Aufgabe des Testamentsvollstreckers nicht in der langfristigen Verwaltung des Nachlasses, sondern (nur) in der Auseinandersetzung des Nachlasses besteht, ist seine Funktion und Bedeutung nicht zu unterschätzen. Jeder, der einmal eine Nachlaßauseinandersetzung durchgeführt hat, weiß, wie sich Charaktere ändern oder offenbaren. Konflikte zwischen Miterben oder Erben und Vermächtnisnehmern sind praktisch ausgeschlossen, wenn der Erblasser durch Testamentsvollstreckung präzise festgelegt hat, wie sein Nachlaß auseinanderzusetzen und abzuwickeln ist.

II. Anordnung der Testamentsvollstreckung durch Erklärung des Erblassers

1. Form der Ernennung

Die Testamentsvollstreckung wird durch letztwillige Verfügung des Erblassers angeordnet, also durch Testament (§ 2197), aber auch durch Erbvertrag, sofern die Anordnung der Testamentsvollstreckung frei widerruflich ist, also in einer einseitigen letztwilligen Verfügung des Erbvertrages enthalten ist. Fällt die durch Erbvertrag angeordnete Testamentsvollstreckung als solche weg, etwa weil der Testamentsvollstrecker sein Amt nicht annehmen will oder kann und eine Ersatztestamentsvollstreckung nicht in Betracht kommt, so wird hiervon die Wirksamkeit des Erbvertrages im übrigen nicht berührt.

Dem Wesen der Anordnung durch letztwillige Verfügung wird am besten das schweizerische Wort „Willensvollstreckung" gerecht. Sowohl hinsichtlich Testamentsform als auch Erklärung des Willens ist minuziös der Wortlaut der letztwilligen Verfügung zu prüfen und auszuführen. Hierzu gehört auch die Überprüfung einzelner Verfügungen[2].

Häufig übersehen wird in der Beratungspraxis die Bestimmung des § 2306. Danach gilt eine Testamentsvollstreckung als nicht angeordnet, wenn der dem Pflichtteilsberechtigten hinterlassene Erbteil die Hälfte des gesetzlichen Erbteils nicht übersteigt.

Eine letztwillige Verfügung, in welcher der Erblasser die Erben nicht bestimmt genug bezeichnet, sondern ihre Bestimmung dem Testamentsvollstrecker überläßt, ist nichtig (§ 2065 Abs. 2); allerdings hat die Nichtigkeit der mißglückten Erbeinsetzung nicht notwendigerweise auch die Nichtigkeit der Anordnung der Testamentsvollstreckung zur Folge, es sei denn, daß anzunehmen ist, daß die Nichtigkeit der Erbeinsetzung unweigerlich dazu führen muß, auch die Anordnung der Testamentsvollstreckung für nichtig zu halten[3].

Schlagen die Testamentserben die Erbschaft aus oder sind sie zur Zeit des Todes des Erblassers bereits verstorben, so wird die Einrichtung der Testamentsvollstreckung und die Einsetzung des Testamentsvollstreckers nicht hinfällig, denn eine letztwillige Verfügung ist auch dann gültig, wenn sie nichts anderes als die Einsetzung eines Testamentsvollstreckers enthält. In diesen Fällen ist zu prüfen, ob Erbeinsetzung und Ernennung des Testamentsvollstreckers in einem so engen Zusammenhang stehen, daß mit der Unwirksamkeit der einen Verfügung auch die andere wegfällt. Im Zweifel wird man gemäß § 2085 und unter Heranziehung des Rechtsgedankens des § 2161 annehmen müssen, daß die Testamentsvollstreckung Bestand hat, sofern nicht Anhaltspunkte für das Gegenteil vorliegen. Fallen einige von mehreren Miterben wegen Ungültigkeit ihrer Erbeinsetzung weg, so bleibt die Testamentsvollstreckung auch für diejenigen Erbteile bestehen,

---

[2] OLG Düsseldorf 2. 3. 1988, NJW 1988, 2615 (Prüfung der Sittenwidrigkeit der Anordnung der Testamentsvollstreckung).
[3] KG 6. 9. 1953, JR 1953, 422; OLG Neustadt a. d. W. 4. 4. 1951, DNotZ 1951, 339.

für die andere als die nach dem Testament eingesetzten Erben zum Zuge kommen.

Das Gesetz läßt es nicht zu, daß ein anderer als der Erblasser darüber entscheidet, ob überhaupt eine Testamentsvollstreckung eingerichtet werden soll oder nicht. Nur hinsichtlich der Bestimmung der Person des Testamentsvollstreckers können nach dem Willen des Erblassers auch Dritte eingeschaltet werden (§§ 2198 ff.).

Der Erblasser kann einen oder mehrere Testamentsvollstrecker ernennen (§ 2197 Abs. 1), er kann für den Fall, daß der ernannte Testamentsvollstrecker vor oder nach der Annahme des Amtes wegfällt, einen anderen Testamentsvollstrecker ernennen (§ 2197 Abs. 2), er kann die Bestimmung der Person des Testamentsvollstreckers einem Dritten übertragen (§ 2198), er kann den Testamentsvollstrecker ermächtigen, einen oder mehrere Mittestamentsvollstrecker zu ernennen (§ 2199 Abs. 1), er kann den Testamentsvollstrecker ermächtigen, einen Nachfolger zu bestimmen (§ 2199 Abs. 2), schließlich kann er in der letztwilligen Verfügung das Nachlaßgericht ersuchen, einen Testamentsvollstrecker zu bestimmen (§ 2200).

Die Ernennung eines Testamentsvollstreckers durch einen Dritten oder durch das Nachlaßgericht setzt stets eine auf den Willen des Erblassers zurückgehende, hierauf gerichtete Ermächtigung voraus. Es muß also sowohl wirksam eine Testamentsvollstreckung angeordnet wie auch ersichtlich sein, auf welchem Wege der Erblasser die Bestimmung des Testamentsvollstreckers vorgesehen hat. Bei Fehlen einer entsprechenden Anordnung im Testament kann die „ergänzende Auslegung" nicht etwa so weit gehen, daß das Nachlaßgericht gewissermaßen als Ersatztestator befugt wäre, einen Testamentsvollstrecker zu bestimmen. Es geht daher zu weit, wenn das Nachlaßgericht einen Testamentsvollstrecker ernennt, weil sich nach den allgemeinen für die Testamentsauslegung entwickelten Grundsätze im Wege der ergänzenden Auslegung ergibt, daß ein Ersuchen im Sinne des § 2200 dem Willen des Erblassers entsprochen hätte, wenn er bei Testamentserrichtung vorausschauend die inzwischen eingetretene Entwicklung bedacht hätte[4]. Hier wird ein Wille des Erblassers unterstellt, der nicht mehr im Wege sachgerechter Auslegung zu ermitteln ist.

Wenn das Nachlaßgericht von sich aus einen Testamentsvollstrecker ernennt, ohne daß ein hierauf gerichtetes Ersuchen des Erblassers aus

---

4 So OLG Düsseldorf 26. 3. 1957, MDR 1957, 421; BayObLG 5. 11. 1985, FamRZ 1987, 98.

Anordnung durch Erklärung des Erblassers

dessen letztwilliger Verfügung herzuleiten ist, so ist diese Ernennung gleichwohl als rechtsgestaltende Verfügung des Gerichts der freiwilligen Gerichtsbarkeit vom Zeitpunkt der Bekanntmachung an den Ernannten (§ 16 FGG) wirksam und nur mit der sofortigen Beschwerde anfechtbar (§ 81 FGG). Ist der Ernennungsbeschluß wegen Ablaufs der Beschwerdefrist unanfechtbar geworden, so ist in dem Fehlen eines hierauf gerichteten Willens des Erblassers immerhin ein wichtiger Grund für die Entlassung des Testamentsvollstreckers nach § 2227 zu sehen. Der wichtigste Grund liegt hier also nicht in der Amtsführung des Testamentsvollstreckers, sondern in dem Fehlen seiner Legitimation durch den Erblasser[5].

Zur Wirksamkeit der Ernennung eines Testamentsvollstreckers gehört jedoch nicht nur eine gültige letztwillige Verfügung und die Benennung einer bestimmten Person, sondern auch eine umfassende Aufgabe für den Testamentsvollstrecker. In der Mehrzahl der Fälle enthält die letztwillige Verfügung nur die Anordnung der Testamentsvollstreckung und die Benennung der Person des Testamentsvollstreckers durch den Erblasser. Damit hat ein Testamentsvollstrecker, wenn er das Amt annimmt, die Befugnis und die Pflicht, die letztwillige Verfügung auszuführen (§ 2203) und, um diese Aufgabe zu erfüllen, das Recht zur Verwaltung (§ 2205) sowie – wenn mehrere Erben vorhanden sind – die Aufgabe, die Auseinandersetzung unter ihnen zu bewirken (§ 2204). Dieser im Gesetz geregelte Tätigkeitsbereich des Testamentsvollstreckers kann durch den Erblasser erweitert oder eingeschränkt werden. Ist aber in einem Testament die Handlungsbefugnis des Testamentsvollstreckers derart eingeengt, daß er überhaupt nicht in der Lage ist, selbständig ohne den Erben zu entscheiden, hat er also nur eine Scheinstellung, so ist die Testamentsvollstreckung als nicht angeordnet anzusehen, da dann keine eigentliche Verwaltungsaufgabe für den Testamentsvollstrecker vorhanden ist[6].

2. Persönliche Voraussetzungen für das Amt des Testamentsvollstreckers

Die Ernennung des Testamentsvollstreckers ist unwirksam, wenn der Ernannte zu der Zeit, zu der er das Amt anzutreten hat, geschäftsunfähig oder in der Geschäftsfähigkeit beschränkt ist oder nach § 1896 zur Besorgung seiner Vermögensangelegenheiten einen Betreuer hat (§ 2201).

---

5 KG 29. 8. 1955, DNotZ 1955, 649.
6 BayObLG 1. 6. 1956, BayObLGZ 1956, 186.

Testamentsvollstrecker kann auch eine juristische Person, eine Aktiengesellschaft oder Gesellschaft mit beschränkter Haftung sein. Die Organe solcher Gesellschaften (nicht selten werden Banken und Wirtschaftsprüfungsgesellschaften als Testamentsvollstrecker eingesetzt) führen dann das Amt im Namen und unter Verantwortlichkeit der juristischen Personen[7].

Die Bestellung eines Alleinerben zum Testamentsvollstrecker ist nichtig[8] (und sinnlos), ebenso auch die Ernennung eines alleinigen Vorerben zum Testamentsvollstrecker, wenn er nur zur Erfüllung der allgemeinen Testamentsvollstreckeraufgaben bestellt ist. Unbedenklich ist jedoch die Bestellung eines Miterben zum Testamentsvollstrecker, weil dem Testamentsvollstrecker ein Tätigkeitsfeld zugewiesen ist, das ihm in der Eigenschaft als bloßer Miterbe, als Glied einer zur Verfügung über den Nachlaß und seine Bestandteile berufenen Personengemeinschaft nicht zusteht[9]. Niemand ist verpflichtet, das ihm zugedachte Amt anzunehmen. Es ist sogar zulässig, wenn Erblasser und Testamentsvollstrecker vereinbaren, daß der eine zum Vollstrecker für den Nachlaß des anderen wird, der designierte Testamentsvollstrecker dann aber doch das Amt ablehnt, weil eine aufgezwungene Testamentsvollstreckung nicht nur nicht empfehlenswert ist, sondern den Testamentsvollstrecker für die Amtsführung untauglich macht.

3. Beschränkungen und Erweiterungen der Testamentsvollstreckung

Die Beschränkung des Wirkungskreises eines Testamentsvollstreckers kann darin bestehen, daß sich die Testamentsvollstreckung nur auf die Verwaltung einzelner Gegenstände beziehen soll (§ 2208 Abs. 1 Satz 2). Der Erblasser kann in der Entziehung der Verwaltungsbefugnis nicht so weit gehen, daß er den Testamentsvollstrecker zu einem Scheindasein zwingt. Die Testamentsvollstreckung kann auf die Vorerbschaft, auf die Wahrnehmung der Rechte des Nacherben, auf ein Handelsgeschäft oder auf zum Nachlaß gehörige Grundstücke beschränkt werden. Der Erblasser kann dem Testamentsvollstrecker die Eingehung von Verbindlichkeiten verbieten und anordnen, daß er bei der Auseinandersetzung unter den Miterben nicht mitzuwirken hat. Er kann ihm sogar untersagen, vom

---

7 *Kipp/Coing*, Erbrecht (14. Bearb. 1990) § 67 I 8.
8 RG 26. 10. 1911, RGZ 77, 177; KG 11. 10. 1906, KGJ 33 A 159; KG 19. 4. 1909, KGJ 38 A 129, KG 4. 4. 1928, HRR 1928 Nr. 1884.
9 KG 28. 9. 1933, JFG 11, 126; KG 12. 6. 1952, JR 1952, 323 f.

Anordnung durch Erklärung des Erblassers

Erben zu fordern, daß dieser die Verfügungen des Erblassers ausführt (§ 2208 Abs. 2). Die umfassende Anordnungsbefugnis des Erblassers kann bewirken, daß Verfügungen, die der Erbe auf Wunsch des Erblassers ausführt, nur der Zustimmung des Testamentsvollstreckers bedürfen. Es ist zulässig, daß ein Testamentsvollstrecker nur dazu ernannt wird, um für einen zum Nachlaß gehörenden Anteil an einer GmbH unter Ausschluß der Erben das Stimmrecht auszuüben[10]. Grundsätzlich ist aber eine solche Beschränkung der Rechte des Testamentsvollstreckers als Ausnahme von der gesetzlichen Regelung anzusehen.

Der Erblasser kann den Wirkungskreis des Testamentsvollstreckers aber auch wesentlich erweitern. Er kann anordnen, daß der Testamentsvollstrecker in der Eingehung von Verbindlichkeiten für den Nachlaß nicht beschränkt sein soll (§ 2207 Satz 1), jedoch nicht in bezug auf unentgeltliche Verfügungen (§ 2207 Satz 2). Gemäß § 2209 kann der Erblasser bestimmen, daß der Testamentsvollstrecker die Verwaltung nach der Erledigung der ihm sonst zugeteilten Aufgaben fortzuführen hat. In diesem Falle wird angenommen, daß er in der Eingehung von Verbindlichkeiten für den Nachlaß nicht beschränkt ist (§ 2209 Satz 2). Die nach § 2209 bestimmte Dauertestamentsvollstreckung wird durch § 2210 in der Regel auf höchstens 30 Jahre begrenzt. Die zeitliche Begrenzung der Testamentsvollstreckung greift dann nicht ein, wenn dem Testamentsvollstrecker die für die Erfüllung der Auflage notwendige Verwaltung obliegt (§ 2210 Satz 2). Das Recht des Erblassers, Befugnisse des Testamentsvollstreckers im Falle der Auseinandersetzung zu erweitern, steht in Einklang mit § 2048. Nach dieser Vorschrift kann der Erblasser durch letztwillige Verfügung anordnen, daß die Auseinandersetzung nach dem billigen Ermessen eines Dritten, also auch des Testamentsvollstreckers, erfolgen soll. Nicht aber kann der Erblasser dem Testamentsvollstrecker Rechte oder Aufgaben zuweisen, die nach dem Gesetz ausschließlich ihm selbst vorbehalten sind. Hierzu gehört vor allem die Befugnis, Erben und Vermächtnisnehmer und die diesen gemachten Zuwendungen zu bestimmen (§ 2065). Aber auch die Bestimmung des Zeitpunktes, in dem eine Nacherbfolge eintreten soll, darf kein Dritter, auch nicht der Testamentsvollstrecker, vornehmen[11]. Bei der Pflichtteilsbeschränkung in guter Absicht (§ 2338) kann der Erblasser die Verwaltung des Erbes für die Lebenszeit eines zur Verschwendungssucht neigenden Abkömmlings einem Testamentsvollstrecker übertragen.

---

10 So OLG Hamm 24. 4. 1956, BB 1956, 511.
11 BGH 18. 11. 1954, BGHZ 15, 199.

Ein Vorerbe kann nicht Testamentsvollstrecker sein, wenn diesem ausschließlich oder doch zugleich die Wahrnehmung der Rechte des Nacherben nach § 2222 übertragen worden ist. Wäre dies zulässig, würden die Beschränkungen, die dem Erben zugunsten des Nacherben gesetzt sind, in ihrer Wirkung hinfällig werden[12]. Sind aber mehrere Testamentsvollstrecker ernannt, so kann der Vorerbe als Mittestamentsvollstrecker zur Wahrnehmung der Rechte des Nacherben bestellt werden, wenn die Testamentsvollstrecker nur zur gemeinschaftlichen Amtsführung berechtigt sind.

III. Die rechtliche Stellung des Testamentsvollstreckers

1. Grundsatz

Die Stellung des Testamentsvollstreckers, insbesondere gegenüber den Erben, ergibt sich primär aus dem Willen des Erblassers, also aus seinen Verfügungen im Testament. Enthält das Testament keine besonderen Festlegungen oder bestimmt der Erblasser lediglich, eine bestimmte Person solle Testamentsvollstrecker sein, so hat diese die letztwilligen Verfügungen des Erblassers auszuführen, die etwa notwendige Auseinandersetzung unter den Miterben zu bewirken. Der Testamentsvollstrecker hat das Recht, den Nachlaß in Besitz zu nehmen und zu verwalten (§§ 2203, 2204, 2205)[13].

2. Insbesondere: Vorerben- und Nacherben-Testamentsvollstrecker

Der Testamentsvollstrecker kann zu dem Zweck ernannt werden, bis zum Eintritt einer angeordneten Nacherbfolge die Rechte des Nacherben auszuüben und dessen Pflichten zu erfüllen (§ 2222). Die Nacherben-Testamentsvollstreckung kann sich auch ausschließlich auf die Nacherbschaft beziehen. Sie dauert dann höchstens so lange, wie §§ 2210, 2163 dies vorsehen. Andererseits kann eine allgemeine Testamentsvollstreckung bei der befreiten Vorerbschaft angeordnet werden[14].

---

12 KG 28. 9. 1933, JFG 11, 126.
13 Hierzu *Kapp*, Die rechtliche Stellung des Testamentsvollstreckers zu Erben, BB 1981, 113.
14 RG 16. 3. 1938, JW 1938, 1454; BayObLG 28. 10. 1958, BayObLGZ 1958, 290 (304); BayObLG 10. 4. 1959, BayObLGZ 1959, 128 ff.

Illustrativ und bedeutsam ist der Beschluß des Bayerischen Obersten Landesgerichts vom 29. 3. 1976[15]. In der Entscheidung ging es um ein Testament eines Unternehmers, der ein Testamentsvollstreckerkollegium für die Dauer von 30 Jahren ernannt hatte und gleichzeitig bestimmte, daß die Anordnung vorher beendet werden könne, wenn die Erhaltung des Nachlaßvermögens auch ohne Testamentsvollstreckung gesichert sei. Wenn, so das Gericht, zwei Vorerben als Testamentsvollstrecker eingesetzt sind, kann ein jeder von ihnen jedenfalls dann zum Testamentsvollstrecker und zugleich zum Nacherben-Testamentsvollstrecker berufen werden, wenn die Testamentsvollstreckung durch ein Kollegium ausgeübt wird. Der Erblasser, Inhaber eines großen Unternehmens, hatte nämlich in seinem Testament seine beiden Söhne als Vorerben und deren Kinder als Nacherben eingesetzt. Die Testamentsvollstreckung war mehrgleisig, sie war Dauervollstreckung, Abwicklungsvollstreckung und schließlich Testamentsvollstreckung, die sich auf die Rechte der Nacherben und Vermächtnisnehmer beziehen sollte. Die Testamentsvollstrecker wandelten die GmbH, deren Anteile im Nachlaß waren, in eine AG um, die beiden Vorerben wurden Mitglieder des Aufsichtsrates. Nunmehr gingen die Testamentsvollstreckeer dazu über, die Testamentsvollstreckung hinsichtlich der beiden Vorerben zu beenden. Sie erklärten, die Verwaltung sei nur noch zur Wahrnehmung der Rechte der Nacherben und der Vermächtnisnehmer erforderlich. Demgemäß genehmigten sie einen Teilungsplan und damit die Auseinandersetzung des Nachlasses. Sie schlossen einen Veräußerungsvertrag mit einer Unternehmensgruppe, welche die Mehrheit des Kapitals übernehmen sollte. Die Nacherben stellten den Antrag, die Testamentsvollstrecker zu entlassen und durch andere Personen zu ersetzen. Das Gericht entsprach diesem Antrag nicht, vielmehr hielt es die Doppelbestellung zweier Testamentsvollstrecker für zulässig, so daß die Vollstreckung hinsichtlich der Nacherben bestehen blieb und damit der Weg für den Verkauf der Anteile frei war.

Daß die Anordnung einer Testamentsvollstreckung für den Vor- und Nacherben rechtlich zulässig ist, ändert allerdings nichts daran, daß bei dieser Gestaltung die praktische Durchführung der Testamentsvollstreckung Probleme aufwirft. Diese Probleme haben ihre Ursache im Interessengegensatz zwischen dem Vorerben und dem Nacherben. Der Vorerbe ist daran interessiert, möglichst viel aus dem Nachlaß zu ziehen, während der Nacherbe ein Interesse daran hat, den Nachlaß nach Eintritt des Nacherbfalles ungeschmälert zu erhalten. Der Testamentsvollstrecker

---

15 DB 1976, 1052.

muß diesen Interessengegensatz berücksichtigen. Er darf weder die dem Vorerben gebührenden Nutzungen schmälern noch die Substanz zum Nachteil des Nacherben mindern oder gefährden.

3. Der Testamentsvollstrecker als treuhänderischer Vermögensverwalter des Nachlasses; Nachlaß als Sondervermögen

Mit dem Erbfall erlangt der designierte Testamentsvollstrecker die Stellung eines Treuhänders. Er ist Inhaber eines Amtes, das auf den Willen des Erblassers zurückgeht, auch wenn er von anderer Stelle zum Testamentsvollstrecker ernannt wird[16].

Im Handlungsbereich des Testamentsvollstreckers werden die Erben berechtigt und verpflichtet. Sie haften für sein Verschulden mit Ausnahme der Haftung für unerlaubte Handlungen, für die der Testamentsvollstrecker allein einzustehen hat[17].

Der Nachlaß als Sondervermögen ist in der alleinigen Verfügungsgewalt der Testamentsvollstreckung. Er ist vom übrigen Erbenvermögen völlig getrennt zu behandeln. Andererseits kann der Testamentsvollstrecker den Erben nicht in bezug auf Vermögen verpflichten, das nicht zum Nachlaß gehört. Die Trennung der Vermögen bewirkt, daß auch keine Konfusion zwischen Forderungen und Rechten hinsichtlich des der Testamentsvollstreckung unterliegenden Nachlasses und dem Vermögen der Erben stattfindet. Eine Zwangsvollstreckung wegen gegen den Erben persönlich gerichteter Forderungen in das der Testamentsvollstreckung unterliegende Vermögen ist nicht möglich. Allerdings läßt es sich nicht verhindern – Fall aus der Praxis der Verfasser –, daß der sich durch die Testamentsvollstreckung in seinen finanziellen Möglichkeiten behindert fühlende Erbe seinen zukünftigen Herausgabeanspruch gegen den Testamentsvollstrecker als Kreditsicherheit verwendet oder Gläubiger diesen Herausgabeanspruch pfänden.

Der Testamentsvollstrecker ist nicht Vertreter des Erblassers oder der Erben, er übt vielmehr ein Amt aus, dessen Inhalt und Umfang im Gesetz festgelegt sind.

---

16 BGH 29. 4. 1954, BGHZ 13, 203; BGH 2. 10. 1957, BGHZ 25, 275.
17 *Johannsen*, Die Rechtsprechung des Bundesgerichtshofs auf dem Gebiete des Erbrechts, WM 1969, 1402.

4. Der Testamentsvollstrecker im Prozeß

Der Testamentsvollstrecker ist allein befugt, ein seiner Verwaltung unterliegendes Recht gerichtlich geltend zu machen. Gegen den Testamentsvollstrecker sind Passivprozesse zu richten, soweit sie den Nachlaß betreffen. Allerdings kann der Gläubiger seine Ansprüche sowohl gegen den Erben als auch gegen den Testamentsvollstrecker geltend machen. In dem Falle, in welchem dem Testamentsvollstrecker die Verwaltung des Nachlasses selbst nicht zusteht, ist die Geltendmachung von Ansprüchen gegenüber dem Nachlaß und gegenüber den Erben zulässig. Pflichtteilsansprüche richten sich immer allein gegen den Erben; sie werden von der Testamentsvollstreckung nicht betroffen.

5. Testamentsvollstreckung und Vollmacht

Ungeachtet der durch das Gesetz für den Wirkungskreis des Testamentsvollstreckers gezogenen Grenzen (§§ 2207, 2209) besteht die Möglichkeit, daß außerhalb und unabhängig von den Aufgaben der Testamentsvollstreckung die Vertretungsmacht des als Testamentsvollstrecker bestellten Vermögensverwalters eine über den Tod hinaus wirkende allgemeine oder spezielle Vollmacht erteilt. In einem solchen Falle unterliegt der Bevollmächtigte ohne Rücksicht darauf, ob er auch Testamentsvollstrecker ist oder nicht, in seiner Eigenschaft als Bevollmächtigter nicht den Beschränkungen, die für einen Testamentsvollstrecker gelten. Die Praxis erkennt solche Vollmachten an.

Allerdings ist in Grenzfällen zu klären, ob der Erblasser eine Testamentsvollstreckung gewünscht hat oder eine Vollmacht erteilen wollte. Im Rahmen einer solchen Vollmacht kann der Testamentsvollstrecker – nicht als solcher, sondern als Bevollmächtigter – auch ermächtigt sein, unentgeltliche Verfügungen vorzunehmen. In besonderem Maße hat diese Tatsache Bedeutung für eine über den Tod hinaus wirkende Generalvollmacht, deren Wirkung allein dadurch begrenzt ist, daß der Generalbevollmächtigte die Vollmacht nicht mißbrauchen darf[18]. Die Zulassung solcher Vollmachten ist nicht unbedenklich, da die Gefahr besteht, die zwingenden gesetzlichen Vorschriften für die Beschränkung des Wirkungskreises des Testamentsvollstreckers zu umgehen und praktisch außer Kraft zu setzen. Wenn dem Testamentsvollstrecker durch das Gesetz Beschränkungen auferlegt sind, die auch unter Beachtung der erbrechtlichen Formvor-

---

18 BGH 18. 6. 1962, RPfleger 1962, 438 f.

schriften durch den Erblasser nicht erweitert werden dürfen, so sollten die gleichen Schranken auch für eine über den Tod hinaus wirkende Vollmacht gelten, die als solche nicht einmal den Formvorschriften der §§ 2232 f. oder §§ 2247 ff. unterliegt. Nicht selten gibt es Überschneidungen; das Weiterbestehen einer Erblasservollmacht neben den Befugnissen des Testamentsvollstreckers kann zu rechtlichen Schwierigkeiten und unter Umständen sogar zu einer Regreßanlage führen. Es ist denkbar, daß der Bevollmächtigte dem Testamentsvollstrecker bei Rechtshandlungen zuvorkommt, kann doch der Bevollmächtigte Anmeldungen zum Handelsregister vornehmen, ohne einen Erbschein vorlegen zu müssen. Der Bevollmächtigte kann ohne die Einwilligung oder Zustimmung des Erben handeln. Die Grenze liegt erst in der unzulässigen Rechtsausübung oder in einem Verstoß gegen die guten Sitten[19]. Der Testamentsvollstrecker, der zugleich Generalbevollmächtigter des Erblassers über den Tod hinaus ist, ist nicht den Beschränkungen einer Testamentsvollstreckung unterworfen. Er mißbraucht die ihm erteilte Vollmacht nicht, wenn er mit Zustimmung der Erben Wechselverbindlichkeiten eingeht, die dazu dienen sollen, seine eigenen Schulden zu tilgen. Allerdings müssen die Erben beweisen, daß der Erblasser eine solche, Gefahren mit sich bringende Vollmacht erteilt hat[20]. Ein besonderes Risiko bringt eine solche Erblasservollmacht mit sich, wenn unter den Erben minderjährige Personen sind und der Bevollmächtigte handeln kann, ohne daß das Vormundschaftsgericht von der betreffenden Rechtshandlung etwas erfährt oder eine Genehmigung erteilen muß[21]. Besonders gefahrvoll wird es, wenn der Testamentsvollstrecker ein Einzelhandelsgeschäft fortführt, bei dem der Bevollmächtigte mitbestimmen will, oder wenn sich eine Personengesellschaft im Nachlaß befindet, in welcher der Bevollmächtigte für den Erben auftritt. Dieses Nebeneinander von Testamentsvollstrecker und Bevollmächtigtem kann statt zu einer klaren Geschäftsführung zu einem Verwirrspiel führen.

Der Erbe, bei einer Erbengemeinschaft jedes Mitglied, kann die Vollmacht widerrufen. Wenn von mehreren Erben nur einer oder einige die Vollmacht widerrufen, so bleibt diese in bezug auf die anderen Erben bestehen[22]. Im Hinblick auf die Haltung der Rechtsprechung, die postmortale Vollmachten in weitem Umfange zuläßt, erscheint der Widerruf solcher Vollmachten durch den Testamentsvollstrecker empfehlenswert.

---

19 BGH 18. 4. 1969, NJW 1969, 1245.
20 BGH 18. 6. 1962, NJW 1962, 1718.
21 RG 10. 1. 1923, RGZ 106, 186.
22 RG 9. 3. 1938, JW 1938, S. 1892.

IV. Beginn der Testamentsvollstreckung

1. Annahme und Ablehnung des Amtes

Das Amt des Testamentsvollstreckers beginnt mit dem Zeitpunkt, in dem der Ernannte das Amt annimmt (§ 2202). Die Annahmeerklärung gegenüber dem Nachlaßgericht kann erst nach dem Eintritt des Erbfalles erfolgen. Sie ist unwirksam, wenn sie unter einer Bedingung oder Zeitbestimmung abgegeben wird.

Der ernannte Testamentsvollstrecker kann die Annahme des Amtes – ebenfalls durch Erklärung gegenüber dem Nachlaßgericht – ablehnen. In dem Ausnahmefall, in dem das Nachlaßgericht selbst auf Wunsch des Erblassers den Testamentsvollstrecker ernennt (§ 2200), sollen die Beteiligten vor der Ernennung gehört werden, wenn dies ohne erhebliche Verzögerung und ohne unverhältnismäßige Kosten geschehen kann.

Das Nachlaßgericht kann dem Ernannten auf Antrag eines der Beteiligten eine Frist zur Erklärung über die Annahme bestimmen. Mit dem Ablauf der Frist gilt das Amt als abgelehnt, wenn nicht die Annahme vorher erklärt worden ist (§ 2202 Abs. 3).

2. Das Testamentsvollstreckerzeugnis

Das Nachlaßgericht hat einem Testamentsvollstrecker auf Antrag ein Zeugnis über die Ernennung zu erteilen. Das Nachlaßgericht ist auch dann dafür zuständig, wenn ein landwirtschaftliches Gut zum Nachlaß gehört[23]. Ist der Testamentsvollstrecker in der Verwaltung des Nachlasses beschränkt, oder hat der Erblasser angeordnet, daß dem Testamentsvollstrecker nur bestimmte Aufgaben obliegen oder daß er in der Eingehung von Verbindlichkeiten für den Nachlaß nicht beschränkt sein soll, so ist dies in dem Zeugnis anzugeben (§ 2368). Das Nachlaßgericht hat vor Erteilung des Testamentsvollstreckerzeugnis auch zu prüfen, ob die Aufgaben des Testamentsvollstreckers nicht etwa gegenstandslos sind[24]. Jeder von mehreren Testamentsvollstreckern kann die Erteilung eines gemeinschaftlichen Testamentsvollstreckerzeugnisses verlangen (§ 2368 Abs. 3 i. V. m. § 2357).

---

23 OLG Oldenburg i. O. 11. 6. 1953, RdL 1953, 281; a. A. OLG Hamm 13. 4. 1953, JMBl. 1953, 137.
24 BayObLG 1. 6. 1956, BayObLGZ 1956, 186.

Auf das Testamentsvollstreckerzeugnis sind die Vorschriften über den Erbschein entsprechend anzuwenden (§ 2368 Abs. 3). Inhalt des Zeugnisses ist nicht nur die Verlautbarung des Namens des Erblassers und der Zeitpunkt seines Todes, sondern auch die genaue Bezeichnung des Testamentsvollstreckers nach Namen, Beruf und Wohnort, schließlich die Erwähnung aller angeordneten Beschränkungen und Erweiterungen der Verwaltungsbefugnis. Ist für den Vor- und Nacherbfall Testamentsvollstreckung angeordnet, so ist ein einheitliches Testamentsvollstreckerzeugnis zu erteilen[25].

Die Legitimation eines Testamentsvollstreckers kann nicht nur durch ein Testamentsvollstreckerzeugnis nachgewiesen werden[26]; allerdings versetzt die Vorlage eines Testamentsvollstreckerzeugnisses den Testamentsvollstrecker in die Lage, etwa bestehende Zweifel über seine Berechtigung auszuräumen. Dies ist insbesondere dann von Bedeutung, wenn Zweifel an seiner Testamentsvollstreckereigenschaft aufgrund besonderer Verhältnisse des einzelnen Falles bestehen[27]. Mit der Vorlage des Zeugnisses kann auch das Weiterbestehen der Testamentsvollstreckung nachgewiesen werden.

Im rechtsgeschäftlichen Verkehr kann immer die Vorlegung des Zeugnisses verlangt werden. Wenn eine Bank die Vorlage eines Testamentsvollstreckerzeugnisses verlangt, bevor sie die Aufträge des Testamentsvollstreckers ausführt, können Schadensersatzansprüche gegen die Bank nicht geltend gemacht werden[28].

4. Eintragung der Testamentsvollstreckung in öffentliche Register

a) Handelsregister

Gehört zum Nachlaß ein Handelsgeschäft, so ist die Tatsache der Testamentsvollstreckung im Handelsregister zu vermerken. Das Registergericht hat zu beachten, daß die Eintragung nicht von den Erben, sondern vom Testamentsvollstrecker zu beantragen ist. Gegenüber dem Registergericht hat sich der Testamentsvollstrecker durch Vorlegung einer Ausfertigung des Testaments nebst dem Eröffnungsprotokoll auszuweisen.

---

25 BayObLG 10. 4. 1959, BayObLGZ 1959, 128 f.
26 RG 4. 7. 1910, JW 1910, 802; RG 27. 11. 1920, DR 1921, Nr. 155; BGH 27. 2. 1961, WM 1961, 479 (481).
27 BGH 27. 2. 1961, WM 1961, 479 (481).
28 BGH 27. 2. 1961, WM 1961, 479 (481).

Wenn das Testament nicht in einer öffentlichen Urkunde enthalten ist, muß der Testamentsvollstrecker das Testamentsvollstreckerzeugnis vorlegen.

In seinem grundsätzlichen Beschluß vom 3. 7. 1989 über die Zulassung der Dauertestamentsvollstreckung für Kommanditanteile hat der BGH klargestellt, daß der Testamentsvollstrecker den durch die Vererbung eines Kommanditanteils eintretenden Gesellschafterwechsel zum Handelsregister anzumelden hat [29].

b) Grundbuch

Auch im Grundbuch ist die Tatsache der Testamentsvollstreckung zu vermerken. Die Eintragung der Testamentsvollstreckung ist zugleich mit der Eintragung der Erben vorzunehmen. Sie ist unzulässig, wenn nicht zugleich die Erben eingetragen werden, es sei denn, die Eintragung der Erben ist gemäß § 40 GBO nicht erforderlich [30].

Die Eintragung im Grundbuch hat auch dann zu erfolgen, wenn sich die Testamentsvollstreckung auf ein Vermächtnis beschränkt und der vermachte Gegenstand ein Grundstück ist [31]. Auf die Eintragung der Testamentsvollstreckung im Grundbuch bei einem Vermächtnis muß der Testamentsvollstrecker besonders dann achten, wenn der mit dem Vermächtnis belastete Erbe durch eine andere letztwillige Verfügung als diejenige Erbe geworden ist, durch welche die Testamentsvollstreckung angeordnet wurde. Dies trifft dann zu, wenn der Erblasser seinen Sohn als Alleinerben einsetzt, jedoch bestimmt, daß dasjenige, was beim Tode des Erblassers noch vorhanden ist, vermächtnisweise an einen Dritten geht und der Testamentsvollstrecker die Erfüllung des Vermächtnisses durchzuführen hat. Errichtet dann der Sohn ein Testament, in dem eine weitere Person als Alleinerbin eingesetzt wird, besteht die Gefahr, daß diese Person als Alleinerbin über Grundbesitz verfügt, wenn nicht der Testamentsvollstrecker dafür sorgt, daß der Vermerk aufgrund der letztwilligen Verfügung des Vaters im Grundbuch eingetragen wird.

Bezieht sich die Testamentsvollstreckung auf eine Nacherbschaft, so ist dieser Umstand anzugeben [32]. Das Recht des Testamentsvollstreckers, Gegenstände aus dem Nachlaß zu entlassen, bleibt von der Eintragung

---

29 BGH 3. 7. 1989, BB 1989, 1840.
30 LG Bamberg 25. 11. 1964, BWNotZ 1965, 187.
31 BayObLG 23. 3. 1990, RPfleger 1990, 365.
32 KG 24. 2. 1938, KGJ 40, 98.

unberührt. Hat er irrtümlich sein Verwaltungsrecht aufgegeben, so ist die Wiederherstellung einzutragen.

4. In-Sich-Geschäfte des Testamentsvollstreckers

Der Testamentsvollstrecker leitet seine Handlungsbefugnis vom Willen des Erblassers ab. Wirtschaftlicher Herr des Nachlasses ist aber der Erbe, der Testamentsvollstrecker nur sein Verwalter. Der Testamentsvollstrecker handelt aufgrund des ihm zugewiesenen Amtes aus eigenem Recht nach Maßgaben des vom Erblasser geäußerten letzten Willens. § 181 ist auf Maßnahmen des Testamentsvollstreckers anzuwenden, In-Sich-Geschäfte können ihm jedoch in weitem Umfang ausdrücklich oder stillschweigend gestattet sein[33]. Handelt der Testamentsvollstrecker in eigener Sache oder in Richtung auf sein eigenes Vermögen, ist zu prüfen, ob seine Verhaltensweise mit dem Willen des Erblassers in Einklang zu bringen ist; dies ist im Zweifel durch Auslegung des Testaments zu ermitteln. Ist er selbst Erbe oder Vermächtnisnehmer, kann man davon ausgehen, daß der Erblasser angenommen hat, der Testamentsvollstrecker handle innerhalb der ihm erteilten Befugnisse, wenn er Verfügungen zu seinen Gunsten ausführt. Verstößt er aber gegen das Testament oder auch nur gegen den Sinn des Testaments, so ist das Rechtsgeschäft ungültig und ein Erwerb des Testamentsvollstreckers nicht möglich. Es ist Sache der Erben, das, was der Testamentsvollstrecker tut oder getan hat, zu genehmigen[34].

Der Wille des Erblassers als Maßstab für das Handeln des Testamentsvollstreckers gilt auch in dem Fall, in dem der Testamentsvollstrecker ein Geschäft durch eine dritte Person ausführen läßt, die als Verfügungsberechtigte auftritt. Diese Frage wird beispielsweise akut, wenn zum Nachlaß eine GmbH gehört und der Testamentsvollstrecker sich selbst zum Geschäftsführer ernennt. Dies ist nur dann unbedenklich, wenn sich aus dem Testament und den Umständen ergibt, daß der Testamentsvollstrecker (auch) in Gestalt des Einzelgeschäftsführers der GmbH tätig sein soll.

Ein Fall des zulässigen In-Sich-Geschäfts liegt auch dann vor, wenn der als Testamentsvollstrecker eingesetzte Rechtsanwalt oder Wirtschaftsprüfer Leistungen erbringt, die von seiner Vergütung nicht gedeckt sind und die er als Aufwendung in Rechnung stellen kann. In diesem Falle

---

[33] RG 28. 6. 1905, RGZ 61, 139; KG 18. 8. 1896, JFG 12, 202.
[34] BGH 29. 4. 1959, BGHZ 30, 67.

stellt sich der Testamentsvollstrecker selbst eine Rechnung, die deshalb zulässig ist, weil er Ersatz seiner Aufwendungen verlangen kann.

Aufgrund seines Amtes braucht der Testamentsvollstrecker keine weitere Zustimmung zu In-Sich-Geschäften, soweit diese als solche zulässig sind, also auch nicht die Zustimmung der Nacherben oder des Vormundschaftsgerichts.

V. Arten der Testamentsvollstreckung

Jede Testamentsvollstreckung ist in erster Linie eine Abwicklungsvollstreckung und erst danach eine Verwaltungsvollstreckung, eine Dauervollstreckung oder eine spezielle Vollstreckung in bezug auf einen Erbteil, einzelne Geschäfte oder einzelne Erblasseranordnungen (Pflichtteile, Vermächtnisse oder Auflagen).

1. Abwicklungsvollstreckung

Bei der Abwicklungsvollstreckung händigt der Testamentsvollstrecker den Nachlaß an die Erben aus und/oder vermittelt bei der Auseinandersetzung. Vermitteln bedeutet, daß der Testamentsvollstrecker nach §§ 2049–2056 handelt. Er hat also zunächst den Nachlaß zu konstituieren, d.h., sämtliche Aktiva und Passiva zu ermitteln. Die Hauptschwierigkeit besteht meist darin, daß die Nachlaßverbindlichkeiten in ihrer Höhe oder in ihrer Fälligkeit nicht endgültig zu beziffern sind. In diesen Fällen hat der Testamentsvollstrecker Rückstellungen zu bilden, und zwar nicht nur buchmäßig, also bei Rechnungslegung und dem Nachlaßverzeichnis, sondern auch sachlich, damit er in der Lage ist, später anerkannte Forderungen zu bezahlen[35]. Es ist für den Testamentsvollstrecker oft schwierig, die Hinterlassenschaft daraufhin zu prüfen, welche Forderungen und welche Schulden vorhanden sind. Er darf nicht mit einer frühzeitigen Anerkennung von Verbindlichkeiten die Möglichkeiten des Erben präjudizieren. Nur eindeutige Verpflichtungen im Bereich der Testamentsvollstreckung unterliegen seiner Anerkennung oder seinem Bestreiten. Wenn er sich also in den Pflichtteilsanspruch einmischt und diesen unnötigerweise anerkennt, so bedeutet dies keine Unterbrechung der Verjährung.

---

35 BGH 2./3. 12. 1968, BGHZ 51, 125.

Testamentsvollstreckung

In den nicht zum Nachlaß gehörigen Bereichen darf der Testamentsvollstrecker nichts tun. Er muß stets beachten, daß der Nachlaß ein selbständiges, getrennt zu behandelndes Vermögen ist, und daß zwischen verschiedenen Vermögensmassen nicht die Möglichkeit einer Aufrechnung oder ein Zurückbehaltungsrecht besteht.

Aufgrund seiner freien Verfügungsbefugnis hat es der Testamentsvollstrecker leichter, die Auseinandersetzung herbeizuführen, als dies der einzelne Miterbe tun könnte, der notwendigerweise in eine Interessenkollision gerät. Der Testamentsvollstrecker ist in der Veräußerungsbefugnis frei, er bedarf keiner vormundschaftsgerichtlichen Genehmigung. Er gleicht einem selbständigen Verteilungsorgan, das nur an den Willen des Erblassers gebunden ist.

2. Anordnung eines Auseinandersetzungsverbotes

Ein Erblasser kann die Auseinandersetzung des Nachlasses erschweren oder von der Einhaltung einer Kündigungsfrist abhängig machen. Er kann die Erbauseinandersetzung sogar ausschließen (§ 2044 Abs. 1). Jeder Miterbe kann verlangen, daß die Auseinandersetzung bis zur Beendigung des nach § 1970 zugelassenen Aufgebotsverfahrens oder bis zum Ablauf der in § 2061 bestimmten Anmeldungsfrist aufgeschoben wird.

Der Erblasser kann durch letztwillige Verfügungen Anordnungen über die Auseinandersetzung treffen. Er kann insbesondere anordnen, daß die Auseinandersetzung nach dem billigen Ermessen eines Dritten erfolgen soll. Die von dem Dritten aufgrund der Anordnung getroffene Bestimmung ist für die Erben nicht verbindlich, wenn sie offenbar unbillig ist; die Bestimmung erfolgt in diesem Fall durch Urteil (§§ 2045 – 2048). Der Erblasser kann den Ausschluß der Auseinandersetzung auch in der Weise bestimmen, daß die Auseinandersetzung trotz entgegenstehenden Willens aller Miterben ausgeschlossen ist. Hat er das bestimmt, kann die Vollziehung dieser Auflage gemäß § 2194 im Klagewege durchgesetzt werden.

Der Erblasser kann durch Anordnung der Testamentsvollstreckung zu erreichen versuchen, daß der Testamentsvollstrecker die vom Erblasser festgelegten Auseinandersetzungsverbote oder -erschwerungen auszuführen hat.

In aller Regel stellt sich aber heraus, daß sich der Erblasser mit seinen Anordnungen nicht mehr durchsetzen kann, wenn der Testamentsvollstrecker mit Zustimmung der Erben (Vor- und Nacherben) sie nicht mehr zu beachten braucht. Die Ausschlußanordnung ist nämlich kein gesetzliches, richterliches oder behördliches Verbot, sondern (nur) die rechtsgeschäftliche Äußerung des Erblassers. Die gegen den Willen des Erblassers vorgenommene Erbauseinandersetzung hat nur im Bereich des Schuldrechts Wirkung. Sie hat zwar Rechtsfolgen, die dennoch erfolgte Auseinandersetzung wird aber nicht wirkungslos[36]. Sind allerdings minderjährige Miterben an einer solchen Vereinbarung beteiligt, bedarf es zur Wirksamkeit der Genehmigung des Vormundschaftsgerichtes, da es nicht um eine Erklärung des Testamentsvollstreckers, sondern des Erben geht.

3. Schenkungen des Testamentsvollstreckers

Die rechtliche Zulässigkeit von Schenkungen, die der Testamentsvollstrecker mit Zustimmung der Erben und der Vermächtnisnehmer aus dem Nachlaß macht, ist in ihrem Umfang durch die Rechtsprechung erweitert worden. Über den Rahmen des § 2205 Satz 2 hinaus besteht die gesetzliche Schranke nicht, wenn der Erblasser mit Zustimmung der Erben und unter Beachtung des § 2217 Abs. 1 Satz 1 Schenkungen vornimmt, die über den Rahmen von Pflicht- und Anstandsschenkungen hinausgehen[37].

Von der Frage der Durchbrechung des Schenkungsverbotes muß die Frage getrennt werden, ob eine entgeltliche oder unentgeltliche Verfügung des Testamentsvollstreckers vorliegt, insbesondere, ob im Gewand der Entgeltlichkeit § 2205 Satz 3 umgangen wird. Dies ist dann der Fall, wenn aus dem Nachlaß ein Wert weggegeben wird, ohne daß die dadurch eintretende Verringerung des Nachlasses durch Zuführung eines entsprechenden Vermögensvorteils ausgeglichen wird. „Allein das Fehlen einer objektiv gleichwertigen Gegenleistung reicht nicht aus, um den Begriff der Unentgeltlichkeit auszufüllen. Es muß ein subjektives Merkmal hinzukommen. Unentgeltlich verfügt der Testamentsvollstrecker nämlich nur dann, wenn er entweder weiß, daß dem Opfer keine gleichwertige Leistung gegenübersteht oder doch bei ordnungsmäßiger Verwaltung der Masse unter Berücksichtigung seiner künftigen Pflicht, die Erbschaft an den Erben (Nacherben) herauszugeben, das Fehlen oder die Unzulänglichkeit der Gegenleistung hätte erkennen müssen"[38].

---

36 BGH 25. 9. 1963, BGHZ 40, 115; BGH 18. 6. 1971, DB 1971, 1661.
37 BayObLG 13. 6. 1986, BayObLGZ 1986, 208.
38 BGH 24. 9. 1971, BGHZ 57, 89.

In der zitierten Entscheidung betont der Bundesgerichtshof, daß § 2205 Satz 3 nicht den Schutz der Nachlaßgläubiger bezweckt. Es geht darum, ob ein Vermächtnisnehmer über den Rahmen von Pflicht- und Anstandsschenkungen hinaus unentgeltliche Verfügungen des Testamentsvollstreckers hinnehmen muß.

Bei (gerichtlichen) Auseinandersetzungen, die mit einem Vergleich enden, muß der Testamentsvollstrecker große Vorsicht walten lassen, da auch ein Vergleich eine unentgeltliche Verfügung im Sinne von § 2205 Satz 3 darstellen kann. Dies ist dann der Fall, wenn der Vergleich ein unangemessenes Verhältnis von Leistung und Gegenleistung enthält [38a].

4. Verwaltungsvollstreckung

a) Grundsatz

Hat der Erblasser bestimmt, daß der Testamentsvollstrecker den Nachlaß (meist bis zu einem bestimmten Zeitpunkt) zu verwalten hat, so bedeutet dies, daß der Testamentsvollstrecker nach Erledigung der Verbindlichkeiten die Nachlaßwerte zu erhalten und die Erträgnisse für den vom Erblasser vorgesehenen Zweck zu verwenden hat, beispielsweise, wenn Erben minderjährig sind, für deren Unterhalt und angemessene Ausbildung. Der Testamentsvollstrecker hat bei der Verwaltung zum einen eine bewahrende Funktion, was nicht ausschließt, daß er wie ein sorgfältiger Kaufmann die ihm zur Verwaltung übertragenen Werte weiterentwickelt oder umschichtet. Eine Mehrung des Nachlasses ist indes nicht die Aufgabe eines Testamentsvollstreckers [39].

Die speziellen Aufgaben des Testamentsvollstreckers bei der Verwaltungsvollstreckung sind so verschieden wie die Nachlaßgegenstände selbst: Bebaute und unbebaute Grundstücke, Bankguthaben, Wertpapiere, Forderungen, Beteiligungen, insbesondere an Personal- und Kapitalgesellschaften. Die Verwaltung muß jeweils der Eigenart des Vermögensgegenstandes gerecht werden.

b) Testamentsvollstreckung bei Einzelunternehmen

Hat der Erblasser bestimmt, daß der Testamentsvollstrecker ein Einzelunternehmen weiterführen soll, so eröffnen sich zwei Möglichkeiten: Er

---

38a BGH 24. 10. 1990, WM 1991, 205.
39 BGH 8. 3. 1989, NJW RR 1989, 642.

kann für die Erben das Geschäft unter persönlicher Haftung als deren Treuhänder betreiben, er kann aber auch das Geschäft als Bevollmächtigter der Erben in deren Namen und in deren persönlicher Haftung führen, sofern eine derartige Ermächtigung der letztwilligen Anordnung zu entnehmen ist. Beide Wege sind möglich[40].

Die Befugnis des Testamentsvollstreckers, über § 2206 hinaus persönliche Verpflichtungen für den Erben einzugehen, stellt ein gewisses Risiko für den Erben dar; wenn der Erbe dieses Risiko zu tragen nicht bereit ist, soll er die Erbschaft ausschlagen. Andererseits haftet der Testamentsvollstrecker gemäß § 2219 den Erben für jegliches Verschulden. Gerade bei einem Einzelunternehmen ist die Anordnung einer Testamentsvollstreckung die einzige Möglichkeit, das Geschäft den minderjährigen Erben zu erhalten und diese gleichzeitig zu schützen.

Die Anordnung der Testamentsvollstreckung ist im Handelsregister zu verlautbaren. Der Testamentsvollstrecker, der das Gechäft im eigenen Namen für Rechnung der Erbengemeinschaft führt, ist zur Anmeldung in das Handelsregister verpflichtet. Die Erben haben die Verpflichtung zur Anmeldung, wenn sie selbst das Unternehmen weiterführen, die Verwaltung aber treuhänderisch dem Testamentsvollstrecker überlassen. Die Eintragung der Erben bedeutet nicht, daß der Testamentsvollstrecker das Handelsgeschäft aus dem Nachlaß freigegeben hat[41].

c) *Testamentsvollstreckung bei Personengesellschaften*

Zwischen Erbrecht und dem Recht der Personengesellschaft bestehen Konflikte, die zu lösen sich Rechtsprechung und Schrifttum bei der Anwendung des § 139 HGB bemüht haben. Die Reibungspunkte werden noch verstärkt, wenn Testamentsvollstreckung und Gesellschaftsrecht zusammentreffen. Die Ursache hierfür liegt im personalen Charakter der Gesellschaft und dem Umfang der Haftung einerseits sowie dem Eindringen einer dritten Person, nämlich des Testamentsvollstreckers (auch wenn dieser sein Amt von dem verstorbenen Gesellschafter ableitet) in die Gesellschaft andererseits.

Wenn auch noch nicht alle Fragen geklärt sind, so lassen sich doch folgende Grundsätze feststellen:

Der Anteil an einer offenen Handelsgesellschaft kann nicht einer Testamentsvollstreckung unterstellt werden. Dies verbietet sich schon deshalb,

---

40 BGH 18. 1. 1954, BGHZ 12, 100f.
41 BGH 18. 1. 1954, BGHZ 12, 100.

weil der Erbe, der Gesellschafter geworden ist, unbeschränkt haftet und der Testamentsvollstrecker Erklärungen nur in bezug auf das Nachlaßvermögen abgeben kann[42].

Aus der personenrechtlichen Bindung der Gesellschafter untereinander folgt weiterhin, daß der Testamentsvollstrecker Mitgliedschaftsrechte der Gesellschafter nicht ausüben kann[43].

Dieser Ausschluß des Testamentsvollstreckers findet indes seine Grenze dort, wo die vorgenannten Rechtsgrundsätze nicht berührt werden. Demnach unterliegt der materielle Wert des Gesellschaftsanteils der Testamentsvollstreckung mit der Folge, daß dieser Anteil auch zur Befriedigung der Nachlaßgläubiger dienen kann. Der Testamentsvollstrecker ist daher berechtigt, das Gesellschaftsverhältnis zu kündigen und über das Auseinandersetzungsguthaben zu verfügen[44].

Nicht nur das Auseinandersetzungsguthaben, sondern auch die Gewinnanteile unterliegen der Verwaltung des Testamentsvollstreckers, soweit diese bis zum Erbfall verdient worden sind, während das, was sich für die Zeit danach als Gewinn ergibt, ausschließlich dem Erben gebührt.

Die vorbezeichnete Einschränkung der Befugnisse des Testamentsvollstreckers hinsichtlich der Ausübung von Mitgliedschaftsrechten kommt dann nicht zum Zuge, wenn der Testamentsvollstrecker als Treuhänder, zwar im eigenen Namen, aber für Rechnung der Erben die Gesellschafterrechte ausübt. Dies ist allerdings nur dann möglich, wenn der Gesellschaftsvertrag dies vorsieht oder die Mitgesellschafter dem zustimmen[45]. Ein anderer Weg besteht darin, daß der Erblasser dem Testamentsvollstrecker eine Vollmacht erteilt, die erst mit dem Tode wirksam wird oder daß er den Erben die Auflage macht, eine entsprechende Vollmacht zu erteilen[46].

Die vorgenannten Grundsätze hat der Bundesgerichtshof für die Kommanditgesellschaft in seinem grundlegenden Beschluß vom 3. 7. 1989[47] modifiziert und präzisiert. In diesem Beschluß hat der BGH nochmals bestätigt, daß die übertragbaren Vermögensrechte, insbesondere der Anspruch auf das künftige Auseinandersetzungsguthaben, der Testa-

---

42 RG 4. 3. 1943, RGZ 170, 392.
43 BayObLG 13. 7. 1983, BayObLGZ 1983, 176 (178).
44 BGH 14. 5. 1986, BGHZ 98, 48 (56 f.).
45 BGH 11. 4. 1957, BGHZ 24, 106 (112 f.).
46 BayObLG 12. 2. 1986, FamRZ 1986, 613.
47 BGHZ 108, 187.

mentsvollstreckung unterliegen. Er hat dann weiterhin mit genauer Begründung dargelegt, daß auch die Ausübung von Mitgliedschaftsrechten durch den Testamentsvollstrecker mit den gesellschaftsrechtlichen Gegebenheiten einer Personengesellschaft vereinbar sind, jedenfalls so lange und soweit die Ausübung dieser Rechte nicht zu einer persönlichen Haftung des Kommanditisten führen. Der Beschluß stellt allerdings auch klar, daß die Zulässigkeit einer Testamentsvollstreckung für den Kommanditanteil stets die Zustimmung der übrigen Gesellschafter erfordert. Der Beschluß des BGH vom 3. 7. 1989 hat zu einem fast unübersehbaren Schrifttum geführt, auf das im Rahmen dieses Werks nicht eingegangen werden kann.

Ein Sonderfall, der auch zum Recht der Kommanditgesellschaft gehört, liegt dann vor, wenn eine Aktiengesellschaft in eine Kommanditgesellschaft umgewandelt wird und die Aktionäre, also die Erben, nunmehr Kommanditisten werden. In diesem Fall hat der Erbe dem Testamentsvollstrecker, dessen Verwaltungsrecht an den Aktien untergegangen ist, treuhänderisch den Teil seiner Kommanditanteile zu übertragen, der den Aktien entspricht, die zunächst der Testamentsvollstreckung unterlagen [48].

d) Verwaltung von GmbH-Anteilen

Anteile an einer GmbH sind vererblich. Sie gehören daher zum Nachlaß und unterliegen der Verwaltungsbefugnis durch den Testamentsvollstrecker. Er hat alle Kontrollrechte eines Gesellschafters. Befinden sich im Nachlaß alle Geschäftsanteile der Gesellschaft, so kann der Testamentsvollstrecker sich selbst zum Geschäftsführer wählen, also eine Doppelfunktion ausüben.

Sind im vorgenannten Falle Erben minderjährig oder stehen diese unter Betreuung, so ist zu prüfen, ob das Vormundschaftsgericht nicht gehalten ist, einen Sonderpfleger für die Kontrolle des GmbH-geschäftsführenden Testamentsvollstreckers einzusetzen. Allerdings stellt sich dieses Problem nur, wenn der Testamentsvollstrecker auch tatsächlich Geschäftsführer ist; ist er dies nicht, so ist er nur das Überwachungsorgan für den Nachlaß. Es steht ihm dann auch kein Recht zur Entscheidung in laufenden Geschäftsangelegenheiten zu [49]. Wenn der Erblasser den Testamentsvollstrecker bestellt hat, damit dieser zwar nicht Geschäftsführer wird, jedoch bei der

---

48 BGH 11. 4. 1957, BGHZ 24, 106.
49 BGH 10. 6. 1959, LM § 2205 Nr. 3/4.

Verwaltung von Geschäftsanteilen maßgeblichen Einfluß ausübt, handelt der Testamentsvollstrecker nach seinem pflichtgemäßen Ermessen. Unternehmerische Entscheidungen des Testamentsvollstreckers hinsichtlich der Geschäftsanteile können in einem gerichtlichen Verfahren nur eingeschränkt nachgeprüft werden[50].

Auch für den Testamentsvollstrecker von GmbH-Anteilen gilt, wie bei der Personengesellschaft, daß er nicht befugt ist, den Erben persönlich zu verpflichten. Er kann zwar einen Gesellschaftsvertrag über die Gründung einer GmbH abschließen, seine Rechte finden jedoch dort ihre Grenzen, wo Pflichten des Erben festgelegt werden[51]. Aus diesem Grunde kann ein Testamentsvollstrecker auch nicht als Gründer einer Aktiengesellschaft auftreten, weil durch diese Handlung die Gründerhaftung des Erben berührt wird.

5. Dauertestamentsvollstreckung

Der Erblasser kann einem Testamentsvollstrecker die Verwaltung des Nachlasses übertragen, ohne ihm darüber hinausgehende Aufgaben zuzuweisen. Er kann auch anordnen, daß der Testamentsvollstrecker die Verwaltung nach Erledigung der ihm zugewiesenen Aufgaben fortführt (§ 2209). Im Zweifel ist anzunehmen, daß einem solchen Testamentsvollstrecker die erweiterte Verfügungsbefugnis zugestanden ist, so daß er in der Eingehung von Verbindlichkeiten für den Nachlaß keiner Beschränkung unterliegt.

Wenn das Testament nichts darüber enthält, daß der Erbe einen Anspruch auf Auszahlung vom jährlichen Reinertrag hat, so bleibt dem Erben nur der Anspruch auf jährliche Rechnungslegung. Weil die Dauertestamentsvollstreckung dann aber für einen Erben sehr drückend sein kann, weil er jahrelang nichts erhält, muß man wohl dem Testamentsvollstrecker gestatten, Auszahlungen vorzunehmen, wenn er dies für zweckmäßig und geboten hält.

§ 2210 setzt der Testamentsvollstreckung eine zeitliche Beschränkung von 30 Jahren nach dem Erbfall. Diese Vorschrift verweist auf § 2163 Abs. 2, der entsprechend anzuwenden ist. Damit ist gesagt, daß im Vermächtnisfalle, wenn der Beschwerte oder Bedachte, in dessen Personen ein bestimmtes Ereignis eintreten soll, eine juristische Person ist, es auch bei der 30-jährigen Frist bewendet.

---

50 BayObLG 29. 3. 1976, BayObLGZ 1976, 67 (87).
51 BGH 23. 4. 1958, WM 1958, 1199.

6. Vermächtnis-Testamentsvollstreckung

Hat der Erblasser Vermächtnisse angeordnet, so ist die Aufgabe des Testamentsvollstreckers, diese Vermächtnisse zu erfüllen. Die Stellung des Vermächtnisnehmers ist gegenüber dem Testamentsvollstrecker weitaus stärker als die eines sonstigen Nachlaßgläubigers[52]. Dies ergibt sich daraus, daß der Testamentsvollstrecker gegenüber den Vermächtnisnehmern und den Erben gemäß § 2216 zur ordnungsmäßigen Verwaltung des Nachlasses verpflichtet ist und der Vermächtnisnehmer bei fehlerhaften Handlungen des Testamentsvollstreckers diesen gemäß § 2219 Abs. 1 auf Schadensersatz in Anspruch nehmen kann. Dies ist von besonderer Bedeutung, weil eine solche Inanspruchnahme durch den Gläubiger ebensowenig möglich ist wie durch einen Auflagebegünstigten. Der Vermächtnisnehmer ist insoweit dem Erben gleichgestellt.

Es ist keineswegs zwingend, daß sich die Testamentsvollstreckung auf Erben und Vermächtnisnehmer bezieht. Nicht selten ordnet der Erblasser an, daß die Aufgabe des Testamentsvollstreckers nur in der Erfüllung der Vermächtnisse besteht. Die Vermächtnis-Vollstreckung kann auch darin bestehen, daß der vermachte Gegenstand, beispielsweise ein Grundstück, der Testamentsvollstreckung unterliegt und der Vermächtnisnehmer über das Grundstück nur mit Zustimmung des Testamentsvollstreckers verfügen kann[53].

Der Erblasser kann eine Dauertestamentsvollstreckung anordnen und den Testamentsvollstrecker zugleich für den Erben und den Vermächtnisnehmer bestellen. Die Testamentsvollstreckung bezieht sich in diesem Fall nicht nur auf die Erfüllung des Vermächtnisses, sondern auch auf die Verwaltung dessen, was der Vermächtnisnehmer aus dem Nachlaß erhält. Hat der Erblasser seiner Ehefrau vermächtnisweise den Nießbrauch an dem gesamten Nachlaß vermacht, so kann die Witwe, wenn auch das Vermächtnis der Testamentsvollstreckung unterliegt, nicht Einräumung des unmittelbaren Besitzes an den Nachlaßgegenständen verlangen, sondern nur, daß ihr der Nießbrauch an den einzelnen Nachlaßgegenständen eingeräumt wird. Sie erhält dann den mittelbaren Besitz an den Nachlaßgegenständen, der Testamentsvollstrecker verwaltet den gesamten Nachlaß und führt die Erträge an die Witwe ab[54].

---

52 BGH 24. 9. 1971, NJW 1971, 2264.
53 BayObLG 22. 3. 1990, BayObLGZ 1990, 82.
54 BGH 29. 4. 1954, BGHZ 13, 203.

7. Sonstige Aufgaben des Testamentsvollstreckers; Verhältnis zu den Erben

Der Testamentsvollstrecker hat nicht nur die Pflicht, alle Bedingungen des Erblassers zu erfüllen. Er muß auch das Ziel haben, den Erben möglichst so viel auszuhändigen, wie für den Erben verfügbar gemacht werden kann. Die Erfüllung von Pflichtteilsansprüchen ist Sache der Erben, Legate hat der Testamentsvollstrecker zu erfüllen; er kann die Erfüllung nur verweigern, wenn der Erbe dies aus vertretbaren Gründen verlangt und wenn die Erfüllung eines solchen Vermächtnisses ohne die Erbenzustimmung eine nicht zu rechtfertigende Verwaltungshandlung wäre.

Der Testamentsvollstrecker muß sich stets vor Augen halten, daß er nicht gegen die Erben, sondern für die Erben als Verwalter und Treuhänder eingesetzt ist. Dies schließt allerdings nicht aus, daß es zu Konflikten zwischen ihm und den Erben kommt, weil diese sich bevormundet fühlen und meinen, über den Nachlaß anders verfügen zu müssen oder daraus mehr erzielen zu können. Diese Konstellation führt nicht selten zu Zusammenstößen mit den Erben, die der Testamentsvollstrecker mit korrekter Aufgabenerfüllung und Rechnungslegung jedenfalls entschärfen muß. Er muß auch hart bleiben können, wenn Erben in der Hoffnung, aus dem Nachlaß Geld zu bekommen, sich verschulden. Der Testamentsvollstrecker ist auch nicht verpflichtet, dann, wenn ein Erbe dem Nachlaß etwas schuldet, gerade diesen Erben zu schonen. Der Testamentsvollstrecker braucht sich nicht entgegenhalten zu lassen, es sei nicht nötig, diesen Erben in Anspruch zu nehmen oder er, der Erbe, werde gegenüber anderen Miterben benachteiligt[54].

Gerade wegen der latenten Konfliktsituation zwischen Testamentsvollstrecker und Erben muß dieser jeden Eindruck einer Interessenkollision vermeiden. Der Testamentsvollstrecker darf auch nicht den Anschein erwecken, daß die Testamentsvollstreckung ihm in anderen Bereichen seines Berufes Vorteile bringt, die den Erben nicht zugute kommen. Wenn eine Übereinstimmung zwischen Erben und Testamentsvollstrecker nicht erzielbar ist, muß das Nachlaßgericht darüber befinden, ob ein Fall des § 2227 vorliegt.

Der Testamentsvollstrecker kann nach pflichtgemäßem Ermessen entscheiden, ob er Teile des Nachlasses aus der Testamentsvollstreckung freigibt. Er wird dies tun, wenn er den Erben für geeignet hält, die Verwaltung selbst in die Hand zu nehmen. Hat der Erblasser irrtümlich Nachlaßteile freigegeben, so kann er diese vom Erben gemäß § 818 zurückfordern.

8. Vermögensanlage durch den Testamentsvollstrecker

Insbesondere im Falle der Dauervollstreckung gehört zur ordnungsgemäßen Verwaltung des Nachlasses auch die wirtschaftliche Anlage von Nachlaßwerten. Wie der Testamentsvollstrecker verfährt, entscheidet er nach pflichtgemäßem Ermessen. Ein fester Rahmen läßt sich nicht abstecken. Der Testamentsvollstrecker ist zum einen nicht gehalten, nur solche Geldanlagen zu wählen, die mündelsicher sind, zum anderen ist es ihm verwehrt, in hochspekulative Anlagen zu investieren. Das Bayerische Oberste Landesgericht hat in einem Beschluß vom 3. 12. 1986[55] erklärt, der Testamentsvollstrecker sei „bei der Anlage von Nachlaßvermögen grundsätzlich so frei, wie der Vormundschaftsrichter den Vormund äußerstenfalls stellen darf". Ihm seien „deshalb nur solche Anlagen verwehrt, die nach Lage des Falles „den Grundsätzen einer wirtschaftlichen Vermögensverwaltung zuwiderlaufen". Die Rechtsprechung verlangt vom Testamentsvollstrecker Solidität und Dynamik. Wenn beispielsweise die Ausübung eines Bezugsrechts für junge Aktien sehr günstig für den Nachlaß ist, muß der Testamentsvollstrecker andere Papiere verkaufen[55a].

Hat der Testamentsvollstrecker angeordnet, daß Nachlaßmittel für bestimmte Zwecke einzusetzen sind, so wird der Testamentsvollstrecker Geld entweder als Festgeld oder als festverzinsliche Wertpapiere anlegen, um dann, wenn die Mittel benötigt werden, über diese verfügen zu können.

9. Die Auseinandersetzung unter den Miterben

Bei der Abwicklung der Testamentsvollstreckung, wenn Verwaltungsvollstreckung angeordnet ist, nach Zeitablauf, gehört es zu den wichtigen Aufgaben des Testamentsvollstreckers, die Auseinandersetzung unter den Miterben durchzuführen. Er kann dies erst tun, wenn Forderungen eingezogen und Verbindlichkeiten erfüllt sind; es dürfen in diesem Punkt keine Zweifel mehr bestehen. Der Testamentsvollstrecker kann Nachlaßgegenstände zu Geld machen, um den Weg für die Auseinandersetzung zu ebnen. Er kann diese auch dann durchführen, wenn der Erblasser die Auseinandersetzung verboten hat oder gewünscht hat, daß sie hinausgezogen wird, vorausgesetzt, die Erben stimmen dem zu (die Ersatzerben brauchen nicht zuzustimmen)[56].

---

55 FamRZ 1987, 377.
55a BGH 7. 11. 1966, WM 1967, 25 (27).
56 BGH 25. 9. 1963, BGHZ 40, 115.

10. Rechnungslegung

Da der Testamentsvollstrecker fremde Vermögensinteressen wahrnimmt, bestimmt § 2218 unter Verweisung auf § 666, daß der Testamentsvollstrecker gegenüber dem Erben verpflichtet ist, über seine Tätigkeit Rechnung zu legen. Dauert die Testamentsvollstreckung länger, muß die Rechnungslegung jährlich erfolgen.

Dies bedeutet: Sobald der Testamentsvollstrecker übersieht, woraus der Nachlaß besteht, hat er eine detaillierte Vermögensübersicht zu fertigen, die auf Belegen, beispielsweise Saldenbestätigungen, Kurswertberechnungen und Wertgutachten, aufbaut. Darüber hinaus muß er einzelne Gegenstände, beispielsweise die Einrichtung eines Hauses, inventarisieren.

Es reicht nicht aus, daß der Erblasser auf das Nachlaßverzeichnis Bezug nimmt, das er dem Nachlaßgericht vorlegen muß. Solche Nachlaßverzeichnisse enthalten häufig pauschale Angaben, da das Nachlaßverzeichnis (auch) dazu dient, die anfallenden Gebühren zu berechnen. Demgemäß besteht bei Nachlaßverzeichnissen die Tendenz, Werte eher nach unten anzusetzen. Entsprechend wird die Aussagekraft eines Nachlaßverzeichnisses in Zivilprozessen häufig nicht hoch bewertet.

In der jährlichen Rechnungslegung muß der Testamentsvollstrecker die Zu- und Abflüsse mit Datum genau aufführen und jeweils zum Jahresende einen Status erstellen. Diese Pflicht obliegt ihm auch am Ende der Testamentsvollstreckung, also dann, wenn er den Nachlaß an den Erben herausgibt.

Obwohl all dies Selbstverständlichkeiten sind, wird hiergegen in der Praxis verstoßen. Der Testamentsvollstrecker macht sich dann nicht nur schadenersatzpflichtig, sondern riskiert auch, daß einem Entlassungsantrag des Erben stattgegeben wird.

VI. Ende des Testamentsvollstreckeramtes

1. Faktisches Erlöschen

Jede Testamentsvollstreckung endet, wenn der Testamentsvollstrecker stirbt oder wenn ein Fall eintritt, in welchem die Ernennung nach § 2201 unwirksam sein würde, d. h., wenn der Testamentsvollstrecker geschäftsunfähig wird oder einen Betreuer zur Besorgung seiner Vermögensangelegenheiten erhält. Das Vorgenannte gilt allerdings nur, wenn kein Ersatztestamentsvollstrecker vorgesehen ist.

Die Beendigung des Amtes bewirkt, daß der Testamentsvollstrecker den Nachlaß an den Erben herauszugeben hat, der nun voll verfügungsfähig ist. Der Testamentsvollstrecker hat Rechenschaft abzulegen und gegebenenfalls die Richtigkeit seiner Angaben an Eides Statt zu versichern.

Sein Testamentsvollstreckerzeugnis wird bei Beendigung seiner Aufgaben von selbst kraftlos. Der Nachlaßrichter soll es einziehen und nach Rückgabe des Zeugnisses auf diesem vermerken, daß es erloschen ist. Vollmachten, die der Testamentsvollstrecker erteilt hat, erlöschen. Fordert der Testamentsvollstrecker erteilte Vollmachtsurkunden vom Bevollmächtigten nicht zurück, so haftet er auf Schadensersatz.

Der Streit über die Beendigung des Testamentsvollstreckeramtes gehört vor das Prozeßgericht.

Selbstverständlich erlischt das Amt, wenn der Testamentsvollstrecker stirbt. Fällt von mehreren Testamentsvollstreckern einer weg, so endet die Testamentsvollstreckung grundsätzlich nicht, vielmehr sind die anderen Testamentsvollstrecker befugt, weiter zu handeln[57].

Das Amt des Testamentsvollstreckers kann auch dadurch enden, daß alle Aufgaben des Testamentsvollstreckers erfüllt sind. Es bedarf dann nicht einer förmlichen Feststellung, daß die Testamentsvollstreckung aufzuheben ist[58].

2. Kündigung durch den Testamentsvollstrecker

Der Testamentsvollstrecker kann nach § 2226 sein Amt jederzeit kündigen. Die Kündigung muß gegenüber dem Nachlaßgericht erklärt werden. Ist die Kündigung zur Unzeit erfolgt, so ist der Testamentsvollstrecker schadenersatzpflichtig. Nur wenn ein wichtiger Grund vorliegt, darf der Testamentsvollstrecker außer der Zeit kündigen, sogar dann, wenn er früher auf das Kündigungsrecht verzichtet hat (§ 671 Abs. 2 und 3).

Er kann auch für einen Teil seines Amtes in der Weise kündigen, daß er sich die Führung des Amtes für einen bestimmten anderen Wirkungskreis vorbehält. Wenn er dazu ermächtigt ist, so kann er einen Nachfolger

---
57 KG 11. 10. 1954, JR 1955, 65.
58 BGH 14. 2. 1962, LM § 2226 Nr. 1.

bestimmen für denjenigen Geschäftskreis, für den er selbst das Amt niedergelegt hat. All dies muß der Erblasser aber gestattet haben[59].

Unter besonderen Umständen kann eine Verpflichtung des Testamentsvollstreckers bestehen, sein Amt niederzulegen, nämlich dann, „wenn die Erben mit dem Testamentsvollstrecker die Beendigung seines Amtes vereinbaren oder der Testamentsvollstrecker in der irrigen Meinung, seine Aufgaben seien erledigt, sich lange Zeit um sein Amt nicht mehr gekümmert hat"[60].

3. Entlassung des Testamentsvollstreckers

Das Nachlaßgericht kann den Testamentsvollstrecker auf Antrag entlassen, wenn ein wichtiger Grund vorliegt (§ 2227). Diese Regelung versuchen in der Praxis Erben, die anderer Auffassung als der Testamentsvollstrecker sind, dazu einzusetzen, diesen loszuwerden. Dies ist auch der Grund, warum in der gerichtlichen Praxis § 2227 als Einstieg für die Klärung zahlreicher Fragen aus dem Recht der Testamentsvollstreckung dient. Generell ist zu sagen, daß allein verschiedene Auffassungen oder der der Testamentsvollstreckung immanente Konflikt zwischen Testamentsvollstrecker und Erben nicht ausreichen, um eine Entlassung zu rechtfertigen.

Ein wichtiger Grund im Sinne von § 2227 liegt stets dann vor, wenn sich der Testamentsvollstrecker einer groben Pflichtverletzung schuldig macht oder zur ordnungsgemäßen Geschäftsführung unfähig ist. Beide Gesichtspunkte können gleichzeitig vorliegen. So kommt es vor, daß ein als Rechtsanwalt bestellter Testamentsvollstrecker nach Annahme des Amtes schlicht nichts tut, das Testament nicht ausführt und nicht abrechnet. Ein wichtiger Grund ist die Schädigung oder eine erhebliche Gefährdung der Interessen der am Nachlaß Beteiligten, nicht nachvollziehbare Abrechnungen und die Entnahme von Vergütungen, die weit außerhalb der Angemessenheit liegen[61]. Es versteht sich von selbst, daß allein die Tatsache, daß der Testamentsvollstrecker den Erben zu teuer ist, keinen Entlassungsgrund darstellt.

Auch ein objektiv gerechtfertigtes Mißtrauen des Erben gegen die Person des Testamentsvollstreckers kann ein wichtiger Grund sein. Ein solches

---

59 KG 6. 5. 1912, KGJ 43, S. 88 Nr. 23.
60 BGH 14. 2. 1962, LM § 2226 Nr. 1.
61 KG 2. 6. 1928, JFG 5, 154.

Mißtrauen rechtfertigt die Entlassung, wenn der Testamentsvollstrecker zuvor als Vormund des Erben versagt hat und deshalb vom Vormundschaftsgericht entlassen worden ist[62]. Das Mißtrauen muß objektiv gerechtfertigt sein, auf die Frage des Verschuldens des Testamentsvollstreckers kommt es nicht an. Es kann ausreichen, daß die Erben nicht mehr von der Unbefangenheit des Testamentsvollstreckers ausgehen können oder ein erheblicher Interessengegensatz zwischen dem Testamentsvollstrecker und den Erben besteht, der über die übliche Erben/Testamentsvollstrecker-Situation hinausgeht. Wann dies der Fall ist, kann nur nach Abwägung aller Umstände des konkreten Einzelfalles entschieden werden[63].

Der Interessengegensatz, der eine Entlassung begründet, kann auch darin bestehen, daß der Testamentsvollstrecker mit seinen übrigen beruflichen Aktivitäten in Konflikt gerät, wenn er beispielsweise einerseits für den Nachlaß tätig wird und andererseits ein Unternehmen vertritt oder berät, dessen Interessen im Gegensatz zu denjenigen der Erben stehen.

Generell ist zu sagen, daß sich der Testamentsvollstrecker, will er einen Antrag auf Entlassung vermeiden, aller Maßnahmen enthalten muß, die Zweifel an seiner Unbefangenheit wecken.

Antragsberechtigt sind gemäß § 2227 die Beteiligten. Dazu gehören der Erbe (auch wenn er seinen Nachlaßanteil gemäß § 2033 übertragen oder verpfändet hat), der Nacherbe, der Vermächtnisnehmer, der Pflichtteilsberechtigte, der aus einer Auflage Berechtigte und der Mittestamentsvollstrecker. Ein Nachlaßgläubiger ist nicht Beteiligter[64]. Vor seiner Entlassung ist der Testamentsvollstrecker auf jeden Fall zu hören. Häufig hat bei Untätigkeit des Testamentsvollstreckers bereits ein Antrag gemäß § 2227 „heilende" Wirkung dergestalt, daß der Testamentsvollstrecker nunmehr seinen Verpflichtungen nachkommt.

---

62 OLG Hamm 11. 9. 1967, NJW 1968, 800 f.
63 BayObLG 13. 8. 1985, BayObLGZ 1985, 298; BayObLG 29. 10. 1990, FamRZ 1991, 490.
64 KG 2. 6. 1928, JFG 5, 154; BGH 13. 7. 1961, BGHZ 35, 296.

VII. Die Testamentsvollstreckung in der Praxis des Internationalen Privatrechts

1. Grundsatz

Ist in einem Erbfall mit Auslandsberührung Testamentsvollstreckung angeordnet, so richtet sich die Zulässigkeit der Testamentsvollstreckung nach dem Erbstatut, also derjenigen Rechtsordnung, die auf den Erbfall, insbesondere die letztwillige Verfügung, anwendbar ist. „Zulässigkeit einer Testamentsvollstreckung, Rechtsstellung, Umfang der Verwaltungs- und Verfügungsbefugnis und Entlassung eines Testamentsvollstreckers bestimmen sich nach dem Erbstatut"[65]. In seinem Urteil vom 3. 10. 1962[66] hat der BGH festgestellt: „Das Erbstatut entscheidet auch über die Rechtsstellung des Testamentsvollstreckers"[67].

Den dargestellten Grundsatz auch durchzuführen, ist indes keineswegs so einfach, wie dies ein erster Blick auf Rechtsprechung und Kommentare vermuten läßt.

Welche Fragen auftauchen können, sei an einem Beispiel aus der Praxis der Verfasser erläutert:

> Der deutsche Erblasser, der zwei minderjährige Kinder hinterließ, hatte Verwaltungsvollstreckung angeordnet. Zum umfangreichen Nachlaß gehörte u. a. ein Hausgrundstück am Wörther See, das vermietet war. Nachdem der Mieter mit den Mietzahlungen in Verzug gekommen war, war es nötig, gegen ihn Räumungsklage zu erheben und nach vollzogener Räumung das Anwesen erneut zu vermieten. Die inzwischen volljährigen Kinder des Erblassers wollten ihrerseits das Grundstück verkaufen, um in den Besitz von Barmitteln zu gelangen.

Die Abwicklung einer solchen Aufgabe innerhalb Deutschlands stellt den Testamentsvollstrecker vor keine besonderen Probleme:

Er läßt im Grundbuch den Testamentsvollstreckungsvermerk eintragen, so daß die Erben nicht mehr verfügen können. Als Testamentsvollstrecker des Nachlasses verlangt er Räumung des Grundstücks, in derselben Eigenschaft vermietet er das Grundstück erneut.

---

65 So *Staudinger/Firsching*, Kommentar zum Bürgerlichen Gesetzbuch, 12. Auflage 1981, RdNr. 106 und 107 mit umfangreichen Nachweisen aus der Rechtsprechung.
66 BGH 3. 10. 1962, NJW 1963, 46 (47) und neuestens BayObLG 15. 3. 1990, NJW-RR 1990, 906.
67 BayObLG 13. 11. 1986, BayObLGZ 1986, 466 (475).

Ganz anders die Durchsetzung in Österreich: Das österreichische ABGB kennt zwar in § 816 den Vollzieher (Exekutor) des letzten Willens des Erblassers. Der Vollzieher ist jedoch an die Weisungen des Erblassers gebunden. Nach Auffassung der österreichischen Behörden und Gerichte ist der deutsche Testamentsvollstrecker jedoch nicht berechtigt, irgendeine Sicherung im Grundbuch anzubringen oder im eigenen Namen als Testamentsvollstrecker Ansprüche gegen den Mieter geltend zu machen. Im zitierten Fall konnte in der Weise Abhilfe geschaffen werden, daß die Erben dem Testamentsvollstrecker eine Vollmacht erteilten, weil sie einsahen, daß eine Tätigkeit des Testamentsvollstreckers nötig war. Ist, was nicht selten vorkommt, das Verhältnis zwischen Testamentsvollstrecker und Erben gespannt, so bliebe nur der Weg, daß der Testamentsvollstrecker klageweise die Erteilung einer Vollmacht verlangt, die den Testamentsvollstrecker in die Lage versetzt, seinen Aufgaben als Verwaltungsvollstrecker nachzukommen.

Die dargestellten Probleme haben ihre Ursache in dem Ineinandergreifen von materiellem Recht und Verfahrensrecht. Die Testamentsvollstreckung ist nicht etwas Statisches, sondern ein dynamischer Vorgang, der auch im Rahmen von Verfahrensvorschriften abläuft. *Birk*[68] stellt daher zu Recht fest, daß das Prozeßrecht der lex fori die Letztkontrolle darüber hat, wie der Testamentsvollstrecker seine Aufgaben wahrzunehmen und seine Befugnisse auszuüben hat. Konsequent und allein mit den Bedürfnissen der Praxis vereinbar ist daher die Empfehlung von *Ferid*[69], der vorschlägt, die Fragen der Nachlaßabwicklung dem Recht der lex fori zu unterstellen.

Es ist nicht Aufgabe dieses Handbuchs, das sich vornehmlich an den deutschen Testamentsvollstrecker wendet, alle kollisionsrechtlichen Aspekte der Testamentsvollstreckung darzustellen.

2. Hinweise für die Gestaltung von letztwilligen Verfügungen

Wenn bereits bei Abfassung der letztwilligen Verfügung, mit der Testamentsvollstreckung angeordnet ist, bekannt ist, daß sich die Testamentsvollstreckung auch auf Vermögensgegenstände bezieht, die sich im Ausland befinden, so soll der Erblasser möglichst genau die Funktionen des

---

68 In: Münchner Kommentar zum Bürgerlichen Gesetzbuch (2. Auflage 1990), RdNr. 115 zu Art. 26 EGBGB.
69 Recueil des Cours 1974 II, Académie de Droit International 1975.

Testamentsvollstreckers darstellen. Dies bedeutet, daß er nicht nur schreibt, der Testamentsvollstrecker habe den Nachlaß zu verwalten; vielmehr soll, soweit dies möglich ist, genau beschrieben werden, worin die Aufgaben des Testamentsvollstreckers bestehen. Empfehlenswert ist es darüber hinaus, erklärend den Begriff des Testamentsvollstreckers, so wie er im Ausland verwendet wird, hinzuzusetzen, also bei schweizerischem Nachlaß von „Willensvollstrecker" (Art. 517 ZGB) oder bei österreichischem Nachlaß, wie gezeigt, von „Vollzieher" oder „Exekutor" zu sprechen.

Der Erblasser sollte vor Abfassung des Testaments mit den ausländischen Kreditinstituten klären, ob diese bereit sind, ein deutsches Testamentsvollstreckerzeugnis zu akzeptieren. Wenn Zweifel auftauchen, kann es sich empfehlen, statt der Testamentsvollstreckung eine Vollmacht über den Todesfall hinaus zu erteilen.

Einen ersten Überblick darüber, ob die ausländische Rechtsordnung das Institut der Testamentsvollstreckung kennt und welche Befugnisse der Testamentsvollstrecker hat, vermittelt das Sammelwerk von *Ferid-Firsching*, Internationales Erbrecht. Bei bestehenden Zweifeln bleibt nur der Weg, einen ausländischen Kollegen zuzuziehen, um eine wirksame Tätigkeit des Testamentsvollstreckers zu gewährleisten.

3. Zuständigkeit des Nachlaßgerichts gemäß § 2200

Verfahrensrechtlich ist darauf hinzuweisen, daß das deutsche Nachlaßgericht nicht zur Ernennung eines Testamentsvollstreckers gemäß § 2200 befugt ist, wenn es sich um einen im Inland gelegenen Nachlaß handelt, der einem ausländischen Erbstatut unterliegt[70].

---

70 OLG Neustadt a.d.W. 25. 5. 1951, RPfleger 1951, Sp. 565; a.A. *Birk* a.a.O. Art. 26 RdNr. 109.

H.
Vergütung des Vermögensverwalters

I. Allgemeines

Das BGB enthält keine einheitliche Regelung der Frage, wie die Tätigkeit des Vermögensverwalters zu vergüten ist. Es lassen sich vielmehr zwei Gruppen unterscheiden, nämlich die familienrechtliche Vermögensverwaltung einschließlich der Nachlaßpflegschaft, die grundsätzlich unentgeltlich zu führen ist (§ 1836 Abs. 1 Satz 1) und die erbrechtliche Vermögensverwaltung, also die Nachlaßverwaltung und Testamentsvollstreckung, für welche der Vermögensverwalter eine Vergütung fordern kann.

In der Praxis ist die unentgeltliche familienrechtliche Vermögensverwaltung die Ausnahme. Abgesehen von den Fällen, in denen eine Vergütung schon deshalb zu zahlen ist, weil das Vermögen des Mündels bzw. Pfleglings dies zuläßt, erhält der „berufsmäßige" Vormund, Pfleger oder Betreuer stets (ab 1. 1. 1992) gemäß § 1836 Abs. 2 eine Vergütung. Entsprechendes gilt für die Nachlaßpflegschaft, da für diese Tätigkeit die Gerichte meist Personen auswählen, die aufgrund ihrer Kenntnisse diese Tätigkeit berufsmäßig ausüben, also beispielsweise Rechtsanwälte und Steuerberater.

Wenn auch in der anwaltlichen Praxis die Vermögensverwaltung durchgängig entgeltlich geführt wird, gleich, ob es sich um familienrechtliche oder erbrechtliche Vermögensverwaltung handelt, ist nicht zu übersehen, daß die grundsätzliche Unentgeltlichkeit im Familienrecht und die Entgeltlichkeit im Erbrecht sich auch praktisch auswirken. Mit dem gebotenen Vorbehalt gegenüber allgemeinen Feststellungen läßt sich doch sagen, daß – bei gleich hohem Vermögen und gleichem Arbeitsaufwand – der Vormund eine geringere Vergütung erhält als beispielsweise der Testamentsvollstrecker. Es läßt sich darüber hinaus in der Praxis der Gerichte eine Tendenz feststellen, daß die Amtsgerichte, die täglich mit dem Vermögensverwalter zu tun haben, eher geneigt sind, höhere Vergütungen festzusetzen, die dann aber in der Rechtsmittelinstanz wieder herabgesetzt werden.

II. Aufwendungsersatz und Vergütung im Vormundschaftsrecht

1. Gesetzliche Grundlage

§ 1835 BGB, der nicht nur für die Vormundschaft, sondern auch kraft Verweisung für die Pflegschaft und die Betreuung gilt, statuiert, daß der Vormund in entsprechender Anwendung des Auftragsrechts Ersatz seiner Aufwendungen verlangen kann. Eine entsprechende Bestimmung findet sich in § 2218 für den Testamentsvollstrecker. Das Gesetz trennt also klar den Anspruch auf Vergütung vom Anspruch auf Ersatz von Aufwendungen. Rechtlich hat das eine mit dem anderen nichts zu tun. Dies bedeutet allerdings nicht, daß die Abgrenzung beider Ansprüche in der Praxis immer problemlos ist. Es kommt hinzu, daß die Rechtsprechung bei der Prüfung der Frage, welche Vergütung angemessen ist, auch berücksichtigt, welche Zahlungen der Vermögensverwalter als Aufwendungsersatz erhalten hat.

2. Aufwendungen des Vermögensverwalters

Aufwendungen sind zunächst Auslagen, die der Vermögensverwalter im eigenen Namen gemacht hat, weiter Verbindlichkeiten, die er eingegangen ist oder Schäden, die er im Rahmen seiner Tätigkeit erlitten hat.

Aufwendungen sind aber auch Dienstleistungen des Vermögensverwalters, die für seinen Beruf typisch sind und die ihm ein Dritter vergüten müßte (§ 1835 Abs. 3). Der Handwerker, der innerhalb seines Gewerbes für sein Mündel tätig wird, hat einen Aufwendungsersatzanspruch in Höhe des ortsüblichen Entgelts, der Architekt, der für ein Mündel Architektenleistungen erbringt, hat Anspruch auf das Honorar ebenso wie der Arzt, der sein Mündel ärztlich behandelt. Der Steuerberater, der als Betreuer eine Steuererklärung für den Betreuten abgibt, der über eigene Einkünfte verfügt, kann die ihm zustehende Vergütung für die steuerberatende Tätigkeit als Aufwendungsersatz geltend machen.

Die vorgenannten Feststellungen gelten entsprechend für den Rechtsanwalt. Der Rechtsanwalt, der als Vormund oder Betreuer einen Prozeß führt, kann die gesetzlichen Gebühren als Aufwendungsersatz geltend machen, wobei er allerdings im Einzelfall prüfen muß, ob er nicht im

Interesse des Mündels, Pfleglings oder Betreuten Prozeßkostenhilfe beantragt.

Obwohl § 44 BRAGO (Tätigkeit des Anwalts im Rahmen des Entmündigungsverfahrens) nach Einführung des Betreuungsrechts aufgehoben ist, sei gleichwohl erwähnt, daß bei Anwendung der vorgenannten Grundsätze der Beschluß des Landgerichts München I vom 20. 1. 1972[1] nicht richtig ist. Dort versagt das Landgericht München I dem Vormund einen Vergütungsanspruch nach der BRAGO, wenn seine Tätigkeit sich im Rahmen dessen gehalten habe, was auch ein geeigneter als Vormund bestellter Nichtanwalt hätte tun müssen. Diese Entscheidung berücksichtigt nicht die Schwierigkeiten eines Entmündigungsverfahrens, sie birgt weiter die Gefahr, daß eine anwaltliche Tätigkeit dann nicht einen Vergütungsanspruch im Wege des Aufwendungsersatzes auslösen kann, wenn auch ein juristischer Laie in der Lage gewesen wäre, die Tätigkeit auszuüben. Dies würde bedeuten, daß der Betreuer, der für den Betreuten beim Amtsgericht einen Prozeß führt, dessen Sachverhalt einfach gelagert ist, mit dem Einwand rechnen muß, ein gewandter Laie hätte den Prozeß auch ohne Anwalt führen können. Diese Konsequenz ist die Rechtsprechung aber bisher, soweit ersichtlich, nicht gegangen.

Hierzu gehört auch die Frage, ob der Vermögensverwalter, der als Verkehrsanwalt tätig wird, die Gebühr gemäß § 52 BRAGO verlangen kann. Die Rechtsprechung billigt einen solchen Anspruch zu[2], allerdings mit der Einschränkung, daß auch für einen nicht rechtskundigen, durchschnittlichen Vermögensverwalter die Heranziehung eines Verkehrsanwalts zur zweckentsprechenden Rechtsverfolgung notwendig gewesen wäre[3].

Der Aufwendungsersatzanspruch bezieht sich nicht nur auf gerichtliche Anwaltsgebühren, sondern auch auf außergerichtliche Beratung, wenn die erbrachten anwaltlichen Leistungen Kenntnisse voraussetzen, die ein sonstiger Vermögensverwalter nicht hat, wenn also der sonstige Vermögensverwalter seinerseits anwaltlichen Rat in Anspruch nehmen würde, beispielsweise bei Fragen des Zivilrechts oder Steuerrechts. Hat beispielsweise der Betreute eine Mietwohnung und ist es nötig, mit dem Mieter eine Korrespondenz zu führen, so bedarf es hierfür keines Anwalts. Anders kann es sein, wenn es um strittige Fragen über die Auslegung des Mietvertrages geht.

---

1 RPfleger 1972, 309.
2 OLG München 14. 10. 1958, NJW 1959, 539.
3 KG 9. 4. 1976, RPfleger 1976, 248.

Es soll hier nicht der Prozeßfreude und großem Beratungsaufwand das Wort geredet werden. Der Vermögensverwalter wird stets prüfen müssen, ob die von ihm beispielsweise entfalteten anwaltlichen Tätigkeiten mit der Folge des Aufwendungsersatzes wirklich nötig sind. Wenn er zu aufwendungsfreudig ist, hat das Gericht die Möglichkeit, bestimmte Aufwendungen zu untersagen oder ihm schließlich die Vermögensverwaltung zu entziehen. Aus diesem Grunde wird der umsichtige Vermögensverwalter stets vor größeren anwaltlichen Leistungen mit dem Vormundschaftsgericht Kontakt aufnehmen und zu erklären versuchen, ob das Gericht seine Tätigkeit als Aufwendung im Sinne von § 1835 anerkennt. Eine solche vorherige Klärung empfiehlt sich auch deshalb, weil so ein Streit darüber vermieden wird, was unter die Aufwendungen und unter die Vergütung fällt.

Die Trennung von Aufwendungsersatz und Vergütung bewirkt, daß beispielsweise ein Pfleger bei der Bemessung der Vergütung gemäß § 1836 nicht auf eine Tätigkeit verweisen kann, die er für die Führung eines Prozesses aufgewendet hat, da diese Tätigkeit durch die Anwaltsgebühren abgegolten ist[4]. Hat der Pfleger einen Rechtsstreit geführt und hierfür als Anwalt Gebühren erhalten, so soll sich dies bei der Bemessung der Vergütung in der Weise auswirken, daß die im Prozeß erworbenen Kenntnisse bei der Führung der Pflegschaft einen geringeren Zeitaufwand verursacht haben mit der Folge, daß auch die geringere Vergütung gemäß § 1836 geschuldet ist[5]. Diese Rechtsprechung ist nicht unbedenklich, weil sie den Verdacht aufkommen läßt, daß Vergütung und Aufwendungsersatz doch als Einheit angesehen werden und im Ergebnis eine Anrechnung der Anwaltsgebühren aus dem Prozeß auf die Vergütung gemäß § 1836 erfolgt. Wenn auch der zitierte Beschluß sagt, daß die Anwaltsgebühr „hier ausnahmsweise Auswirkungen auf die Höhe der Pflegervergütung nach § 1836 BGB" haben, kann der Beschluß dazu verleiten, strittige Fragen eher gerichtlich als außergerichtlich klären zu lassen, da die Anwaltsgebühren, die als Aufwendungsersatz geltend gemacht werden können, meist höher sein dürften als die Vergütung, die das Gericht bewilligt.

3. Spezielle gesetzlich geregelte Aufwendungen

§ 1835 Abs. 2 bestimmt, daß der Vormund als Aufwendung auch die Kosten einer angemessenen Versicherung verlangen kann, die gegen Schäden abgeschlossen wird, welche dem Mündel durch den Vormund zuge-

---

[4] BayObLG 29. 9. 1988, FamRZ 1989, 214.
[5] BayObLG 21. 6. 1990, RPfleger 1990, 458.

fügt werden können oder die durch die Führung der Vormundschaft einem Dritten entstehen. Die Kraftfahrzeug-Haftpflichtversicherung ist hiervon ausgenommen. Allerdings wird dieser Anspruch in Satz 2 wieder eingeschränkt, und zwar dergestalt, daß der Aufwendungsersatz für die Versicherung entfällt, wenn der Vormund eine Vergütung gemäß § 1836 Abs. 2 erhält.

Der neu eingefügte § 1836a billigt dem Vormund, der keinen Vergütungsanspruch hat, also dem Vormund, der weder Berufsvormund ist noch ein Mündel mit ausreichendem Vermögen betreut, eine pauschale Aufwandsentschädigung in Höhe von jährlich DM 300,– zu (15 × Zeugenentschädigung für 1 Stunde versäumter Arbeitszeit).

Die neue gesetzliche Regelung führt zu einem Ineinandergreifen von Aufwendungsersatz und Vergütung dergestalt, daß der Aufwendungsersatz im Fall des § 1835 Abs. 2 subsidiär ist. Dies muß auch gelten, wenn eine Vergütung gemäß § 1836a gewährt wird. Obwohl noch Praxis naturgemäß fehlt, geht die Literatur davon aus, daß § 1832 Abs. 2 restriktiv in dem Sinne auszulegen ist, daß der Arbeits- und Zeitaufwand des Berufsvormundes wegen der Regelung in § 1836 Abs. 2 nicht auch Aufwendung im Sinne von § 1835 Abs. 3 sein kann[6]. Dies muß auch für die Gemeinkosten, insbesondere Bürounkosten des Berufsvormundes gelten.

4. Fristen

Zu beachten ist, daß jeder Aufwendungsersatzanspruch innerhalb von 2 Jahren verjährt (§ 196 Nr. 7)[7].

Sofern der Vormund/Pfleger/Betreuer Auslagenersatz aus der Staatskasse verlangt, muß er seinen formlos zu stellenden Antrag beim Vormundschaftsgericht einreichen und beachten, daß der Anspruch innerhalb einer Frist von 3 Monaten geltend zu machen ist (§ 15 Abs. 2 ZuSEG). Diese Ausschlußfrist kann weder verlängert werden, noch ist gegen die Versäumung Wiedereinsetzung in den vorigen Stand möglich; sie beginnt mit der Beendigung der Vormundschaft/Pflegschaft/Betreuung zu laufen.

---

6 Schwab, Das neue Betreuungsrecht, FamRZ 1990, 681 (692).
7 OLG Celle 29. 6. 1960, FamRZ 1961, 385.

III. Höhe der Vergütung des Vormundes (Pflegers, Betreuers)

1. Gesetzliche Regelung

Kernpunkt der gesetzlichen Regelung ist § 1836 Abs. 1 und 2. Diese Bestimmung regelt den Vergütungsanspruch des Vormundes und des Gegenvormundes. Sie gilt kraft Verweisung durch die §§ 1908i, 1915 entsprechend für den Betreuer bzw. den Pfleger.

Wenn im folgenden vom Vormund die Rede ist, gelten die Ausführungen stets sinngemäß auch für den Pfleger und Betreuer.

Die dargestellte gesetzliche (Neu-)Regelung ist auch eine Folge des Urteils des Bundesverfassungsgerichts vom 29. 4. 1980[8]. Die Quintessenz dieses Urteils besteht darin, daß es verfassungswidrig ist, von einem sogenannten Berufsvormund zu verlangen, daß er arbeitet, ohne seinen Zeitaufwand und seine anteiligen Bürounkosten erstattet zu erhalten. Allerdings verlagert die gesetzliche Neuregelung den Anspruch des berufsmäßigen Vormundes vom Aufwendungsersatzanspruch zum Vergütungsanspruch, wohl auch aus Gründen der Praktikabilität.

2. Die Ermittlung der Vergütung

Es sind 3 Fälle zu unterscheiden:

a) Der Vormund, der diese Tätigkeit nicht berufsmäßig, sondern nur in dem einzelnen Fall ausübt, betreut ein Mündel mit keinem Vermögen oder nur geringen Geldmitteln. Der Vormund hat in diesem Fall keinen Vergütungsanspruch, weder gegen den Mündel noch gegen die Staatskasse. Ihm verbleibt allein der Aufwendungsersatzanspruch gemäß § 1836a.

b) Der Mündel verfügt über ausreichendes Vermögen: Unterstellt, daß der Vormund Tätigkeiten von einiger Bedeutung entfaltet hat, steht ihm eine Vergütung gemäß § 1836 Abs. 1 Satz 2 und 3 zu, wobei es ohne Bedeutung ist, ob er das Amt des Vormundes als Berufsvormund oder nur im Einzelfall ausgeübt hat.

---

[8] BVerfG E 54, 251 ff.

Irgendwelche Richtlinien über die Höhe der Vergütung in diesem Fall, beispielsweise in der Form von Prozentsätzen, lassen sich nicht aufstellen. „Bei der Bemessung der Höhe der zu bewilligenden Vergütung sind der Umfang des Aktivvermögens und des Reinvermögens, die Höhe der Einkünfte aus dem Vermögen sowie der Umfang der flüssigen Geldmittel zu berücksichtigen; maßgebend sind aber vor allem der zeitliche Aufwand für die Pflegetätigkeit, die Bedeutung und die Schwierigkeit der Geschäfte mit dem daraus zu entnehmenden Grad der Verantwortung, unter Umständen auch der – finanzielle – Erfolg der Geschäfte. In welchem Ausmaß diese einzelnen Bewertungsmerkmale die Höhe der Vergütung bestimmen oder mitbestimmen, kann je nach den Umständen des Einzelfalles verschieden sein"[9].

Die Bewilligung einer Vergütung setzt das Bestehen eines Vermögens voraus, mag dieses aus Geld, Wertpapieren, Grundbesitz, Patenten, Schutzrechten, Lizenzen, Provisionen oder Grundbesitz bestehen. Auf die Frage, ob das Vermögen verschuldet oder überschuldet ist, kommt es nicht an[10]. Gerade die Verwaltung eines stark verschuldeten Mündelvermögens erfordert ein hohes Maß an Verantwortung und Arbeit[11]. Bei der Vergütungsfrage kommt es nicht nur auf den Umfang der Vermögensverwaltung an, sondern auch auf den Umfang der sonstigen, die Person des Mündels betreffenden vormundschaftlichen Geschäfte[12]. Irrtümlich wird hier und da angenommen, daß die Bewilligung einer Vergütung voraussetze, daß Vormund oder Pfleger auch Mündelvermögen verwaltet haben; dem ist nicht so. Es gibt zahlreiche Fälle, in denen eine Vergütung aus Billigkeitsgründen zu bewilligen ist, etwa in den weiten Bereichen der Personenfürsorge, des Verkehrsrechts, der Betreuung, Ausbildung und Ausstattung des Mündels oder der Entscheidung über den Unterhalt. Es gibt Fälle, in denen der Unterhalt und Rentenansprüche sehr hoch sind oder in denen Minderjährige erhebliche Einkünfte haben, z. B. als Mitglied einer Musikband, aus Filmrollen, Autorenrechten an Büchern, Musik- und Theaterstücken. Der Begriff „Vermögen" im Sinne von § 1836 Abs. 1 Satz 3 darf nicht wörtlich und eng in dem Sinne verstanden werden, daß der Mündel über Kapitalvermögen verfügen muß. Eine Vergütung ist beispielsweise auch dann zu bewilligen, wenn der Betreute außer seinem Beamtenruhegehalt kein weiteres Vermögen hat[13].

---

9 BayObLG 29. 9. 1988, FamRZ 1989, 214 (215) st. Rspr.
10 KG 19. 9. 1913, KGJ 45 A 44, A 46, A 47.
11 RG 14. 11. 1935, RGZ 149, 172 (176).
12 RG 14. 11. 1935, RGZ 149, 172 (176).
13 BayObLG 15. 9. 1959, NJW 1960, 101 f.

Verwaltet der Vormund ein Vermögen, zu dem ein Geschäft, sei es Einzelunternehmen oder Gesellschaft, gehört, so wird der Umfang der Tätigkeit des Vormundes umfassend sein. Dem ist bei der Bewilligung der Vergütung Rechnung zu tragen. In einer nicht rechtskräftig gewordenen Entscheidung des LG Hamburg[14], bei der die Vermögensverwaltung sich als unternehmerische Tätigkeit darstellte, wurde eine Vergütung von 10% des Reingewinns des verwalteten Unternehmens zugesprochen.

In der vorzitierten Entscheidung (Fußnote 9) forderte der Pfleger für seine 5jährige Tätigkeit bei einem Vermögen von DM 3900000,– eine Vergütung von DM 193800,–, bewilligt hat ihm das Landgericht DM 21000,–, also pro Jahr etwas mehr als DM 4000,–. Ohne den Sachverhalt dieser Entscheidung im einzelnen zu kennen, sei als Gegenbeispiel eine Pflegschaft genannt, bei der der Pfleger 2 Monate tätig war und bei einem Vermögen von etwa DM 500000,– eine Vergütung von DM 2300,– erhielt.

Irgendwelche Gesetzmäßigkeiten bei der Ermittlung der Vergütung lassen sich in der Rechtsprechung nicht feststellen, wenn man davon absieht, daß die Rechtsprechung ganz offensichtlich bei Vermögensverwaltungen auf dem Gebiet des Familienrechts Vergütungen zurückhaltend bewilligt. Allerdings dürfte die Untergrenze für den Anspruch gemäß § 1836 Abs. 1 Satz 2 und 3 der Vergütungsanspruch sein, den § 1836 Abs. 2 statuiert (allerdings nur zugunsten des Berufsvormundes).

c) Übt der Vormund seine Tätigkeit im Rahmen seines Berufes aus, und liegen die Voraussetzungen für eine Vergütung gemäß § 1836 Abs. 1 Satz 2 und 3 nicht vor, so hat er einen Anspruch auf Vergütung gemäß § 1836 Abs. 2. Diese Vergütung entspricht demjenigen Betrag, den ein Zeuge als Entschädigung für seinen Verdienstausfall erhält, zur Zeit also DM 20,– pro Stunde (§ 2 Abs. 2 Satz 1 ZuSEG). Allerdings ist dies nur ein Mindestbetrag, der auf das 3fache erhöht werden kann, wenn die Führung der Vormundschaft besondere Fachkenntnisse erfordert oder mit besonderen Schwierigkeiten verbunden ist. Nur wenn im Einzelfalle Umstände hinzutreten, die die Besorgung bestimmter Angelegenheiten außergewöhnlich erschweren, ist die Aufstockung bis zum 5fachen möglich. Die Bürounkosten sind damit abgegolten.

Die genannte Regelung wird dazu führen, daß der Vormund genau Buch führen muß, wieviel Zeit er für die Vormundschaft aufgewendet hat, damit er gegenüber dem Vormundschaftsgericht seinen Anspruch darle-

---

14 LG Hamburg 27. 3. 1958, MDR 1959, 761.

gen und durchsetzen kann. Prognosen darüber, wie die Praxis die Erhöhungsmöglichkeit handhaben wird, sind noch nicht möglich. Die genannten Stundensätze, auch der Maximalstundensatz von DM 100,–, werden nicht annähernd den Kosten eines Anwaltsbüros gerecht.

Die Auffassung, eine Abrechnung nach Stunden müsse in entsprechender Aufwendung des § 1836 Abs. 2 auch für die Vergütung gemäß § 1836 Abs. 1 gelten[15], findet im Gesetz keine Stütze.

Mit der Neuregelung des § 1836 Abs. 2 wird die umfangreiche Rechtsprechung über den Aufwendungsersatz des Vormunds bzw. Pflegers obsolet, die nach der Entscheidung des Bundesverfassungsgerichts vom 1. 7. 1980 ergangen ist. Diese Entscheidungen versuchten, eine unzureichende gesetzliche Regelung auszugleichen, die jetzt durch das ab 1. 1. 1992 geltende Recht auf einer neuen Grundlage steht.

3. Vertragliche Abreden über die Vergütung

Mündel, Betreuter, Vormund und Betreuer können über die Vergütung vertragliche Vereinbarungen treffen, welche die Kompetenz des Vormundschaftsrichters nicht berühren, d. h. der Vormundschaftsrichter muß die Vereinbarung nicht unbedingt beachten, er kann sie nur als Markierung ansehen. Die Vergütung ist stets eine Billigkeitsleistung für Mühewaltung im Interesse des Mündels. Das Gericht wird immer das Schutzbedürfnis des Mündels im Auge haben müssen und prüfen, ob eine Vereinbarung den Mündel nicht zu sehr belastet. Umgekehrt bindet eine Erklärung des Vormundes, keine Vergütung haben zu wollen, das Gericht nicht. Dieses kann also theoretisch gleichwohl einen Vergütungsbeschluß erlassen[16].

4. Vergütungsanspruch bei fehlerhafter Bestellung

Vormund, Betreuer und Pfleger können auch dann eine Vergütung verlangen, wenn die Anordnung fehlerhaft war. Die Bestellung ist ein rechtsbegründender staatlicher Akt, auf den der Vormund vertrauen kann. Nur wenn der Bestallungsakt unter einem besonderen schwerwiegenden Feh-

---

15 *Wesche*, Das neue Betreuungsrecht, RPfleger 1990, 444.
16 BayObLG 3. 4. 1951, BayObLGZ 1948 – 1951, 346 (350 f.); KG 23. 4. 1913, KGJ A 45, A 52 bis A 54.

ler leidet, ist die Bestellung zum Vormund nichtig und ohne Rechtswirkung[17].

5. Vergütung des Gegenvormunds

Hinsichtlich des Auslagenersatzes gibt es zwischen Vormund und Gegenvormund keinen Unterschied, bei der Vergütung gibt es jedoch eine erhebliche Größendifferenz.

§ 1792 sieht keinen Anspruch des Gegenvormunds auf eine Vergütung vor. Das Gericht kann jedoch dem Gegenvormund „aus besonderen Gründen eine angemessene Vergütung bewilligen" (§ 1836 Abs. 1 Satz 2). Solche besonderen Gründe können der Arbeitsumfang, Verantwortung, Schwierigkeit und der Erfolg bei der Erfüllung seiner Kontrollaufgaben sein. Wenn das Gericht zugunsten des Gegenvormunds eine Vergütung festsetzen will, so muß es dazu eine besondere Veranlassung haben und seine Entscheidung besonders begründen. Wenn man schon für den Vormund eine überdurchschnittliche, verantwortungsvolle und schwierige Tätigkeit als Voraussetzung für eine Vergütung fordert, so können nur außergewöhnliche Umstände die Festsetzung einer Vergütung für den Gegenvormund rechtfertigen[18].

Es erscheint indes zweifelhaft, ob diese Grundsätze der Rechtsprechung der Funktion des Gegenvormunds gerecht werden. Die Entscheidungen verkennen nämlich folgendes: Entschließt sich ein Gericht, einen Gegenvormund zu bestellen, oder sieht es im Fall des § 1915 die Bestellung eines Gegenpflegers für erforderlich an, so hat dies einen ganz bestimmten Grund. Es kann sich dabei nur um verwickelte Vermögensverhältnisse und große Vermögen handeln oder um Abwicklungen, die besonders schwierig sind. Dem Gegenvormund in solchen Fällen zunächst eine Vergütung abzusprechen, erscheint nicht richtig. Gerade wenn dem Gegenvormund Kontrollpflichten obliegen, wird der Richter bei der Vergütung prüfen, ob die Bestellung des Gegenvormunds richtig und erfolgreich war.

---

17 RG 26. 1. 1914, RGZ 84, 92 (95).
18 KG 18. 6. 1937, DFG 1937, 145; BayObLG 11. 3. 1975, RPfleger 1975, 222; OLG Hamm 22. 3. 1971, RPfleger 1971, 218.

6. Vergütung des Beistandes

Der Beistand hat gemäß § 1685 fest umrissene Aufgaben. Handelt es sich um ein unübersichtliches und umfangreiches Vermögen, so ist schon seine Tätigkeit zur Aufnahme des Vermögensverzeichnisses eine nicht geringe Leistung. Wenn ein Beistand gerade mit Rücksicht darauf, daß neuerdings seine Aufgaben wiederbelebt und angereichert werden, tätig ist und Erfolg hat, ist nicht einzusehen, weshalb ihm das Vormundschaftsgericht keine Vergütung zusprechen sollte. Demgemäß billigt auch die Rechtsprechung dem Beistand einen Vergütungsanspruch zu [19].

7. Verfahrensrechtliche Fragen

Für die Festsetzung der Vergütung gemäß § 1836 ist das Vormundschaftsgericht, dort der Rechtspfleger, zuständig. Gegen den Beschluß des Rechtspflegers ist der Rechtsbehelf der Erinnerung gemäß § 11 RPflG gegeben. Sofern der Rechtspfleger der Erinnerung nicht abhilft, muß der Vormundschaftsrichter über die Erinnerung entscheiden. Sieht dieser die Erinnerung als nicht zulässig oder nicht begründet an, legt er die Erinnerung dem Rechtsmittelgericht vor, wobei die Erinnerung als Beschwerde zu betrachten ist.

Gegen den Vergütungsbeschluß steht nicht nur dem Vormund, sondern auch dem Mündel der Beschwerdeweg offen (§ 59 Abs. 1 FGG).

Die Entscheidung über die Vergütung ist für den Prozeßrichter in einem sich eventuell anschließenden Zivilprozeß bindend [20].

Über den Aufwendungsersatzanspruch hat nicht das Vormundschaftsgericht zu entscheiden, hierfür ist nur der Rechtsweg zu den Zivilgerichten gegeben.

---

[19] KG 27. 3. 1907, KGJ 34 A 39; OLG Celle 29. 6. 1960, NJW 1961, 77.
[20] RG 17. 1. 1930, RGZ 127, 103 (106f.); BGH 9. 5. 1963, FamRZ 1963, 356f.

IV. Nachlaßpflegschaft

1. Kosten der Nachlaßpflegschaft

Die Nachlaßpflegschaft, die für unbekannte Beteiligte angeordnet wird, hat keinen bekannten Vermögensträger. Es ist deshalb nicht möglich, schon denjenigen zu benennen, der für die Vergütung und die Aufwendungen aufzukommen hat. Der Anspruch des Nachlaßpflegers auf Vergütung entsteht erst dann, wenn das Nachlaßgericht sie festgesetzt hat, oder wenn die inzwischen bekannt gewordenen Erben sich mit dem Nachlaßpfleger auf eine Vergütung geeinigt haben.

2. Vergütung des Nachlaßpflegers

a) Grundsatz

Grundsätzlich ist das Amt des Nachlaßpflegers unentgeltlich zu führen (§§ 1960 Abs. 2, 1915 Abs. 1, 1836 Abs. 1 Satz 1). Das Nachlaßgericht kann ihm jedoch eine angemessene Vergütung bewilligen, wenn das verwaltete Vermögen sowie Umfang und Bedeutung der Geschäfte es rechtfertigen. Ist der Rechtspfleger mit Rücksicht auf seinen Beruf bestellt worden, so ist es ein Gebot der Billigkeit, bei der Festsetzung der Vergütung wohlwollend zu verfahren[1]. Eine Vergütung soll allerdings nur dann bewilligt werden, wenn das vom Nachlaßpfleger zu verwaltende Vermögen sowie der Umfang und die Bedeutung seiner Geschäfte es rechtfertigen.

Die vorstehenden Grundsätze beruhen auf einer langdauernden einhelligen Rechtsprechung. Ungeklärt ist bisher, ob der neu eingefügte § 1836 Abs. 2 auch hinsichtlich der Nachlaßpflegschaft zu einer anderen Beurteilung führt, wenn beispielsweise ein Rechtsanwalt Nachlaßpflegschaften ständig vom Nachlaßgericht übertragen bekommt. Es erscheint folgerichtig, dann, wenn ein ausreichender Nachlaß nicht vorhanden ist, auch dem Nachlaßpfleger die in § 1836 Abs. 2 genannte Vergütung zu bewilligen, da der (ungeänderte) § 1915 auf § 1836 insgesamt verweist.

Wenn im Nachlaß Vermögen vorhanden ist, soll immer eine Vergütung festgesetzt werden und wird auch in der Praxis festgesetzt.

---

1 BayObLG 16. 3. 1990, RPfleger 1990, 300, BayObLG 17. 5. 1984, RPfleger 1984, 356.

b) Vertragliche Vereinbarungen

Eine Festsetzung der Vergütung kann dann unterbleiben, wenn Erbe und Nachlaßpfleger sich über die Höhe und Fälligkeit der Vergütung geeinigt haben. Es entsteht dann ein vertragsmäßiger Anspruch des Nachlaßpflegers. Allerdings bindet den Erben nicht eine Vereinbarung, welche der Nachlaßpfleger mit einem Dritten abschließt, der sich verpflichtet, die Vergütung zu übernehmen, es sei denn, der Nachlaßpfleger erklärt, über den vom Dritten gezahlten Betrag hinaus keine weitere Vergütung zu verlangen [2].

c) Höhe der Vergütung

Feste Sätze für die Ermittlung der Vergütung bestehen nicht. Dies ergibt sich bereits aus dem Charakter der Nachlaßpflegschaft, deren Umfang und Schwierigkeit je nach Fall sehr verschieden sind. Soweit die Nachlaßwerte eine Rolle spielen, kommt es auf den aktiven Nachlaß und nicht auf den Nettonachlaß an [3]. Wird ein Rechtsanwalt mit Rücksicht auf seinen Beruf zum Nachlaßpfleger bestellt, so ist bei der Bemessung der Vergütung zu berücksichtigen, daß er sein Büro zur Erledigung der Pflegeraufgaben in Anspruch nimmt.

Gebührenordnungen können zu Vergleichszwecken nicht herangezogen werden, ebensowenig sind Vergütungsrichtlinien für Konkursverwalter oder Testamentsvollstrecker entsprechend anwendbar.

Wie unterschiedlich Vergütungen ausfallen können, sollen zwei Beispiele veranschaulichen: In dem Beschluß des Bayerischen Obersten Landesgerichts vom 16. 3. 1990 [4] beliefen sich die Nachlaßaktiva nach Angabe des Nachlaßpflegers auf DM 270000,–, nach Angabe des Ehemanns der Erblasserin auf DM 530000,–. Für eine Nachlaßpflegschaft, die fast 3 Jahre dauerte, setzte das Gericht eine Vergütung von DM 3000,– fest.

In einer Nachlaßpflegschaft des Verfassers bewilligte das Landgericht München II [5] für eine Nachlaßpflegschaft, die 1 Monat dauerte (sie ging in eine Nachlaßverwaltung über), eine Vergütung von DM 10650,–. Die Nachlaßpflegschaft war sehr arbeitsaufwendig, es ging insbesondere um die Fortführung eines Unternehmens, das Management-Kurse veranstal-

---

2 KG 2. 3. 1908, OLGZ 18, 294.
3 BayObLG 3. 11. 1980, RPfleger 1981, 111, OLG Köln 10. 12. 1990, FamRZ 1991, 483.
4 S. Fn. 1, allerdings nicht vollständig veröffentlicht.
5 LG München II 19. 5. 1982 (nicht veröffentlicht).

tete, die vor dem Tode des Erblassers fest gebucht waren. In dem zitierten Beschluß bestätigt das Landgericht München II, daß es eine Vergütung des Nachlaßpflegers nach starren Regeln, insbesondere nach Prozentsätzen, nicht gibt, allerdings habe sich in der Praxis eine Übung dahingehend gebildet, bei größeren Nachlässen 1–2%, bei kleineren 3–5% des Aktivnachlasses zuzubilligen[6]. Es erscheint sehr zweifelhaft, ob von einer solchen allgemeinen Praxis gesprochen werden kann.

3. Aufwendungsersatzanspruch des Nachlaßpflegers

a) Grundsatz

Der Nachlaßpfleger hat Anspruch auf Erstattung seiner Aufwendungen. Dieser Anspruch ist unabhängig davon, ob ihm auch durch das Gericht eine Vergütung bewilligt wird. Da der Anspruch gemäß §§ 669, 670 mit der Vergütung nichts zu tun hat, ist er notfalls im Prozeßwege gegen den Erben zu verfolgen.

Die Aufwendungen haben jedoch in der Rechnungslegung gemäß § 1892 Abs. 2 zu erscheinen[7].

Ist der Nachlaßpfleger Rechtsanwalt, und führt er einen Prozeß, so kann er seine Gebühren als Aufwendungsersatz fordern und – im Obsiegensfalle – als Prozeßkosten festsetzen lassen[8].

b) Probleme bei Grundbesitz

Häufig hat der Nachlaßverwalter damit zu tun, Einfamilien-, Mehrfamilien- oder Miethäuser im Nachlaß vorzufinden. Er muß dann den Grundbesitz verwalten. Der Nachlaßpfleger übt eine globale Tätigkeit aus, man darf also seine Arbeit nicht in Hausverwaltung und anderweitige Verwaltung trennen. Es kommt häufig vor, daß der Nachlaßpfleger, der Anwalt ist, neben seiner Vergütung eine Hausverwalterentlohnung verlangt. Ein solches Verlangen ist nicht gerechtfertigt, da der Nachlaßpfleger, der Grundstücke und Gebäude verwaltet, kein gewerblicher Hausverwalter ist.

Daraus folgt, daß die durch die Hausverwaltung anfallende Arbeit bei der Vergütung zu berücksichtigen ist und nicht auch noch ein Honorar ent-

---

[6] So *Firsching*, Nachlaßrecht (6. Aufl. 1986), 157.
[7] KG 4. 1. 1905, OLGZ 16, 28 f.
[8] KG 19. 6. 1937, JW 1937, 2244.

sprechend dem eines gewerbsmäßigen Hausverwalters gleichsam abgespalten werden kann[9].

Geht indes die Hausverwaltertätigkeit über einen angemessenen Rahmen hinaus, und kann der Nachlaßpfleger diese nicht alleine durchführen, so ist er berechtigt, Aufträge an Hausverwaltungen zu vergeben und die hierdurch anfallenden Kosten als Auslagen geltend zu machen. Entsprechendes gilt, wenn der Nachlaßpfleger, der nicht Anwalt ist, wegen beispielsweise mietrechtlicher oder grundbuchrechtlicher Fragen einen Anwalt einschaltet. Allerdings darf der Nachlaßpfleger nicht so verfahren, daß er die Hausverwaltung einem Rechtsanwalt übergibt, da dies zu vermeidbaren Kosten führt; gewerbliche Hausverwaltungen verlangen in der Regel weniger für ihre Tätigkeit als Rechtsanwälte.

c) Schuldner des Anspruches auf Aufwendungsersatz

Dem Nachlaßpfleger steht der Anspruch gegen den Erben zu; er ist berechtigt, den Betrag dem Nachlaß zu entnehmen.

Der Nachlaßpfleger hat auch den Anspruch auf Entschädigung gemäß § 1835 Abs. 4. Die genannte Bestimmung ist in der Weise entsprechend anzuwenden, daß bei der Prüfung der Frage, ob die Voraussetzungen der Vorschrift vorliegen, die Vermögenslage des Nachlasses zugrunde zu legen ist und nicht die Vermögenslage des (regelmäßig unbekannten) Erben[10].

4. Verfahren hinsichtlich der Ansprüche des Nachlaßpflegers auf Auslagenersatz und Vergütung

a) Grundsatz

Vergütung und Auslagenersatz sind streng zu trennen. Der Nachlaßpfleger braucht sich niemals auf seinen Vergütungsanspruch den Aufwendungsersatzanspruch anrechnen zu lassen[11].

Der Trennung beider Ansprüche entspricht auch eine Trennung in der Zuständigkeit. Die Festsetzung der Vergütung erfolgt durch das Nachlaß-

---

9 KG 1. 2. 1960, MDR 1960, 673 f.; KG 16. 5. 1960, MDR 1960, 843 f.
10 LG Berlin 30. 9. 1975, RPfleger 1975, 435.
11 LG München 10. 6. 1958, Jur. Büro 1959, 25 (27); KG JW 1938, 3116.

gericht gemäß FGG, für den Aufwendungsersatzanspruch sind, wenn er streitig ist, die ordentlichen Gerichte zuständig[12].

Sollte gegen den Nachlaßpfleger der Vorwurf mangelhafter Tätigkeit erhoben werden (ein solcher Einwand wäre allenfalls bei grober Fahrlässigkeit oder Vorsatz beachtlich), so können Gegenansprüche nicht bei der Festsetzung der Vergütung, sondern nur vor den ordentlichen Gerichten geltend gemacht werden.

b) Festsetzung der Vergütung durch das Nachlaßgericht

Die Festsetzung der Vergütung setzt nur eine wirksame Bestellung des Nachlaßpflegers voraus.

Die Festsetzung erfolgt im Rahmen der freiwilligen Gerichtsbarkeit durch das Nachlaßgericht. Diese Zuständigkeitszuweisung schließt es aus, daß ein Rechtsanwalt, der als Nachlaßpfleger bestellt ist und in einem Rechtsstreit der unbekannten Erben Honorar verdient hat, seine Gebühren gemäß § 19 BRAGebO festsetzen lassen kann[13]. Ein Prozeßgericht ist hinsichtlich der festgesetzten Vergütungshöhe an die Entscheidung des Nachlaßgerichts gebunden, und zwar auch dann, wenn anstelle des Erben ein Dritter durch Schuldübernahmevertrag die Kosten der Nachlaßpflegschaft übernommen hat[14].

Das Nachlaßgericht darf eine bereits festgesetzte Vergütung jederzeit ändern, solange über die Vorschußanforderung im Rechtsmittelverfahren noch nicht entschieden ist[15].

Ein Vergütungsbeschluß zugunsten des Nachlaßpflegers ist mit der Beschwerde anfechtbar. Das Beschwerderecht haben nicht nur der Nachlaßpfleger und der Erbe, sondern auch der Erbschaftskäufer und der Nachlaßgläubiger, der letztere dann, wenn er sich gegenüber dem Erben verpflichtet hat, aus dem ihm zugewendeten Teil des Nachlasses die Vergütung des Nachlaßpflegers zu bezahlen[16]. Der Vergütungsbeschluß des Nachlaßgerichts berührt nämlich nicht nur wirtschaftliche Interessen des Vertragspartners des Nachlaßpflegers, vielmehr konkretisiert der Beschluß des Nachlaßgerichts die Leistungspflicht, so daß unmittelbar auf eine bestehende Rechtsposition eingewirkt wird; daraus ergibt sich das Beschwerderecht des Erbschaftskäufers gemäß § 20 FGG, wobei es ohne

---

12 OLG Köln 13. 7. 1967, NJW 1967, 2408 f.
13 OLG München 28. 1. 1965, NJW 1965, 1026.
14 RG 17. 1. 1930, RGZ 127, 103 (110).
15 BayObLG 7. 6. 1974, RPfleger 1974, 313.
16 BayObLG 6. 8. 1985, RPfleger 1985, 486.

Bedeutung ist, ob die Kostenhaftung auf Gesetz oder auf Vertrag beruht[17].

Im Beschwerdeverfahren kann eine Herabsetzung der Vergütung erfolgen, da das FGG kein Verbot der reformatio in peius kennt.

5. Internationales Privatrecht

Wenn für einen in Deutschland belegenen Nachlaß eines Ausländers zum Zwecke der vorläufigen Sicherung eine Nachlaßpflegschaft angeordnet wird, so umschließt die Sicherungsbefugnis auch die Kompetenz des Nachlaßgerichts, eine Vergütung für den in der Bundesrepublik Deutschland tätigen Nachlaßpfleger festzusetzen. Die Vergütung folgt dem deutschen Recht als dem Recht, dem die Nachlaßpflegschaft unterliegt und nicht etwa dem Erbstatut des Erblassers[18].

V. Nachlaßverwalter

1. Gesetzlich statuierter Vergütungsanspruch

Der Nachlaßverwalter ist zwar auch (nur) ein Nachlaßpfleger, auf den die Vorschriften über die Nachlaßpflegschaft Anwendung finden, er hat aber als einziger unter den Pflegern den Vorzug, einen echten Vergütungsanspruch zu besitzen. Dies hat seinen Grund darin, daß seine Tätigkeit öffentlichen Interessen dient, d. h. der Gläubigerbefriedigung und der Nachlaßbereinigung. Dies ergibt sich aus § 1981 Abs. 3, der keine Übernahmeverpflichtung (§ 1785) aufbürdet und damit den Nachlaßverwalter in die Nähe des Testamentsvollstreckers rückt. § 1987 statuiert den Grundsatz der Vergütungspflicht, schränkt diesen aber zugleich dem Umfang nach mit der Formulierung „angemessene Vergütung" ein.

Der Vergütungsanspruch ist auch das Korrelat der risikoreichen Situation, in der sich der Nachlaßverwalter befindet. Der Nachlaßverwalter, der erfährt, daß der Nachlaß überschuldet ist, muß den Konkurs- oder Vergleichsrichter anrufen; hinsichtlich der Frage der Überschuldung trifft ihn eine strenge Überprüfungspflicht. Es gibt deshalb viele Nachlaßver-

---

17 KG 25. 5. 1939, JFG 20, 89 (91) für den Nachlaßverwalter.
18 OLG Hamburg 14. 12. 1959, NJW 1960, 1207 (deutsche Nachlaßpflegschaft bei italienischem Erbstatut).

waltungen, die vorzeitig enden. Dieses vorzeitige Ende ist aber auch für die Bemessung der Vergütung von Bedeutung. Der Nachlaßverwalter muß bei der Abwägung der Frage, ob er Konkurs- oder Vergleichsverfahren zu beantragen hat oder mit den Gläubigern einen außergerichtlichen Vergleich aushandelt, mit besonderer Vorsicht handeln. Diese Risikohäufung wirkt sich auf die Höhe seiner Vergütung aus, und zwar nicht nur wegen der schnelleren Beendigung der Verwaltung, sondern auch bezüglich seines Erfolges.

2. Höhe der Vergütung

Für die Höhe der Vergütung ist der Aktivnachlaß von Bedeutung, allerdings kann auch der Nettonachlaß herangezogen werden, darüber hinaus spielen der Umfang der Nachlaßforderungen und die Zahl der Nachlaßgläubiger eine Rolle[1].

Jeder Nachlaßverwalter muß damit rechnen, daß die Nachlaßschulden höher sind als der Aktivnachlaß und daß er Verwertungshandlungen vornehmen muß. Es wäre deshalb falsch, nur das der Bewertung zugrunde zu legen, was den Erben ausgehändigt wird, wenn Nachlaßschulden und angemessene Vergütung bezahlt sind. Die Vergütung bemißt sich nicht danach, was dem Erben möglicherweise noch bleibt, sondern danach, was an Aktivnachlaß da ist und welche Tätigkeiten der Nachlaßverwalter zur Befriedigung der Nachlaßgläubiger entfaltet hat. Der Ausgleich für den Erben besteht darin, daß seine eigene Haftung auf den Nachlaß beschränkt wird. Je erfolgreicher der als Nachlaßverwalter bestellte Rechtsanwalt handelt, um so mehr fällt dies bei der Bemessung der Vergütung ins Gewicht[2].

War der Nachlaßverwalter vorher Nachlaßpfleger, so ist die eine Vergütung von der anderen getrennt festzusetzen, es gibt keine Verrechnung[3]. Allerdings kommt es in der Praxis vor, daß in einem einzigen Beschluß beide Vergütungen zusammengefaßt und als einheitlicher Betrag festgesetzt werden.

Die Feststellung, die Vergütung des Nachlaßverwalters sei in der Regel höher als diejenige des Nachlaßpflegers[4], mag zwar in der Praxis häufig

---

1 BayObLG 12. 6. 1985, RPfleger 1985, 402 ff..
2 BayObLG 23. 3. 1917, OLGZ 36, 228; LG München II 19. 5. 1982 – 8 T 639/81 – nicht veröffentlicht.
3 KG 11. 1. 1906, Recht 1906, Nr. 1895.
4 *Firsching*, Nachlaßrecht (6. Auflage 1986), 337.

zutreffen, ist jedoch als rechtliche Aussage gefährlich, weil der Zahlenvergleich als solcher nicht berücksichtigt, daß die Vergütung des Nachlaßpflegers und des Nachlaßverwalters an verschiedenen Orientierungspunkten zu messen ist. So wird sich die Überschuldung eines Nachlasses für den Nachlaßpfleger in anderer Weise auswirken als für den Nachlaßverwalter.

Ein Vergleichsmaßstab kann nach der Rechtsprechung allenfalls die Vergütung sein, die ein Konkursverwalter oder Vergleichsverwalter erhält[5].

Wegen der völligen Unterschiedlichkeit der einzelnen Nachlaßverwaltungen und wegen des Grundsatzes der Billigkeit, dem die Festsetzung der Vergütung unterliegt, ist es nicht sinnvoll, aus der veröffentlichten Rechtsprechung die festgesetzten Beträge zu zitieren, da die jeweiligen Vergütungen stets streng fallbezogen sind. In der in Fußnote 1 zitierten Entscheidung des Bayerischen Obersten Landesgerichts hatte das Nachlaßgericht für eine 6monatige Nachlaßverwaltung DM 75 000,– bewilligt, in der Entscheidung des Landgerichts München II erhielt der Nachlaßverwalter für seine 5monatige Tätigkeit eine Teilvergütung von DM 21 300,–, in den folgenden 8 Jahren (mangels Masse) nichts mehr.

3. Verfahren

Die Vergütung wird vom Nachlaßgericht, dort dem Rechtspfleger, festgesetzt. Ein Beschwerderecht steht dem Nachlaßverwalter, dem Erben und demjenigen zu, der die Verpflichtung übernommen hat, die Vergütung zu bezahlen, außerdem den Nachlaßgläubigern[6].

Weil Nachlaßverwaltungen häufig umfangreich und langwierig sind, kann das Nachlaßgericht eine Teilvergütung oder mehrere Teilvergütungen festsetzen, ebenso sind Vergütungen nach Zeitabschnitten zulässig[7].

Das Nachlaßgericht ist auch berufen, bei der Festsetzung der Vergütung die Bürounkosten eines Rechtsanwalts mit zu berücksichtigen. Das Gericht kann wegen dieser Kosten den Nachlaßverwalter nicht auf den Prozeßweg verweisen, sondern muß diese Kosten in den Vergütungsbeschluß mit einbeziehen[8].

---

5 BayObLG 24. 4. 1972, BayObLGZ 1972, 156.
6 KG 25. 5. 1939, JFG 20, 89 ff.
7 BayObLG 11. 12. 1926, BayObLGZ 26, 454 (457).
8 BayObLG 12. 6. 1985, RPfleger 1985, 403.

Behauptet der Erbe Ansprüche gegen den Nachlaßverwalter wegen Verletzung seiner Amtspflicht, so hat hierüber nicht das Nachlaßgericht, sondern der Prozeßrichter zu entscheiden. Die Honorarfestsetzung durch das Nachlaßgericht ist nicht das geeignete Verfahren, um ein etwaiges Verschulden des Nachlaßverwalters festzustellen [9].

VI. Die Vergütung des Testamentsvollstreckers

1. Einführung

Das Gesetz bestimmt in § 2221:

> „Der Testamentsvollstrecker kann für die Führung seines Amtes eine angemessene Vergütung verlangen, sofern nicht der Erblasser ein anderes bestimmt hat."

Eine weitere – finanzielle – Regelung enthält das Gesetz mittelbar in § 2217, der auf das Auftragsrecht verweist. Der Beauftragte (Testamentsvollstrecker) kann gemäß § 670 Ersatz seiner Aufwendungen verlangen.

Die gesetzliche Regelung ist rudimentär. Sie macht keine Aussage über Höhe, Berechnungsmethode und Fälligkeit der Vergütung.

Literatur und Rechtsprechung haben Richtlinien zur Ermittlung der Höhe der Testamentsvollstreckervergütung entwickelt. Leider kann aber auch nach 90-jähriger Geltung des BGB noch nicht davon gesprochen werden, daß alle Kontroversen geklärt sind. Veröffentlichte Rechtsprechung, die eine konkrete Berechnung der Vergütung im Einzelfall enthält, existiert nur in spärlichem Umfang [1]. Dies ist überraschend, wenn man bedenkt, welch große praktische Bedeutung die Testamentsvollstreckung hat und wenn man weiter berücksichtigt, daß latent stets eine Konfliktsituation zwischen Testamentsvollstrecker und belastetem Erben existiert. In der Praxis werden Streitigkeiten häufig, spätestens in der Berufungsinstanz, durch Vergleich erledigt. Nicht selten läßt sich der Testamentsvoll-

---

9 BayObLG 3. 4. 1951, BayObLGZ 1948–1951, 346 (351 ff.), KG 23. 11. 1903, OLGZ 8, 270 f.

1 So jüngst BGH 3. 12. 1986, WM 1987, 239 (Nachlaß DM 3,5 Mio., Vergütung bei 2 1/2jähriger Testamentsvollstreckung DM 60 288,02 (ohne Erläuterung)); OLG Köln 12. 7. 1988 – 22 U 186/87 (Nachlaß DM 24 Mio., nach 1 1/2 Jahren Verwaltung Vergütung von DM 111 168,24).

strecker durch das Schiedsgutachten eines Fachmannes die angemessene Vergütung darstellen.

2. Höhe der Vergütung

a) Bestimmung durch den Erblasser

Das Gesetz sieht ausdrücklich eine Bestimmung der Vergütung durch den Erblasser vor. Hat dieser in der letztwilligen Verfügung die Vergütung festgelegt, so ist diese Festlegung abschließend und kann weder vom Erben noch vom Testamentsvollstrecker geändert werden. Der Erbe muß also eine – nach seiner Auffassung überhöhte – Vergütung akzeptieren, ebenso wie der Testamentsvollstrecker sich mit einer – nach seiner Meinung zu niedrigen – Vergütung abfinden muß[2]. Allerdings wird bei einer exorbitant hohen Vergütung möglicherweise (auch) ein Vermächtnis zugunsten des Testamentsvollstreckers vorliegen. Will er die Vergütung nicht akzeptieren, bleibt ihm nur die Möglichkeit, die Annahme des Amts abzulehnen oder, wenn er später von der Vergütungsregelung erfährt, sein Amt niederzulegen. Hat er das Amt in Kenntnis der im Testament enthaltenen Vergütungsregelung jedoch angenommen, so ist die Vergütung fixiert; für eine gerichtliche Überprüfung der Angemessenheit ist kein Raum.

Für die Praxis wäre es wünschenswert, wenn der Anwalt bei seiner Beratung dem Mandanten nahelegt, in das Testament eine Vergütungsregelung aufzunehmen. Es bestehen indes häufig Hemmungen, diesen Punkt zu erörtern, vor allem dann, wenn der beratende Anwalt als Testamentsvollstrecker vorgesehen ist.

b) Vereinbarung mit den Erben

(Sämtliche) Erben und Testamentsvollstrecker können durch Vertrag die Höhe der Vergütung festlegen und hierbei auch von einer Festlegung durch den Erblasser abweichen. Durch eine solche Vereinbarung wird auch ein Streit über die Frage vermieden, was als „angemessen" anzusehen ist[3].

---

[2] BayObLG 12. 12. 1979, RPfleger 1980, 152: Klausel, wonach für den Testamentsvollstrecker „jährlich 10% des Reingewinns ausgezahlt werden", ist nicht auslegungsfähig und durch das Gericht nicht abänderbar.

[3] Die zulässige Grenze ist die Haftung des Erben gemäß § 1978 BGB, vgl. *Brandner* in Münchner Kommentar § 2221 Rdnr. 6.

c) Höhe der Vergütung bei Fehlen einer Bestimmung durch den Erblasser oder einer Vereinbarung

aa) Arten der Vergütung

In der Praxis haben sich, je nach Aufgabe des Testamentsvollstreckers, verschiedene Gebührenarten entwickelt, die zum Teil allerdings denselben Sachverhalt bezeichnen. Die mangelnde begriffliche Schärfe ist aber auch das Spiegelbild dessen, wie ungenau und fließend die Grenzen zwischen den einzelnen Gebührenarten sind. Man unterscheidet die Konstituierungsgebühr (manchmal auch Konstitutionsgebühr genannt) und die Verwaltungsgebühr. Darüber hinaus nennt das Schrifttum die Verwaltungsgebühr (im untechnischen Sinn)[3a] und die Abwicklungsvergütung[3b].

Die Verwaltungs- oder Abwicklungsvergütung stellt den Regelfall dar, in dem der Erblasser dem Testamentsvollstrecker die Aufgabe überträgt, den im Testament bezeichneten Nachlaß abzuwickeln, insbesondere auseinanderzusetzen.

Die Praxis hat den Begriff der Konstituierungsgebühr entwickelt, die begrifflich nie allein, sondern nur zusammen mit der Verwaltungs- oder Abwicklungsgebühr anfallen kann. Die periodisch zu zahlende Verwaltungsgebühr ist nur vorstellbar, wenn der Nachlaß zuvor konstituiert wurde. Die Abwicklungsgebühr hingegen kann mit und ohne die Konstituierungsgebühr anfallen. Die letztere Feststellung wird im Schrifttum in dieser Klarheit nicht getroffen, vielmehr heißt es, daß dann, wenn mit der Aufstellung und Ausführung des Teilungsplanes besondere Schwierigkeiten verbunden sind, dem durch eine deutliche Erhöhung der Normalvergütung Rechnung zu tragen ist[3b]. Wenn auch im Ergebnis dies dazu führen kann, daß betragsmäßig eine Verdoppelung der Gebühren stattfindet, so ist doch darauf hinzuweisen, daß die strikte Aufteilung der Vergütung in Abwicklungsgebühr einerseits und in Konstituierungs- sowie Verwaltungsgebühr andererseits häufig nicht den vielfältigen Aufgaben des Testamentsvollstreckers gerecht wird. Es sind nämlich diejenigen Fälle keineswegs selten, in denen der Testamentsvollstrecker nach der Konstituierung des Nachlasses nicht nur verwaltet, beispielsweise dergestalt, daß er ein Mietshaus und ein Wertpapierdepot zugunsten von minderjährigen Erben betreut, sondern daß der Testamentsvollstrecker gesellschaftsrechtliche Entscheidungen treffen oder Anstrengungen unternehmen muß, wie jüngst, Vermögen in der früheren DDR zum Nachlaß zu ziehen.

[3a] *Glaser,* Das Honorar des Testamentsvollstreckers, MDR 1983, 93.
[3b] *Brandner* in Münchner Kommentar, 2. Auflage 1989, § 2221 Rdnr. 12.

Die oben genannte Zweiteilung der Gebühren paßt auch dann nicht, wenn es die Aufgabe des Testamentsvollstreckers ist, Vermächtnisse zugunsten von gemeinnützigen Organisationen zu erfüllen. Ein sehr gutes Beispiel hierfür bildet der Sachverhalt, über den das Bayerische Oberste Landesgericht in seinem Beschluß vom 22. 3. 1990[3c] (allerdings nicht unter dem Gesichtspunkt der Vergütung) zu entscheiden hatte: Der Testamentsvollstrecker hatte, was der Erblasser im einzelnen geregelt hatte, Grundbesitz für eine Sozialeinrichtung zur Verfügung zu stellen. Ein anderes Beispiel ist das unten genannte aus der Praxis der Verfasser.

Die Konstituierungsgebühr ist das Entgelt für die Tätigkeit des Testamentsvollstreckers zu Beginn der Testamentsvollstreckung. Darunter ist die Ermittlung und Sichtung des Nachlasses, die Erstellung des Nachlaßverzeichnisses sowie die Regelung von Nachlaßverbindlichkeiten einschließlich Erbschaftsteuer zu verstehen. Die Konstituierungsgebühr fällt nur dann an, wenn die Arbeit besonders schwierig und aufwendig ist[4]. Besteht der Nachlaß beispielsweise aus einem Hausgrundstück, einem Wertpapierdepot und einem Pkw, und hat der Testamentsvollstrecker den Nachlaß unter 3 Kindern auseinanderzusetzen sowie Vermächtnisse zu erfüllen, so fällt eine Konstituierungsgebühr nicht an. In diesem Fall erhält der Testamentsvollstrecker die allgemeine Abwicklungsgebühr.

Eine Verwaltungsgebühr ist periodisch zu bezahlen, wenn der Erblasser den Testamentsvollstrecker mit der langfristigen Verwaltung des Nachlasses beauftragt hat.

Entgegen der Auffassung (besser: dem Wunsch) mancher Testamentsvollstrecker gibt es keine „Abschlußgebühr" zum Ende der Testamentsvollstreckung oder eine „Auseinandersetzungsgebühr". Hat der Erblasser beispielsweise bestimmt, daß der Nachlaß für die Dauer der Minderjährigkeit seiner Kinder vom Testamentsvollstrecker zu verwalten ist, und hat die Verwaltung bei Erreichen der Volljährigkeit 10 Jahre gedauert, so hat der Testamentsvollstrecker neben der Konstituierungsgebühr die jährlich zu zahlende Verwaltungsgebühr verdient. Für die Schlußabrechnung und die Herausgabe des Nachlasses an die Kinder kann er nichts verlangen.

3c FamRZ 1990, 913.
4 BayObLG 12. 12. 1972, BayObLGZ 1972, 379 (381); RG 16. 7. 1936, JW 1936, 3388.

bb) Allgemeine Grundsätze für die Ermittlung der Vergütung

Der BGH hat folgenden Grundsatz aufgestellt:[5]

> „Maßgebend für die Vergütung des Testamentsvollstreckers sind der ihm im Rahmen der Verfügung von Todes wegen nach dem Gesetz obliegende Pflichtenkreis, der Umfang der ihn treffenden Verantwortung und die von ihm geleistete Arbeit, wobei die Schwierigkeit der gelösten Aufgaben, die Dauer der Abwicklung oder der Verwaltung, die Verwertung besonderer Kenntnisse und Erfahrungen und auch die Bewährung einer sich im Erfolg auswirkenden Geschicklichkeit zu berücksichtigen sind."

Diese Grundsätze sind der Versuch, entsprechend §§ 315, 316 die Angemessenheit in konkrete Merkmale zu fassen. Sie in der Praxis anzuwenden, bereitet häufig Schwierigkeiten, vor allem deshalb, weil sowohl die Erben (aus Eigeninteresse) und die Instanzgerichte (häufig aus Unkenntnis) sich keine Vorstellung davon machen, wie mühsam, arbeitsaufwendig und bisweilen auch nervenaufreibend die Tätigkeit eines Testamentsvollstreckers ist. Der Testamentsvollstrecker, sei er Rechtsanwalt, Notar oder Wirtschaftsprüfer, benötigt bei einem auch nur durchschnittlich komplizierten Nachlaß ein funktionierendes Büro. Er muß für große und kleine Fragen ständig präsent sein. Bei Verwaltungsvollstreckungen geht dies so weit, daß der Testamentsvollstrecker sich mit kleinen und kleinsten Geldausgaben der Erben befassen muß. Es ist überraschend, wie schwierig es ist, den Gerichten den Umfang einer Tätigkeit plausibel zu machen, für die der Testamentsvollstrecker Anspruch auf eine angemessene Vergütung hat, während bei Vergütungsansprüchen des Rechtsanwalts dieser den Schutz der BRAGO genießt und es auf den Umfang seiner Tätigkeit nur in zweiter Linie ankommt. Auf der anderen Seite gibt es Testamentsvollstreckungen, bei denen der Testamentsvollstrecker zwar verwaltet, jedoch nichts anderes zu tun hat, als jährlich die Erträgnisaufstellungen entgegen- und sein Honorar zu entnehmen.

cc) Berechnung der Vergütung

Rechtsprechung und Schrifttum sind sich darin einig, daß der übliche Ansatzpunkt für die Ermittlung der Vergütung ein *Vomhundertsatz* des Nachlasses, und zwar des *Aktivnachlasses,* ist. Maßgeblich ist stets der *Verkehrswert,* bei Grundstücken also nicht der Einheitswert.

Unklar ist indes, ob die Vergütung als Vomhundertsatz des Nachlasses getrennt für Konstituierungs- und Abwicklungsgebühr zu ermitteln ist.

---

5 BGH 26. 6. 1967, NJW 1967, 2400 (2401); ebenso BGH 24. 11. 1971, WM 1972, 101.

Die Rechtsprechung hat hierzu bislang keine Stellung bezogen. Eine angemessene Vergütung läßt sich nach Meinung der Verfasser nur in der Weise ermitteln, daß die Beträge der unten abgedruckten Tabelle jeweils getrennt für die Konstituierung und die Abwicklung des Nachlasses ermittelt und, wenn beide Gebühren angefallen sind, addiert werden. Nur wenn die Konstituierung nicht nötig ist und es bei der Abwicklung bleibt, fällt die Gebühr für die Abwicklung nur einmal an.

Daß der Wert des Aktivnachlasses der Berechnung der Vergütung zugrunde zu legen ist, ist unbestritten. Schwierigkeiten bereitet die Höhe des Prozentsatzes, aus dem die geschuldete Vergütung ermittelt werden soll. Die Praxis hilft sich seit langem mit Tabellen, die mit steigendem Wert einen degressiven Prozentsatz anwenden. Die am weitesten verbreiteten Tabellen sind die Richtlinien des Vereins für das Notariat in Rheinpreußen von 1925 und die Tabelle von Möhring, dem Begründer und Verfasser der Vorauflagen dieses Buches.

Der BGH hat die Sätze des Rheinischen Notariats als akzeptable Grundlage bezeichnet, jedoch dahingehend eingeschränkt, daß eine Schematisierung zu unterbleiben hat und auf den Einzelfall abzustellen ist. Allerdings hat sich der BGH seit 1967 mit der Frage nicht mehr befaßt. Das Schrifttum befürwortet Zuschläge[6] zu den Sätzen der Tabelle, weil die Tätigkeit des Testamentsvollstreckers in rechtlicher und wirtschaftlicher Hinsicht seit 1925 schwieriger geworden sei und die gestiegenen Nachlaßwerte wegen der Degression nicht zu angemessenen Vergütungen führen. Konkrete Korrekturvorschläge hat Tschischgale[7] gemacht.

Die Verfasser bleiben bei der Auffassung von Möhring, daß die Tabelle von 1925 des Rheinischen Notariats keine geeignete Berechnungsgrundlage mehr darstellen kann, auch dann nicht, wenn man die Prozentsätze oder die Beträge nach oben korrigiert. Die vorgeschlagenen Korrekturen sind so groß, daß man im Ergebnis nur noch von einer formalen, nicht aber materiellen Anwendung der Tabelle des Rheinischen Notariats sprechen kann. Es dürfte eine rechtliche Rarität sein, daß die – meist im Rahmen eines Berufs – ausgeübte Tätigkeit des Testamentsvollstreckers nach Sätzen vergütet wird, die 65 Jahre alt sind. Niemand käme auf die Idee, gäbe es keine entsprechende gesetzliche Regelung, beispielsweise die Entschädigung von Zeugen und Sachverständigen an Tabellen zu messen, die aus dem Jahre 1925 stammen. Auf diese Tabelle zurückzugreifen, verbietet sich deshalb, weil es an vergleichbaren Größen fehlt: Seit 1925 ist der

---

6 *Hägele/Winkler,* Der Testamentsvollstrecker, 10. Auflage 1989, Rdnr. 581: 40–50%.
7 Die Vergütung des Testamentsvollstreckers, Jur. Büro 1965, 90.

Vergütung des Vermögensverwalters

Lebenshaltungskostenindex bis heute um das etwa Fünffache gestiegen. Die Werte von Grundstücken, Gebäuden und Investitionsgütern sind überhaupt nicht vergleichbar. Zu den tiefgreifenden wirtschaftlichen Veränderungen kommt die rechtliche Komplizierung jeder Vermögensverwaltung. Ein Testamentsvollstrecker muß ganz erhebliche Kenntnisse haben, gleich, ob es sich um das Grundstücks-, Miet-, Gesellschafts- oder Steuerrecht handelt. Dies sei an einem ganz einfachen Beispiel dargestellt: Zum Nachlaß gehört eine Eigentumswohnung, die der Erblasser als Bauherrenmodell erworben hat und die über einen gewerblichen Zwischenmieter vermietet worden ist. Ein Laie käme mit dieser Konstellation überhaupt nicht zurecht und müßte einen Anwalt einschalten. Ist der Testamentsvollstrecker selbst Rechtsanwalt, so kann er die mit dieser Wohnung zusammenhängenden Fragen nur abwickeln, wenn er über detaillierte Rechtskenntnisse auf diesem Gebiet verfügt. Das Festklammern an den Sätzen des Rheinischen Notariats dürfte weniger darin begründet sein, daß diese Sätze, wenn auch mit Korrektur, besonders praktikabel und angemessen wären, vielmehr dürfte der tiefere Grund darin liegen, daß bei einer Aufgabe dieser Tabelle befürchtet wird, den Boden unter den Füßen zu verlieren.

Die von Möhring entwickelten Sätze werden praktischen Erfordernissen gerecht und sind auch in Literatur und Rechtsprechung akzeptiert worden[8].

dd) Tabelle der Richtsätze für die Vergütung von Testamentsvollstreckern

Aktivmasse des verwalteten Vermögens DM	Vergütung DM	Aktivmasse des verwalteten Vermögens DM	Vergütung DM
10 000	750	22 000	1 608
11 000	825	24 000	1 716
12 000	900	26 000	1 824
13 000	975	28 000	1 932

[8] OLG Köln 5. 10. 1987, NJW RR 1987, 1415; *Staudinger/Reimann,* 12. Auflage 1989 § 2221 Rdnr. 18; *Dittmann/Reimann/Bengel,* Testament und Erbvertrag, 2. Auflage 1986 Seite 703; *Brandner* in: Münchner Kommentar 2. Auflage 1989 § 2221 Rdnr. 10; *Gerold/Schmidt/Madert,* BRAGO 10. Auflage 1989 § 1 Rdnr. 25.

Testamentsvollstrecker

Aktivmasse des verwalteten Vermögens DM	Vergütung DM	Aktivmasse des verwalteten Vermögens DM	Vergütung DM
14 000	1 050	30 000	2 040
15 000	1 125	32 000	2 148
16 000	1 200	34 000	2 256
17 000	1 275	36 000	2 364
18 000	1 350	38 000	2 472
19 000	1 425	40 000	2 580
20 000	1 500	42 000	2 688
44 000	2 796	310 000	13 380
46 000	2 904	320 000	13 740
48 000	3 012	330 000	14 100
50 000	3 120	340 000	14 460
55 000	3 390	350 000	14 820
60 000	3 660	360 000	15 180
65 000	3 930	370 000	15 540
70 000	4 200	380 000	15 900
75 000	4 470	390 000	16 260
80 000	4 740	400 000	16 620
85 000	5 010	410 000	16 980
90 000	5 280	420 000	17 340
95 000	5 550	430 000	17 700
100 000	5 820	440 000	18 060
110 000	6 180	450 000	18 420
120 000	6 540	460 000	18 780
130 000	6 900	470 000	19 140
140 000	7 260	480 000	19 500
150 000	7 620	490 000	19 860
160 000	7 980	500 000	20 220
170 000	8 340	510 000	20 580
180 000	8 700	520 000	20 940
190 000	9 060	530 000	21 300
200 000	9 420	540 000	21 660
210 000	9 780	550 000	22 020
220 000	10 140	560 000	22 380
230 000	10 500	570 000	22 680
240 000	10 860	580 000	23 100

Vergütung des Vermögensverwalters

Aktivmasse des verwalteten Vermögens DM	Vergütung DM	Aktivmasse des verwalteten Vermögens DM	Vergütung DM
250 000	11 220	590 000	23 460
260 000	11 580	600 000	23 820
270 000	11 940	610 000	24 180
280 000	12 300	620 000	24 510
290 000	12 660	630 000	24 900
300 000	13 020	640 000	25 260
650 000	25 620	990 000	37 860
660 000	25 980	1 000 000	38 220
670 000	26 340	1 010 000	38 400
680 000	26 700	1 020 000	38 580
690 000	27 060	1 030 000	38 760
700 000	27 420	1 040 000	38 940
710 000	27 780	1 050 000	39 120
720 000	28 140	1 060 000	39 300
730 000	28 500	1 070 000	39 480
740 000	28 860	1 080 000	39 660
750 000	29 220	1 090 000	39 840
760 000	29 580	1 100 000	40 020
770 000	29 940	1 110 000	40 200
780 000	30 300	1 120 000	40 380
790 000	30 660	1 130 000	40 560
800 000	31 020	1 140 000	40 740
810 000	31 380	1 150 000	40 920
820 000	31 740	1 160 000	41 100
830 000	32 100	1 170 000	41 280
840 000	32 460	1 180 000	41 460
850 000	32 820	1 190 000	41 640
860 000	33 180	1 200 000	41 820
870 000	33 540	1 210 000	42 000
880 000	33 900	1 220 000	42 180
890 000	34 260	1 230 000	42 360
900 000	34 620	1 240 000	42 540
910 000	34 980	1 250 000	42 720
920 000	35 340	1 260 000	42 900
930 000	35 700	1 270 000	43 080

Testamentsvollstrecker

Aktivmasse des verwalteten Vermögens DM	Vergütung DM	Aktivmasse des verwalteten Vermögens DM	Vergütung DM
940 000	36 060	1 280 000	43 260
950 000	36 420	1 290 000	43 440
960 000	36 780	1 300 000	43 620
970 000	37 140	1 310 000	43 800
980 000	37 500	1 320 000	43 980
1 330 000	44 160	1 670 000	50 280
1 340 000	44 340	1 680 000	50 460
1 350 000	44 520	1 690 000	50 640
1 360 000	44 700	1 700 000	50 820
1 370 000	44 880	1 710 000	51 000
1 380 000	45 060	1 720 000	51 180
1 390 000	45 240	1 730 000	51 360
1 400 000	45 420	1 740 000	51 540
1 410 000	45 600	1 750 000	51 720
1 420 000	45 780	1 760 000	51 900
1 430 000	45 960	1 770 000	52 080
1 440 000	46 140	1 780 000	52 260
1 450 000	46 320	1 790 000	52 440
1 460 000	46 500	1 800 000	52 620
1 470 000	46 680	1 810 000	52 800
1 480 000	46 860	1 820 000	52 980
1 490 000	47 040	1 830 000	53 160
1 500 000	47 220	1 840 000	53 340
1 510 000	47 400	1 850 000	53 520
1 520 000	47 580	1 860 000	53 700
1 530 000	47 760	1 870 000	53 880
1 540 000	47 940	1 880 000	54 060
1 550 000	48 120	1 890 000	54 240
1 560 000	48 300	1 900 000	54 420
1 570 000	48 480	1 910 000	54 600
1 580 000	48 660	1 920 000	54 780
1 590 000	48 840	1 930 000	54 960
1 600 000	49 020	1 940 000	55 140
1 610 000	49 200	1 950 000	55 320
1 620 000	49 380	1 960 000	55 500

Vergütung des Vermögensverwalters

Aktivmasse des verwalteten Vermögens DM	Vergütung DM	Aktivmasse des verwalteten Vermögens DM	Vergütung DM
1 630 000	49 560	1 970 000	55 680
1 640 000	49 740	1 980 000	55 860
1 650 000	49 920	1 990 000	56 040
1 660 000	50 100	2 000 000	56 220

Die vorgeschlagenen Vergütungssätze für Testamentsvollstrecker von Nachlässen mit einer Aktivmasse über DM 2 Millionen lassen sich ohne Schwierigkeiten dadurch ermitteln, daß man aus dem über DM 2 Millionen liegenden Wert 1% bildet und diesen Betrag dem Vergütungssatz für DM 2 Millionen hinzurechnet, also beispielsweise für DM 3 160 000,– Aktivmasse:

1% aus DM 1 160 000,–	DM 11 600,–
zuzüglich	DM 56 220,–
Vergütung bei DM 3 160 00,– Aktivmasse	DM 67 820,–

Diese Zahlen können immer nur Richtsätze sein, sie erheben nicht den Anspruch, etwa mit den gesetzlichen Gebühren eines Rechtsanwalts verglichen zu werden. Immer sind die Verhältnisse des einzelnen Falles bei der Angemessenheit der Testamentsvollstreckervergütung bestimmend. Stets ist zu prüfen, ob bei Berücksichtigung aller Verhältnisse diese Richtsätze Abweichungen nach unten oder oben veranlassen.

Die Verfasser sind im Gegensatz zur Vorauflage nicht mehr der Auffassung, daß bei Nachlässen von DM 10 Millionen aufwärts die Tabelle nicht mehr anwendbar ist. Es sind sicherlich Fälle denkbar, in denen die Vergütungshöhe sich eher an den Gehältern von Führungskräften zu orientieren hat als an Prozentsätzen. Andererseits ist heute ein Betrag von DM 10 Millionen keineswegs mehr so exorbitant hoch, daß er als außergewöhnlich anzusehen ist.

Die Unterschiede der verschiedenen Tabellen zeigen sich vor allem in der Bandbreite der Prozentsätze: Das Rheinische Notariat bewegt sich zwischen 4% und 1%[9], Tschischgale zwischen 5 (in besonderen Fällen 6) und 1,25% und Möhring zwischen 7,5 und 2,81%, wobei der jeweils erste Prozentsatz Kleinnachlässe, der zweite Prozentsatz Großnachlässe betrifft.

Bei der Dauer-Verwaltungsvollstreckung besteht Einigkeit darüber, daß sich die Vergütung entweder auf 1/3–1/2% des Nachlaßbruttowertes oder auf 2–4% des Nachlaßbruttoertrages beläuft[10].

Die spezifischen Vergütungen, die der Testamentsvollstrecker sonst in seinem Beruf, beispielsweise als Rechtsanwalt, Steuerberater oder Wirtschaftsprüfer erhält, sind kein Maßstab. Allerdings hat das OLG Köln in dem zitierten Urteil vom 12. 7. 1988 es als zulässig angesehen, daß ein Wirtschaftsprüfer nach Stundensätzen (DM 250,– pro Stunde) abrechnet, wenn sich die Summe innerhalb des Rahmens der obigen Prozentsätze bewegt.

Unabhängig davon, ob man die korrigierte Tabelle des Rheinischen Notariats oder diejenige von Möhring anwendet, ist festzuhalten, daß die Sätze sich auf die Vollstreckungsgebühr beziehen, also die Gebühr, die der Testamentsvollstrecker im Normalfall für seine gesamte Tätigkeit erhält. Die Sätze sind entsprechend auf die Konstituierungsgebühr anzuwenden. Allerdings wird dann, wenn der Konstituierung des Nachlasses eine weitere Tätigkeit folgt, die gesondert vergütet wird, die Konstituierungsgebühr eher den Regelbetrag ausmachen oder darunter liegen, während dann, wenn eine Konstituierungsgebühr nicht anfällt, die Abwicklungsgebühr eher nach oben tendiert.

Das jüngste Schrifttum läßt nicht erkennen, ob der Testamentsvollstrecker neben der Konstituierungsgebühr auch die Abwicklungsgebühr verlangen kann. Daß neben der Konstituierungsgebühr die Verwaltungsgebühr bei Dauervollstreckung geschuldet ist, steht außer Frage. In der Praxis kommen sehr wohl Fälle vor, in denen neben der Konstituierungsgebühr auch die allgemeine Vollstreckungsgebühr geschuldet ist. Hat der Erblasser den Testamentsvollstrecker beauftragt, den Nachlaß auseinanderzusetzen und Vermächtnisse zu erfüllen, so hat der Testamentsvollstrecker dann, wenn er die Konstituierung des Nachlasses vornimmt, auch Anspruch darauf, neben der Konstituierungsgebühr eine Gebühr dafür zu erhalten, daß er die Auseinandersetzung des Nachlasses vorbereitet und durchführt.

---

9 Unverändert angewendet vom OLG Köln 18. 5. 1987, NJW RR 1987, 1098.
10 OLG Köln 12. 7. 1988 – 22 U 186/87.

Daß beide Gebühren geschuldet sein können, sei an einem, zugegebenermaßen nicht alltäglichen, Fall illustriert, in dem einer der Verfasser Testamentsvollstrecker war:

> Der Erblasser hatte in seinem Testament den einzigen Sohn als Alleinerben eingesetzt. Zum Nachlaß gehörten Grundbesitz und ein Wertpapierdepot. Der Erblasser hatte bestimmt, daß nach dem Tode des Sohnes das noch vorhandene Vermögen an eine gemeinnützige Einrichtung gehen sollte. Um dieses Vermächtnis durchzuführen, ordnete er Testamentsvollstreckung an. Es war die Aufgabe des Testamentsvollstreckers, auch zu überwachen, daß die Auflagen, an die das Vermächtnis geknüpft war, durch die gemeinnützige Einrichtung beachtet würden. Nach dem Tode des Sohnes, der seinerseits seine Ehefrau zur Alleinerbin eingesetzt hatte, zeigte es sich, daß der Sohn offensichtlich das gesamte Wertpapierdepot zu Lebzeiten auf seine Frau übertragen hatte. Die Ehefrau versuchte auch nach dem Tode sofort, als Alleineigentümerin der Grundstücke im Grundbuch eingetragen zu werden. Der Testamentsvollstrecker mußte einerseits den Grundbesitz sichern, damit die Ehefrau diesen nicht weiterveräußert, er mußte außerdem dafür Sorge tragen, daß das Wertpapierdepot des Erblassers von der Ehefrau auf ihn übertragen wird, damit er das Vermächtnis erfüllen kann.

Das vorgenannte Beispiel zeigt die typischen Merkmale der Konstituierung, nämlich die Sicherung des Nachlasses im Interesse des Vermächtnisnehmers. Darüber hinaus hat der Testamentsvollstrecker aber auch Tätigkeiten entfaltet, die nicht nur in der Erfüllung des Vermächtnisses, sondern auch in der Überwachung des Vermächtnisnehmers bestehen. Der Vermächtnisnehmer schuldet daher in dem konkreten Fall die doppelte Vergütung laut Tabelle.

Das Beispiel ist deshalb illustrativ, weil es bestätigt, daß die Vergütung nicht nur eine angemessene Belohnung des geleisteten Arbeitsaufwandes darstellt, sondern auch des Erfolges und des Einsatzes, der notwendig war, um die Testamentsvollstreckung zu führen.

Ob es für die Gesamtvergütung des Testamentsvollstreckers eine Höchstgrenze gibt, läßt sich nicht allgemein beantworten. In der Literatur wird die Auffassung vertreten, daß „mit allem Vorbehalt" eine Höchstgrenze 12% des Nachlasses sind[10a].

10a *Winkler*, NWB Nr. 41 vom 9. 10. 1989.

3. Testamentsvollstrecker mit Führungsaufgaben

Besondere Schwierigkeiten bei der Errechnung einer Verwaltungsvergütung bereiten die Fälle, in denen der Testamentsvollstrecker leitend in einem zum Nachlaß gehörenden Unternehmen tätig ist, unternehmerische Funktionen hat und auch das damit verbundene Risiko trägt. Höchstrichterliche Rechtsprechung fehlt. Einen richtigen Hinweis gibt das Urteil des LG Hamburg vom 27. 3. 1958[11], das dem Testamentsvollstrecker im Ergebnis 10% des jährlichen Reingewinns des Unternehmens zusprach. Dies entbindet allerdings nicht davon, im Einzelfall zu prüfen, ob eine solche Regelung angemessen ist.

Häufig empfiehlt es sich, die Vergütung des Testamentsvollstreckers an den Bezügen von Vorstandsmitgliedern deutscher Aktiengesellschaften auszurichten. Einen Überblick vermittelt die Übersicht, veröffentlicht in der Zeitschrift Capital, Juni 1990, S. 24, die nachstehend abgedruckt ist. Auch diese Zahlen können nur ein Hinweis sein, da Vorstand und Testamentsvollstrecker nicht völlig vergleichbar sind. Der Vorstand wird vom Aufsichtsrat ernannt, während der Testamentsvollstrecker sein Amt vom Erblasser herleitet, mit dem er meist persönlich oder freundschaftlich verbunden war.

Gesellschaft/Bankinstitut	Zahl der Vorstände	Durchschnittsbezüge je Vorstandsmitglied 1989 in Mark	Veränderung gegen 1988 in Prozent
Bertelsmann	9	2 355 291	+ 16,6
BMW	7	1 681 877	+ 16,0
Thyssen	8	1 762 500	+ 21,6
VW	10	1 462 587	+ 11,6
Daimler-Benz	8	1 385 153	+ 3,8
Deutsche Bank	11	1 307 750	+ 5,7

11 MDR 1959, 761.

Vergütung des Vermögensverwalters

Gesellschaft/Bankinstitut	Zahl der Vorstände	Durchschnittsbezüge je Vorstandsmitglied 1989 in Mark	Veränderung gegen 1988 in Prozent
Hoesch	4	1 228 000	+ 39,3
Bayer	9	1 201 095	− 5,7
Dresdner Bank	13	1 169 624	+ 18,4
BASF	11	1 078 261	+ 5,1
Hoechst	12	1 056 387	+ 8,3
BHF-Bank	6	1 026 378	− 16,3
PWA	3	976 680	+ 10,4
RWE	7	930 038	+ 15,5
Schering	7	916 550	+ 11,4
Metallgesellschaft	6	902 558	+ 14,2
Siemens	28	882 567	+ 11,6
Commerzbank	11	873 926	− 2,1
Bayer. Vereinsbank	12	831 373	+ 4,4
Escada	3	822 772	+ 45,7
Degussa	9	809 222	+ 0,4
Linotype	4	794 639	+ 13,4
Linde	6	793 259	+ 7,9
Bayer. Hypo-Bank	10	782 797	− 4,9
Klöckner-Werke	6	705 833	+ 12,6

Gesellschaft/Bankinstitut	Zahl der Vorstände	Durchschnittsbezüge je Vorstandsmitglied 1989 in Mark	Veränderung gegen 1988 in Prozent
Deutsche Babcock	5	610 978	− 4,4
Vereins- und Westbank	7	589 143	+ 2,7
Asea Brown Boveri	8	556 250	+ 8,8
Dt. Centralbodenkredit	3	466 000	+ 6,2
ADV/Orga	2	339 387	+ 20,0

4. Aufwendungsersatz

a) Allgemeines

Der Testamentsvollstrecker kann gemäß §§ 2217, 670 Ersatz seiner Aufwendungen verlangen. Daß darunter beispielsweise Reisekosten und Postgebühren fallen, ist unproblematisch. Zweifelhaft erscheint es jedoch, ob, wie Göttlich behauptet, eine Entschädigung für Hilfskräfte verlangt werden kann. Wenn der Testamentsvollstrecker einen Rechtsanwalt, Wirtschaftsprüfer oder Notar zum Testamentsvollstrecker einsetzt, so tut er dies, weil er nicht nur bestimmte Kenntnisse und Fähigkeiten voraussetzt, sondern weil er auch davon ausgeht, daß ein geeignetes Büro vorhanden ist, um die Testamentsvollstreckung abzuwickeln. Bürounkosten, die dem Testamentsvollstrecker bei Ausübung seines Amtes innerhalb seines Berufes entstehen, fallen daher nicht unter den Aufwendungsersatz.

Zu ersetzen sind jedoch diejenigen Aufwendungen, die dadurch entstehen, daß der Testamentsvollstrecker dritte Personen für die Ausübung von Tätigkeiten einsetzt, wenn ihm die nötigen Fachkenntnisse fehlen. Zu denken ist daran, daß ein Nichtjurist als Testamentsvollstrecker in einer Rechtsfrage einen Anwalt konsultiert oder aber ein Rechtsanwalt in einer schwierigen steuerrechtlichen Frage einen Steuerberater hinzuzieht. Die hierfür anfallenden Kosten kann der Testamentsvollstrecker erstattet verlangen. Maßstab muß stets sein, ob der Testamentsvollstrecker „den Umständen nach" die Aufwendungen „für erforderlich halten darf." Der

Erblasser, der einen wirtschaftsrechtlich versierten Rechtsanwalt oder Wirtschaftsprüfer als Testamentsvollstrecker einsetzt, geht davon aus, daß diese Person wirtschafts- und steuerrechtliche Fragen allein lösen kann und hierfür nicht der Hilfe Dritter bedarf. Wenn davon der Testamentsvollstrecker gleichwohl beispielsweise einen weiteren Rechtsanwalt einschaltet, so handelt es sich nicht um eine Aufwendung, die er für erforderlich halten darf. Die Kosten können nicht dem Erben angelastet werden.

Hinterläßt der Erblasser Grundbesitz, den der Testamentsvollstrecker zu verwalten hat, und ist er dazu auch aufgrund seiner Kenntnisse in der Lage, so ist die Einschaltung einer Hausverwaltung nicht erforderlich. Tut er dies gleichwohl, so sind die Gebühren der Hausverwaltung keine erforderlichen Aufwendungen. Andererseits braucht sich aber der Testamentsvollstrecker bei der Verwaltung des Grundbesitzes nicht mit den Gebühren zufriedenzugeben, die eine Hausverwaltung üblicherweise in Rechnung stellt.

b) Insbesondere: Prozeßkosten

Prozeßkosten gehören zu den Aufwendungen des Testamentsvollstreckers, wenn ein Prozeß erforderlich ist. Diese Prozeßkosten kann beispielsweise der Testamentsvollstrecker, der Rechtsanwalt ist, auch dann verlangen, wenn er den Prozeß selbst führt. Um das Hausverwaltungsbeispiel aufzugreifen: Kommt ein Mieter mit den Mietzahlungen in Verzug, und reicht der Testamentsvollstrecker als Rechtsanwalt Räumungsklage ein, so erhält er neben seiner Vergütung als Testamentsvollstrecker auch diejenigen Kosten, die im Räumungsprozeß nach der BRAGO anfallen. Führt er auswärts unter Einschaltung eines Kollegen, den er am Sitz des Prozeßgerichts einschalten muß, einen Rechtsstreit, so wird die Berechtigung, die Verkehrsanwaltsgebühr in Rechnung zu stellen, verneint, was nicht recht einzusehen ist: Bei der herrschenden Gebührenteilungspraxis, bei der der Verkehrsanwalt alle Schriftsätze fertigen muß, muß dem Testamentsvollstrecker sein Gebührenanteil zustehen, unabhängig davon, wo der Prozeß geführt wird. Wäre ein Nichtjurist als Testamentsvollstrecker eingesetzt, würde er auch zunächst einen Verkehrsanwalt einschalten.

5. Herausgabe von durch Dritte gezahlten Honorars?

§§ 2218, 667 statuieren eine Herausgabepflicht. Der Testamentsvollstrecker hat an die Erben dasjenige herauszugeben, was er aufgrund seines Amtes erlangt hat. Bisher nicht erörtert und geklärt ist die – delikate

– Frage, wem letztlich eine Zahlung gebührt, wenn der Testamentsvollstrecker beispielsweise ein Grundstück oder Unternehmen verkauft und sich der Erwerber in dem Vertrag verpflichtet, die Anwaltskosten des Testamentsvollstreckers (der selbst Anwalt ist) zu übernehmen. Solche Kostenübernahmevereinbarungen sind bei Grundstücksgeschäften üblich und durchsetzbar, vor allem dann, wenn beim Verkauf eines Grundstücks ein Makler nicht eingeschaltet ist und der Erwerber nur die weit geringeren Anwaltskosten zu akzeptieren braucht. Gelingt es dem Testamentsvollstrecker durch Verhandlungsgeschick, über den Kaufpreis hinaus noch zu erreichen, daß der Erwerber Kosten ganz oder teilweise übernimmt, so ist nach Meinung der Verfasser im Verhältnis zu den Erben darauf abzustellen, welche Maßstäbe der Festlegung der Testamentsvollstreckervergütung allgemein zugrunde gelegt wurden. Hat der Testamentsvollstrecker gegenüber den Erben eine hohe Vergütung gerade mit der Begründung verlangt und erhalten, der Verkauf des Grundstücks oder des Unternehmens sei besonders schwierig, so kann er nicht darüber hinaus auch noch die Kosten behalten, die der Erwerber bezahlt hat. Wird die Vergütung hingegen nicht der besonderen Schwierigkeit und der erfolgreichen Tätigkeit des Testamentsvollstreckers gerecht, so ist die Zahlung des Erwerbers als Teil der Vergütung zu betrachten, die nicht an die Erben herauszugeben ist.

Die vorstehende Frage ist bislang in Schrifttum und Rechtsprechung niemals abgehandelt worden, hat aber sehr wohl praktische Bedeutung.

6. Mehrwertsteuer

Übt der Testamentsvollstrecker seine Tätigkeit im Rahmen einer umsatzsteuerpflichtigen Tätigkeit aus, so hat er auf seine Vergütung die Mehrwertsteuer abzuführen. Bis zu diesem Punkt herrscht Einigkeit in Rechtsprechung und Literatur. Streitig ist, ob der Testamentsvollstrecker dem Erben die gesetzliche Mehrwertsteuer neben der (Netto-)Vergütung in Rechnung stellen kann. Dies wird überwiegend verneint. Soweit ersichtlich, hat bisher nur das LG Mönchengladbach[11a] und das OLG Hamburg[12] (jeweils entschieden für den Nachlaßpfleger) erlaubt, daß neben der Vergütung die Mehrwertsteuer einbehalten wird. Die herrschende Auffassung, die sich im wesentlichen darauf stützt, Vergütungen seien zivilrechtlich stets Bruttovergütungen, § 25 BRAGO sei eine Son-

---
11a 23. 11. 1970 NJW 1971, 146.
12 4. 5. 1972, NJW 1972, 1427.

derregelung, kann nicht geteilt werden. Wenn das Gesetz dem Testamentsvollstrecker eine Vergütung zuspricht, so meint es, daß er die Vergütung behalten darf, Beträge, die sofort an den Fiskus abzuführen sind, sind bereits begrifflich keine Vergütung. Die herrschende Meinung führt dazu, daß sich mit der Veränderung des Mehrwertsteuersatzes, dessen Anhebung im Rahmen der EG zu erwarten ist, die Vergütung des Testamentsvollstreckers ständig nach unten verändert. Diese Veränderung hat bereits in den letzten Jahren stattgefunden, in denen die Mehrwertsteuer von 5,5% auf 14% gestiegen ist. Die teilweise anzutreffende, dunkle Formulierung, der Testamentsvollstrecker dürfe die Mehrwertsteuer als Teil seiner Kalkulationsgrundlagen betrachten, verdeckt das Problem nur. Mit diesem Rat ist wohl gemeint, daß der Testamentsvollstrecker (versteckt) seine Vergütung so hoch festlegen soll, daß damit auch die Mehrwertsteuer abgedeckt ist[13]. Eine solche Regelung widerspricht dem Gebot der Klarheit und einer geordneten Abrechnung. Gegenüber dem Erben entsteht der Eindruck eines besonders hohen Honorars, da er nicht weiß, daß darin die abzuführende Mehrwertsteuer enthalten ist.

7. Fälligkeit, Geltendmachung und Entnahme der Vergütung

Die Vergütung ist fällig, wenn die Testamentsvollstreckung abgeschlossen ist. Der Testamentsvollstrecker kann zwar keinen Vorschuß verlangen, ist aber berechtigt, in bestimmten Abschnitten Teilzahlungen geltend zu machen.

Sind für bestimmte Phasen der Testamentsvollstreckung, beispielsweise die Konstituierung und die Abwicklung, Gebühren geschuldet, so tritt die Fälligkeit mit Beendigung des einzelnen Abschnitts auf. Der Testamentsvollstrecker kann also nach Konstituierung des Nachlasses die Konstituierungsgebühr verlangen. Bei langfristigen Verwaltungsvollstreckungen ist er berechtigt, die Vergütungen jährlich in Rechnung zu stellen.

Der Testamentsvollstrecker ist befugt, die Vergütung dem Nachlaß zu entnehmen. Dies ergibt sich aus dem Charakter der Vergütung als Nachlaßverbindlichkeit, so daß auch das Verbot des Selbstkontrahierens gemäß § 181 nicht entgegensteht. Das Recht zur Entnahme bedeutet allerdings nicht, daß der Testamentsvollstrecker ohne weiteres befugt ist, sich bei Fehlen liquider Mittel diese durch Veräußerung von Nachlaßgegenständen zu beschaffen. Maßgebend ist, „ob eine solche Art der Geldbeschaf-

---

13 BayObLG 6. 11. 1986, BayObLGZ 1986, 448 (453); *Mümmler,* Jur. Büro 1989, 22 f.

fung im Rahmen einer ordnungsgemäßen Verwaltung des Nachlasses liegt; das ist nicht allgemein, sondern nur nach den jeweiligen Umständen des Einzelfalls zu entscheiden"[14].

Ob die Höhe der Vergütung angemessen ist, muß der Testamentsvollstrecker pflichtgemäß entscheiden. Bei Streit entscheidet nicht das Nachlaß-, sondern das Prozeßgericht. Soweit sich die Gerichte bisher mit Streit über die Höhe der Vergütung befaßt haben, lag der Fall häufig so, daß der Testamentsvollstrecker die nach seiner Meinung angemessene Vergütung entnommen hatte und die Erben einen Teil der Vergütung zurückforderten. Der Testamentsvollstrecker muß sich dessen bewußt sein, daß er dann, wenn er eine offensichtlich zu hohe Vergütung entnimmt, nicht nur eine Klage der Erben gewärtigen muß, sondern auch Gefahr läuft, sein Amt als Testamentsvollstrecker wegen Pflichtverletzung zu verlieren.

Der Nacherbenvollstrecker (§ 2222) hat seinen Vergütungsanspruch gegen den Nacherben zu richten, nicht gegen den Vorerben. Der Vergütungsanspruch des Vermächtnisvollstreckers (§ 2223) besteht gegen den Vermächtnisnehmer, zumal häufig der Testamentsvollstrecker als einzige Aufgabe die Ausführung des Vermächtnisses hat.

8. Mehrere Testamentsvollstrecker

Bei größeren und komplizierten Nachlässen werden nicht selten mehrere Testamentsvollstrecker bestellt. Diese führen das Amt gemeinschaftlich (§ 2224). Bei einer Meinungsverschiedenheit entscheidet das Nachlaßgericht. Fällt einer von ihnen weg, so führen die übrigen das Amt allein. Der Erblasser kann jedoch abweichende Anordnungen treffen.

Es stellt sich die Frage, ob bei einer Mehrzahl von Testamentsvollstreckern jeder Testamentsvollstrecker die Regelvergütung beanspruchen kann oder ob der für die Vergütung zugrunde zu legende Betrag unter den Testamentsvollstreckern nach Köpfen zu verteilen ist. Eine schematische Teilung oder Vervielfältigung der Vergütung wird dem Grundgedanken des § 2221 nicht gerecht. Jeder Testamentsvollstrecker kann diejenige Vergütung verlangen, die dem Umfang und der Schwierigkeit seiner Tätigkeit entspricht[15].

---

14 BGH 22. 5. 1963 LM § 2221 BGB Nr. 3.
15 BGH 26. 6. 1967 LM § 2221 BGB Nr. 4.

9. Vergütungsansprüche des vermeintlichen Testamentsvollstreckers

Es ist in der Praxis keineswegs selten, daß der Testamentsvollstrecker aufgrund eines unwirksamen Testaments tätig wird oder irrig glaubt, als Testamentsvollstrecker eingesetzt zu sein.

Grundsätzlich kann der vermeintliche Testamentsvollstrecker keine Vergütung für seine Tätigkeit verlangen. In Betracht kommt allein ein Anspruch auf Ersatz seiner Aufwendungen, wenn der vermeintliche Testamentsvollstrecker hinsichtlich seiner Funktion gutgläubig ist. Daraus folgt umgekehrt, daß dann, wenn dem Testamentsvollstrecker bekannt ist, daß die Wirksamkeit seiner Ernennung bestritten wird, er sich auf die Vorschriften des Auftragsrechts nicht berufen kann, weil es an der mutmaßlichen Willensübereinstimmung mit dem Erben fehlt[16].

Ist ein Aufwendungsersatzanspruch dem Grunde nach zu bejahen, so kann der Testamentsvollstrecker nur diejenigen Aufwendungen in Rechnung stellen, die er hätte abrechnen können, wenn er die Tätigkeit im Rahmen seines Berufs ausgeübt hätte. Daraus folgt, daß, weil beispielsweise die Vermögensverwaltung in der Regel nicht zur Berufstätigkeit des Rechtsanwalts gehört, er hierfür nichts verlangen kann. Anders ist es bei tatsächlichen Ausgaben, den Kosten für Hilfspersonen und schließlich für Gebühren, die ihm entsprechend seiner Berufstätigkeit zustehen würden und die angefallen wären, wenn er als Testamentsvollstrecker den Beruf nicht selbst ausgeübt hätte.

Soweit die tatbestandlichen Voraussetzungen vorliegen, kann auch ein Anspruch des Testamentsvollstreckers aus ungerechtfertigter Bereicherung denkbar sein. Ein solcher Anspruch kommt aber auch nur bei Gutgläubigkeit des Testamentsvollstreckers in Betracht.

Jeder Testamentsvollstrecker muß sich darüber im klaren sein, daß dann, wenn die Erben die wirksame Anordnung der Testamentsvollstreckung bestreiten, seine Tätigkeit ohne Vergütung zu bleiben droht, dies auch dann, wenn er ein Testamentsvollstreckerzeugnis in Händen hält. Der BGH hat in dem genannten Urteil vom 6. 7. 1977 ausdrücklich festgehalten, daß diese Belastung des vermeintlichen Testamentsvollstreckers in Kauf zu nehmen ist, weil der Erbe sich eine Einschränkung durch die Testamentsvollstreckung nur dann gefallen lassen muß, wenn die Anordnung der Testamentsvollstreckung wirksam und unbestritten ist.

---

16 BGH 6. 7. 1977, BGHZ 69, 235.

I.
Vermögensverwalter im Steuerrecht

I. Steuerliche Pflichten des Vermögensverwalters

Die grundlegende Gesetzesvorschrift für die steuerlichen Pflichten der gesetzlichen Vertreter und der Vermögensverwalter ist § 34 der Abgabenordnung 1977 (AO). Nach Abs. 1 dieser Bestimmung haben die gesetzlichen Vertreter natürlicher Personen deren steuerliche Pflichten zu erfüllen; sie haben insbesondere dafür zu sorgen, daß die Steuern aus den Mitteln entrichtet werden, die sie verwalten. Steht eine Vermögensverwaltung anderen Personen als den Eigentümern des Vermögens oder deren gesetzlichen Vertretern zu, so haben nach Abs. 3 des § 34 AO die Vermögensverwalter dieselben Pflichten, soweit ihre Verwaltung reicht.

Gesetzliche Vertreter im Sinne dieser Bestimmung sind Vormund, Betreuer und Pfleger, außerdem auch der Nachlaßpfleger als gesetzlicher Vertreter der noch unbekannten Erben[1].

Vermögensverwalter im Sinne des § 34 Abs. 3 AO sind der Nachlaßverwalter und der Testamentsvollstrecker.

1. Steuerliche Pflichten der gesetzlichen Vertreter

Die gesetzlichen Vertreter (Vormund, Betreuer, Pfleger, Nachlaßpfleger) haben alle Pflichten zu erfüllen, welche den von ihnen Vertretenen auferlegt sind, z. B. Buchführungspflichten, Auskunftspflichten, Verpflichtung zur Abgabe von Steuererklärungen, insbesondere auch die Verpflichtung, aus den von ihnen verwalteten Mitteln die Steuern zu zahlen.

Steuerschuldner bleiben aber die Vertretenen[2].

Die Verpflichtung beschränkt sich nicht auf Steuertatbestände, welche in die Zeit der Tätigkeit des gesetzlichen Vertreters fallen; auch bezüglich solcher Vorgänge, die vor dem Antritt des Amtes liegen, kommen Verpflichtungen in Betracht, so beispielsweise die Verpflichtung gemäß § 153 Abs. 1 AO, früher von dem Vertretenen abgegebene steuerliche Erklärun-

---
1 BFH 30. 3. 1982, BStBl 1982, II, 687.
2 BFH 20. 10. 1970, BStBl 1970, II, 826.

gen zu berichtigen, wenn der Vertreter nachträglich die Unrichtigkeit solcher Erklärungen erkennt.

Verletzen die von der Gesetzesbestimmung erfaßten Personen die ihnen auferlegten Pflichten vorsätzlich oder grob fahrlässig, und werden dadurch Steuern oder steuerliche Nebenleistungen nicht oder nicht rechtzeitig festgesetzt, so haften die Vertreter persönlich, § 69 AO. Die Haftung umfaßt auch die infolge der Pflichtverletzung zu zahlenden Säumniszuschläge.

Die Verpflichtungen, die sich aus §§ 34, 69 AO ergeben, sind öffentlich-rechtlicher Natur und können deshalb nicht durch Abmachungen zwischen Vertreter und Vertretenem eingeschränkt oder beseitigt werden.

2. Steuerliche Pflichten der Vermögensverwalter

Vermögensverwalter, die nicht gesetzliche Vertreter sind (Nachlaßverwalter, Testamentsvollstrecker), haben grundsätzlich dieselben Pflichten, soweit ihre Verwaltung reicht.

Es ergeben sich unterschiedliche Verpflichtungen für die noch den Erblasser betreffenden Steuern, die nach dem Tode anfallenden Steuern und für die Erbschaftsteuer, wofür besondere gesetzliche Regelungen gelten.

a) Vor dem Tode des Erblassers entstandene Steuerschulden sind Nachlaßverbindlichkeiten, für deren Begleichung der Testamentsvollstrecker zu sorgen hat.

Hat der Erblasser noch keine Erklärungen abgegeben, so hat der Testamentsvollstrecker dies zu tun. Unrichtige oder unvollständige Steuererklärungen hat er richtigzustellen (§ 153 AO).

Vollstreckungsmaßnahmen wegen Steuerschulden, die vom Erblasser herrühren, müssen sich gegen den Testamentsvollstrecker bzw. Nachlaßverwalter richten (§ 265 AO in Verbindung mit § 748 ZPO). Ein vollstreckbarer Verwaltungsakt gegen den Erben ist entbehrlich.

Zur zeitlichen Abgrenzung: Die Einkommensteuerpflicht endet mit dem Tode des Steuerpflichtigen, also am Todestag (§ 1 EStG); für das Sterbejahr sind also 2 Einkommensteuererklärungen abzugeben, bis zum Todestag für den Erblasser, ab dem Todestag für den bzw. die Erben. Einkünfte, die nach dem Zuflußprinzip zu versteuern sind, müssen zeitlich abgegrenzt werden (bei festverzinslichen Wertpapieren einschließlich anteiliger Stückzinsen); gehört zum Nachlaß ein bilanzierendes Unternehmen, ist eine Stichtagsbilanz auf den Todestag aufzustellen. Hingegen endet die

Vermögensteuerpflicht erst am Ende des Sterbejahres, weil die Vermögensteuer nach den Verhältnissen zu Beginn des Kalenderjahres festgesetzt wird (§ 5 VStG). Die Vermögensteuerpflicht des bzw. der Erben beginnt also erst an dem 1. Januar, welcher dem Todestag nachfolgt.

b) Hinsichtlich der nach dem Erbfall entstehenden Steuern ist es nicht Aufgabe des Testamentsvollstreckers oder Nachlaßverwalters, im Rahmen der Verwaltung des Nachlaßvermögens die öffentlich-rechtlichen Pflichten des Erben zu erfüllen, insbesondere die den Erben betreffenden einkommensteuerrechtlichen Angelegenheiten hinsichtlich ihrer Beziehung auf den Nachlaß zu überwachen, es sei denn, die Erben stehen noch nicht fest und die Eigentumsverhältnisse am Nachlaß sind noch nicht geklärt[3]. Die einkommensteuerrechtlichen Ansprüche richten sich, auch soweit die Einkünfte aus Erträgen des Nachlaßvermögens stammen, gegen den Erben und nicht gegen den Nachlaß; Steuererklärungen für nach dem Erbfall entstandene Einkommensteuern haben die Erben abzugeben[4].

Besonderheiten können gelten, wenn der Testamentsvollstrecker ein Handelsgeschäft des Erblassers fortführt; hier können den Testamentsvollstrecker steuerliche Pflichten hinsichtlich der nach dem Erbfall entstandenen betrieblichen Steuern treffen.

Mittelbar obliegt allerdings dem Testamentsvollstrecker die Verpflichtung, dem Erben für die Erfüllung seiner steuerrechtlichen Verpflichtungen die erforderlichen Zahlen an Hand zu geben. Dies ist bedeutsam insbesondere bei einer länger dauernden Verwaltungstestamentsvollstreckung. Im Rahmen seiner Verpflichtung zur Rechnungslegung muß der Testamentsvollstrecker dem bzw. den Erben alle steuerrechtlich bedeutsamen Umstände und Zahlen bekanntgeben und etwa erforderliche Nachweise zur Verfügung stellen (also beispielsweise bei Einkünften aus Kapitalvermögen nicht nur die Höhe der Einkünfte, sondern auch Nachweise für einbehaltene Kapitalertragsteuern oder ausländische Quellensteuern).

c) Hinsichtlich der Erbschaftsteuer enthält das Erbschaftsteuergesetz spezielle Vorschriften über die Pflichten des Testamentsvollstreckers oder Nachlaßverwalters.

Ist ein Testamentsvollstrecker oder Nachlaßverwalter vorhanden, so hat er die Erbschaftsteuererklärung abzugeben (§ 31 Abs. 5 Satz 1 Erbschaft-

---

[3] BFH 16. 4. 1980, BStBl 1980, II 605.
[4] BFH 7. 10. 1970, BStBl 1971, II, 119.

steuer- und Schenkungsteuergesetz). Der Erbschaftsteuerbescheid ist dem Testamentsvollstrecker bekanntzugeben (§ 32 Abs. 1 Satz 1 ErbStG). Er hat dafür zu sorgen, daß die Erbschaftsteuer gezahlt wird (§ 32 Abs. 1 Satz 2 ErbStG). Auf Verlangen des Finanzamtes hat er aus dem Nachlaß Sicherheit zu leisten (§ 32 Abs. 1 Satz 3 ErbStG).

Dennoch ist der Testamentsvollstrecker oder Nachlaßverwalter nicht selbst Steuerschuldner der Erbschaftsteuer noch ist dies der Nachlaß. Steuerschuldner ist der Erbe, Miterbe oder Vermächtnisnehmer; deshalb muß der Erbschaftsteuerbescheid auch den jeweiligen Erben als Steuerpflichtigen bezeichnen. Betrifft ein Erbschaftsteuerbescheid lediglich Erbschaftsteuern, welche für die Zuwendung an einen Vermächtnisnehmer anfallen, so ist die Zustellung des Erbschaftsteuerbescheides an den Vermächtnisnehmer und nicht an den Testamentsvollstrecker geboten[5].

Bis zur Auseinandersetzung haftet gemäß § 20 Abs. 3 ErbStG der Nachlaß für die Steuer der am Erbfall Beteiligten. Da der Testamentsvollstrecker dafür zu sorgen hat, daß die Erbschaftsteuer aus dem von ihm verwalteten Nachlaß entrichtet wird, haftet der Testamentsvollstrecker über § 69 AO persönlich, wenn er die ihm durch das Erbschaftsteuergesetz auferlegten Pflichten schuldhaft verletzt hat und deshalb die Erbschaftsteuer nicht oder nicht rechtzeitig festgesetzt oder die Steueransprüche nicht erfüllt werden. Aus diesem Grunde ist jedem Testamentsvollstrecker oder Nachlaßverwalter dringend zu empfehlen, die von ihm verwalteten Nachlaßmittel nicht, zumindest nicht vollständig, aus der Hand zu geben, bevor nicht endgültige Erbschaftsteuerbescheide ergangen und die daraus resultierenden Erbschaftsteuerschulden beglichen sind.

Da der Testamentsvollstrecker oder Nachlaßverwalter nicht selbst Steuerschuldner ist, wird er auch durch einen etwa inhaltlich unrichtigen Erbschaftsteuerbescheid nicht beschwert und ist daher nicht berechtigt, im eigenen Namen Rechtsbehelfe einzulegen, es sei denn, er werde (etwa aus § 69 AO) persönlich in Anspruch genommen; rechtsbehelfsbefugt ist der Steuerschuldner, also der Erbe oder Vermächtnisnehmer; wenn der Testamentsvollstrecker Rechtsmittel einlegen will oder soll, so kann er dies nur im Auftrag und in Vollmacht des Steuerschuldners tun[6]. Legt der Testamentsvollstrecker gegen den Erbschaftsteuerbescheid im Namen des Erben Einspruch ein, so kann das Finanzamt gemäß § 80 Abs. 1

---

5 BFH 14. 11. 1990, BStBl 1991, II, 49.
6 BFH 4. 11. 1981, BStBl 1982, II, 262.

Satz 3 AO den schriftlichen Nachweis der Vollmacht verlangen. Das Testamentsvollstreckerzeugnis genügt nicht. Entsprechendes gilt auch im Klageverfahren vor dem Finanzgericht (§ 62 Abs. 3 FGO).

II. Steuerliche Behandlung der Vergütung des Vermögensverwalters bei seiner eigenen Besteuerung

Sofern und soweit der Vermögensverwalter eine Vergütung für seine Tätigkeit erhält, stellt sich für ihn die Frage der Steuerpflicht nach dem Einkommensteuergesetz und nach dem Umsatzsteuergesetz.

1. Einkommensteuer

§ 18 Abs. 1 Ziffer 3 Einkommensteuergesetz (EStG) bestimmt, daß Vergütungen für die Vollstreckung von Testamenten und für Vermögensverwaltung Einkünfte aus sonstiger selbständiger Arbeit sind.

Dies gilt für den Vormund, Pfleger und Betreuer ebenso wie für den Testamentsvollstrecker und Nachlaßverwalter.

Wird ein Angehöriger eines freien Berufs (Rechtsanwalt, Notar, Wirtschaftsprüfer, Steuerberater) wegen seiner Zugehörigkeit zu dieser Berufsgruppe zum Vormund, Pfleger oder Testamentsvollstrecker bestellt, so gehören die Tätigkeiten zu seiner freien Berufsausübung im Sinne des § 18 Abs. 1 Ziffer 1 EStG[7].

Die Tätigkeit als Vermögensverwalter ist selbst dann selbständige Arbeit, wenn der Vermögensverwalter einen Gewerbebetrieb des Erblassers zu überwachen oder zu führen hat, so daß keine gewerblichen Einkünfte vorliegen und damit auch keine Gewerbesteuerpflicht anfällt[8]. (Gewerbesteuer kann nur fällig werden, wenn die Tätigkeit der Vermögensverwaltung selbst im Rahmen eines Gewerbebetriebs ausgeübt wird – z.B. bei einer Bank als Testamentsvollstrecker.)

Wenn sich eine Vermögensverwaltung über mehrere Jahre hinweg erstreckt, die Vergütung für mehrjährige Tätigkeit jedoch auf einmal anfällt, könnte man daran denken, die einmalige Zahlung der Vergütung auf mehrere Jahre gemäß § 34 Abs. 3 EStG zu verteilen oder aus anderem

---

7 BFH 4. 12. 1980, BStBl 1981, II, 193.
8 *Möhring/Seebrecht*, BB 1977, 1561 mwN.

Grunde die Einkünfte als Vermögensverwalter als außerordentliche Einkünfte im Sinne von § 34 EStG zu qualifizieren. Die Rechtsprechung hat eine solche Qualifikation und damit die Anwendung des ermäßigten Steuersatzes stets abgelehnt[8]. Es ist deshalb zu empfehlen, bei einer länger dauernden Verwaltungstätigkeit von der Möglichkeit Gebrauch zu machen, Teilvergütungen festsetzen zu lassen bzw. (beim Testamentsvollstrecker) Vorschüsse auf das Testamentsvollstreckerhonorar über die Jahre hinweg zu entnehmen, damit nicht in einem einzigen Jahr besondere hohe Einkünfte mit der entsprechenden Progressionsfolge anfallen.

2. Umsatzsteuer

Soweit die Tätigkeiten des Vermögensverwalters seiner anderweitigen freiberuflichen Tätigkeit als Rechtsanwalt, Notar, Steuerberater oder Wirtschaftsprüfer zuzuordnen sind, steht die Verpflichtung zur Zahlung von Umsatzsteuer auf die Vergütung außer Zweifel.

Dasselbe gilt, wenn ein Vermögensverwalter eine entgeltliche Tätigkeit wiederholt ausübt.

Die Frage, ob im Sinne von § 2 Abs. 1 Satz 3 UStG eine nachhaltige Tätigkeit zur Erzielung von Einnahmen vorliegt, könnte sich dann stellen, wenn eine Tätigkeit beispielsweise als Testamentsvollstrecker einmalig ausgeübt wird. Die Rechtsprechung der Finanzgerichte ist jedoch auch bei einmaligen Tätigkeiten als Vermögensverwalter in zunehmendem Maße zu dem Ergebnis gekommen, daß eine nachhaltige Tätigkeit im Sinne des Umsatzsteuerrechts vorliegt. So hatte der Bundesfinanzhof schon 1975 entschieden, daß eine sich über mehrere Jahre erstreckende Verwaltungs-Testamentsvollstreckung (im Streitfall 18 Jahre) eine nachhaltige unternehmerische Tätigkeit im Sinne des Umsatzsteuergesetzes darstellt[9]. Das Finanzgericht Hamburg hat in einem rechtskräftigen Urteil 1983 entschieden, daß auch die Tätigkeit eines Auseinandersetzungs-Testamentsvollstreckers nachhaltig im Sinne von § 2 Abs. 1 Satz 3 des Umsatzsteuergesetzes sein kann. Für die Nachhaltigkeit komme es auf die Zahl der erforderlichen Auseinandersetzungsgeschäfte an. Die Auseinandersetzung eines durchschnittlichen bürgerlichen Haushalts sei nicht nachhaltig. Auf die Höhe des Nachlaßwerts komme es dabei nicht an[10]. Dagegen hat das Finanzgericht Bremen 1988 entschieden, daß durch die Übernahme des Amtes eines Testamentsvollstreckers gegen Ver-

---

9 BFH 7. 8. 1975, BStBl 1976, II, 57.
10 FG Hamburg 21. 10. 1983, rechtskräftig, EFG 1984, 316.

gütung regelmäßig ein auf die Erzielung von Einnahmen gerichteter Dauerzustand geschaffen wurde, der deshalb als nachhaltig anzusehen sei. Nachhaltigkeit sei nicht nur bei Verwaltungs-Testamentsvollstreckung, sondern auch bei Abwicklungs-Testamentsvollstreckung gegeben, wenn eine Vielzahl von Auseinandersetzungstätigkeiten anfalle. Im Streitfall umfaßte das Nachlaßvermögen 11 Grundstücke einschließlich landwirtschaftlich genutzter Flächen bei einem Gesamtwert von rund 13 Mio. DM, die Testamentsvollstreckervergütung betrug 440000,– DM[11].

Nach dem derzeitigen Stand der Rechtsprechung kann man zusammenfassen, daß die Tätigkeit eines Vermögensverwalters, insbesondere eines Testamentsvollstreckers, dann als nachhaltig im Sinne des Umsatzsteuergesetzes anzusehen ist, wenn die Dauer der Tätigkeit, der erforderliche Arbeitsaufwand und die Anzahl der erforderlichen Geschäfte für eine Nachhaltigkeit im Sinne des Umsatzsteuerrechts sprechen.

III. Steuerliche Abzugsfähigkeit der Vergütung des Testamentsvollstreckers

1. Erbschaftsteuer

§ 10 Abs. 5 Nr. 3 des Erbschaftsteuer- und Schenkungsteuergesetzes (ErbStG) bestimmt, daß bei der Erbschaftsteuer die Kosten als Nachlaßverbindlichkeit abzugsfähig sind, welche dem Erwerber unmittelbar im Zusammenhang mit der Abwicklung, Regelung oder Verteilung des Nachlasses entstehen. Kosten für die Verwaltung des Nachlasses sind nicht abzugsfähig.

Daraus folgt für das Testamentsvollstreckerhonorar: Kosten für die Konstituierung und Abwicklung des Nachlasses sind abzugsfähig, soweit sich das Testamentsvollstreckerhonorar (Konstituierungsgebühr) im Rahmen der Angemessenheit im Sinne des § 2221 bewegt[12]. In welcher Höhe die Vergütung als angemessen anzusehen ist, wenn sie vom Erblasser nicht ziffermäßig bestimmt worden ist, wird in Kapitel H VI) 2) eingehend dargelegt. Die zivilrechtliche Rechtsprechung bewegt sich immer noch auf der Grundlage des Urteils des BGH vom 26. 6. 1967, welches zumindest

---

11 FG Bremen, 30. 8. 1988, rechtskräftig, EFG 1989, 39.
12 *Kapp*, Erbschaftsteuer- und Schenkungsteuergesetz, § 10, Rz. 142.6 i. V. mit Rz. 134 ff.; *Troll*, ErbStG § 10, Rz. 36; *Meincke/Michel*, ErbStG 8. Aufl., § 10, Rz. 61; RFH RStBl 1937, 973.

die Sätze des Rheinischen Notariats als akzeptable Grundlage ansieht[13]. Inzwischen geht aber auch die Literatur zum Erbschaftsteuerrecht davon aus, daß diese Sätze angemessen anzuheben sind; die Möhringsche Tabelle hat sich in der Praxis so weit durchgesetzt, daß man sie gegenwärtig als die maßgebende Tabelle ansehen muß[14].

Bei einer Dauertestamentsvollstreckung bzw. Verwaltungstestamentsvollstreckung sind dagegen die Verwaltungsgebühren aufgrund der ausdrücklichen Vorschrift erbschaftsteuerlich nicht abzugsfähig (zur Frage der Abzugsfähigkeit bei der Einkommensteuer vgl. unten 2).

Abzugsfähig als Nachlaßverbindlichkeit ist auch das Honorar eines Steuerberaters, den der Testamentsvollstrecker mit der Abfassung der Erbschaftsteuererklärung beauftragt hat, wenn er selbst die erforderlichen Fachkenntnisse nicht besitzt[15].

2. Einkommensteuer

Einigkeit besteht in Rechtsprechung und Literatur darüber, daß die Kosten für die Konstituierung und Auseinandersetzung des Nachlasses ausschließlich die Vermögenssphäre betreffen und deshalb einkommensteuerrechtlich nicht als Betriebsausgaben oder Werbungskosten berücksichtigt werden können[16]. Dies hat der BFH auch für den Fall entschieden, daß der Erblasser bei angeordneter Nacherbschaft die Verwaltung des Nachlasses durch den Testamentsvollstrecker bis zum Eintritt des Nacherbfalles angeordnet und je eine Gebühr für die Konstituierung, für die Verwaltung und für die Auseinandersetzung beim Nacherbfall ausgesetzt hatte. Der BFH hat die Abzugsfähigkeit der Konstituierungsgebühr abgelehnt, obwohl die Konstituierung des Nachlasses die Voraussetzung für die Verwaltung des Nachlasses geschaffen hat.

Inwieweit die Gebühren für eine auf Dauer angelegte oder angeordnete Verwaltung des Nachlasses wie z.B. bei der Dauertestamentsvollstreckung nach § 2209 f. einkommensteuerlich abzugsfähig sind, ist nicht unumstritten. Der RFH hatte früher danach unterschieden, ob die Verwaltung des Nachlasses oder andere Vermögen dem Steuerpflichtigen aufgezwungen war, wie etwa durch Ernennung eines Testamentsvoll-

---

13 NJW 1967, 2400 = DB 1967, 1499.
14 *Kapp*, § 10, Rz. 136; *Winkler*, NWB Fach 30, S. 751.
15 FG München, EFG 1983, 243, rechtskräftig.
16 BFH BStBl 1978 II 499; BFH BStBl 1980 II 351; *Schmidt/Heinicke*, EStG 8. Aufl., § 4, Anm. 99, Rechtsverfolgungkosten; *Kirchhof/Söhn*, EStG § 9, Rdnr. B 711 f.

streckers, oder ob der Steuerpflichtige die Verwaltung des Nachlasses selbst herbeigeführt hat. Bei einer aufgezwungenen Verwaltung wurden die Kosten als Werbungskosten angesehen, in anderen Fällen nicht. Diese Unterscheidung wird heute vom Bundesfinanzhof abgelehnt und ist als überholt anzusehen [16]. Die Literatur hat sich bemüht, andere Abgrenzungskriterien aufzustellen, die aber von der Rechtsprechung nur teilweise aufgegriffen worden sind [17]. Die Rechtsprechung des BFH und der Finanzgerichte entscheidet streng nach einkommensteuerrechtlichen Kriterien, also nach Einkommensarten sowie danach, ob die Tätigkeit des Verwalters (insbesondere des Testamentsvollstreckers) vorwiegend auf die Erzielung von Erträgen aus dem Nachlaß gerichtet ist.

a) Verwaltet ein Testamentsvollstrecker ein zu einem Nachlaß gehörendes Handelsgeschäft oder einen zum Nachlaß gehörenden Anteil an einer Personengesellschaft, so kann die hierfür gezahlte Vergütung nach einer Entscheidung des BFH von 1978 ebenso als Betriebsausgabe abziehbar sein wie das Honorar für einen vertraglich bestellten Treuhänder oder Geschäftsführer; liegt die Veräußerung des Geschäfts bzw. des Gesellschaftsanteils im Rahmen einer ordnungsmäßigen Verwaltung, so können auch die im Zusammenhang mit der Veräußerung entstandenen Testamentsvollstreckerkosten Betriebsausgaben sein [16].

b) Bei Einkünften des Nachlasses aus Vermietung und Verpachtung können Verwaltungsaufwendungen für den Testamentsvollstrecker, Nachlaßverwalter oder Nachlaßpfleger insoweit vorliegen, als die Tätigkeit des Verwalters auf die Erzielung von Einkünften aus dem zum Nachlaß gehörenden Grundvermögen bezogen ist [18].

c) Restriktiv entwickelt sich die Rechtsprechung des BFH zur Abzugsfähigkeit von Vermögensverwaltungskosten bei Einkünften aus Kapitalvermögen. Soweit die Verwaltung Kapitalvermögen betrifft, welches nicht zur Erzielung von Kapitaleinkünften angelegt ist oder Kapitaleinkünfte nicht erwarten läßt, sind Verwaltungskosten keine Werbungskosten. Dies trifft z. B. zu, wenn die Verwaltung eines Vermögens darauf ausgerichtet ist, Wertsteigerungen aus Kapitalvermögen, die nicht steuerpflichtige Spekulationsgewinne sind, zu realisieren. In einer neueren Entscheidung hat der BFH ausgesprochen, daß ein erfolgsabhängiges Verwalterentgelt, welches auf nicht steuerbare Wertsteigerungen des verwalteten Vermögens entfällt, auch dann nicht als Werbungskosten bei den Einkünften aus

---

17 *Möhring/Seebrecht*, BB 1977, 1561; *Friedrich*, DB 1978, 1901; *Ebeling*, BB 1979, 157; *Oswald*, Deutsche Steuerzeitung 1981, 362; *Pöllath/Raupach*, DB 1985, 616.
18 FG Nürnberg, EFG 1987, 20 – entschieden für den Nachlaßpfleger.

Kapitalvermögen abgezogen werden kann, wenn aus den im Wert gestiegenen Anlagegegenständen zugleich Einnahmen aus Kapitalvermögen nach § 20 EStG erzielt wurden [19]. Geht die Zielsetzung bei einer Verwaltung von Kapitalvermögen generell und umfassend dahin, das verwaltete Vermögen möglichst ertragreich anzulegen, wie sich dies beispielsweise beim Testamentsvollstrecker aus dem gesetzlichen Auftrag ergibt, sollten sich Verwalter und Steuerpflichtiger auf den Standpunkt stellen, daß die anfallenden Verwaltungsgebühren nicht aufteilbar sind und daher in vollem Umfang Werbungskosten bei den Einkünften aus Kapitalvermögen darstellen. Dieser Rechtsstandpunkt ist bei dem derzeitigen Stand der Diskussion in Rechtsprechung und Literatur vertretbar und durchsetzbar [20].

3. Zusammenfassung

a) Gebühren für die Konstituierung und Auseinandersetzung des Nachlasses sind Nachlaßverbindlichkeiten im Sinne von § 10 Abs. 5 Nr. 3 Satz 1 ErbStG und bei der Erbschaftsteuer absetzbar, nicht hingegen bei der Einkommensteuer.

b) Die Kosten einer auf Dauer angelegten oder angeordneten Verwaltung des Nachlasses sind kraft ausdrücklicher Gesetzesvorschrift nicht Nachlaßverbindlichkeit und bei der Erbschaftsteuer nicht abzugsfähig. Ob solche Verwaltungskosten Betriebsausgaben oder Werbungskosten im Sinne des Einkommensteuergesetzes darstellen, ist nach der jeweiligen Einkommensart (Gewerbebetrieb, Vermietung und Verpachtung, Kapitalvermögen) getrennt zu untersuchen und nach einkommensteuerrechtlichen Kriterien zu entscheiden.

c) Bei der Errichtung von Testamenten, insbesondere bei der Anordnung von Testamentsvollstreckungen, kann der Berater unter Berücksichtigung der Struktur des Vermögens des Testators und in Beachtung der Rechtsprechung zur steuerlichen Abzugsfähigkeit der Testamentsvollstreckervergütung die gegebenen Gestaltungsmöglichkeiten ausnützen. Dies gilt sowohl bei der Bemessung und Verteilung der dem Testamentsvollstrecker zuzugestehenden Gebühren als auch bei den Richtlinien, die einem Verwaltungstestamentsvollstrecker mit auf den Weg gegeben werden.

---

19 BFH, BStBl 1989, 16.
20 Überblick über den Stand der Auffassungen bei *Kirchhof/Söhn*, EStG § 9 Rdnr. B 731–734; *Schmidt/Drenseck*, EStG 8. Aufl., § 9 Anm. 2 i; *Herrmann/Heuer/Raupach/Prinz*, § 9 EStG Anm. 750, Stichworte „Testamentsvollstreckung" und „Vermögensverwaltung".

Sachregister

Abrechnung, periodisch 82
Administrator 126
Alleinvormund 25
Amtsvormund
 –Haftung 61 f.
Aufwendungen
 –außergerichtliche Beratung 201
 –Grundbesitz 212
 –Hausverwaltung 234
 –Nachlaßpfleger 212
 –pauschaler Ersatz 203
 –Prozeßkosten 234
 –des Testamentsvollstreckers 233
 –Verjährungsfrist 203
 –Verkehrsanwalt 201
 –Vermögensverwalter 200
 –Versicherung 202

Beistandschaft 112
 –Vergütung 209
Bestallungsurkunde
 –Aushändigung 42
 –Funktion 42
Betreuer 25, 29 f.
 –Auswahlkriterien 33
 –Entlassung 44
 –Funktion 38
 –Haftung gegenüber Betreuten 58 f.
 –Lebensversicherungsvertrag 30
 –mehrere 25
 –Miet- und Pachtverhältnisse 107

 –Vertretungsmacht 46
 –Wohnungsauflösung 30, 107

Entlastungserklärung
 –Rechtsnatur 83
 –Schadenersatz 84
 –Verzicht 83 f.
 –Vormundschaftsgericht 84
Ergänzungspflegschaft
 –Erbverzicht des Kindes 110
 –Grundstücksbelastung 110
 –Personengesellschaft 109
Ersatztestamentsvollstrecker
 –Ausländernachlaß 125

Gegenvormund 27 f.
 –Funktion 28
 –Rechenschaftspflicht 28
 –Vergütung 208
Geldverkehrsrechnung 27 f.
Genehmigung, vormundschafts-
 gerichtliche
 –Abtretung von GmbH-Anteilen 105
 –Anhörung 92
 –Auflagen 97
 –Bedingung 97
 –Bestandskraft 98
 –Bürgschaften 107
 –Doppelvollmacht 102
 –Einmann GmbH 105
 –Erbengemeinschaft 105
 –Erfüllungsgeschäft 98 f.
 –Erwerbsgeschäft 104
 –Form 94
 –freiberufliche Praxis 104

249

Sachregister

- Geldanlage 99
- Genossenschaft 106
- Gesellschaftsvertrag 106
- Grundstücksgeschäft 103
- Kausalgeschäft 98
- Kreditaufnahme 106
- Mitteilung der Genehmigung 102
- Nachgenehmigung 95
- Negativattest 96
- Rechtsbehelfe 94
- Rechtsnatur 92
- schlüssiges Verhalten 94
- stille Gesellschaft 105
- Treuhandschaft 106
- Unterhaltsverpflichtung 101
- Verfahren 92 f.
- Verhältnis zum Rechtsgeschäft 94
- Vorgenehmigung 95
- Wertpapiere 103
- Zusammentreffen mit anderen Vorschriften 93, 100

Internationales Privatrecht
- Nachlaßkonkurs 164
- Nachlaßverwaltung 145
- Pflegschaft 124, 125
- Testamentsvollstreckung 196
- Vergütung des Nachlaßpflegers 215

Internationales Verfahrensrecht
- Nachlaßverwaltung 145
- Pflegschaft 124
- Testamentsvollstreckung 198

Mitvormund 25
- ausländischer 26

Mündel
- in Erbengemeinschaft 57

- Haftung für Handeln des Vormunds 38
- Haftung bei Mitverschulden des Vormunds 38 ff.
- höchstpersönliche Rechtsgeschäfte 47
- Vermögensverwaltung 71 ff.

Mündelvermögen
- Abschreibungsgesellschaften 90
- Aktien 89
- Anlagen 85 f.
- Austausch 85
- Bauherrenmodelle 90
- Bestandsaufnahme 85
- Beteiligung 91
- Edelmetalle 86
- Geschäftskauf 91
- Grundbesitz 90
- Grundpfandrecht 87, 90
- Haushaltsführung 86
- landwirtschaftlicher Betrieb 91
- Neuanlagen 86
- Schuldentilgung 86
- Schuldverschreibungen 87
- Steuerzahlungen 87
- Verwaltungsgrundsätze 86 ff.
- Wertpapiere 87
- Zinsen 87

Nachlaßkonkurs 162
- und nach Verwaltung 137, 159

Nachlaßpfleger
- Aufgaben 116
- Arrest 129
- Aufgebotsverfahren 118
- Bilanzerstellung 118
- dürftiger Nachlaß 119

Sachregister

– Erbenermittlung 118, 121 f.
– und Erbschaftsbesitzer 117
– Geldanlage 127
– Gewerbebetrieb 121
– Herausgabe des Nachlasses 127, 131
– Inbesitznahme des Nachlasses 116
– Inventaraufnahme 117
– Nachlaßgericht 126
– Nachlaßverzeichnis 126
– Prozeßkostenhilfe 129
– Schlußrechnung 131
– Sicherungsmaßnahmen 120 f.
– Verwaltungsbefugnis 118
Nachlaßpflegschaft
– Antrag durch Nachlaßpfleger 122
– Aufhebung 130
– Auseinandersetzung des Nachlasses 123
– Ausländernachlaß 124
– Begriff 113
– Beschwerde 124
– Funktion 113 ff.
– Inhalt 113
– Internationales Privatrecht 124
– Internationales Verfahrensrecht 124
– und Nachlaßgläubiger 128
– und Nachlaßkonkurs 132
– und Nachlaßverwaltung 132
– Nachwirkung 131
– Pflegschaften, andere 132
– Prozeßaussetzung 128
– Rentenzahlung 130
– Uneinigkeit unter Miterben 123
– Zuständigkeit 124

Nachlaßverwalter
– Anfechtungsgesetz 146
– Ansprüche des 151
– Aufgaben 145
– Aufrechnung 149 ff.
– Auswahl 139
– Beerdigungskosten 148
– und Erben 155
– Genehmigung von Rechtsgeschäften 152
– Haftung 156, 160
– Herausgabe des Nachlasses 151, 160
– und Nachlaßauseinandersetzung 157
– und Nachlaßgericht 153
– und Nachlaßgläubiger 154
– Verbindlichkeiten 148
– Vergütung, siehe dort
– Vermögensverwaltung 152
– Versilberung 151
– Vollmacht 152
Nachlaßverwaltung
– Anordnung 140 f.
– Antragsrecht 140
– Aufgebot der Gläubiger 134 f.
– Aufhebung 157, 158
– außergerichtlicher Vergleich 135
– Bekanntmachung 143
– Beschwerderecht 142
– Eigenvermögen des Erben 144, 146
– Einrede gegen Verbindlichkeiten 135
– Ende 157
– Grundbuch 145
– Grundsätze 139
– Haftungsbeschränkung 161
– Inventarerrichtung 136
– Kapitalgesellschaft 147

251

Sachregister

– Konfusion 138
– Kostenvorschuß 143
– und Nachlaßkonkurs 137, 159
– Personengesellschaft 141, 147
– Verwaltungshandlungen des Erben 138
– Vollstreckungsmaßnahmen 144
– Wirkung 137
– und Zivilprozeß 143 f.
– Zweckerreichung 158

Pflegschaft
– Abwesenheitspflegschaft 110
– Auswahlgrundsätze 36
– Ergänzungspflegschaft 108 f.
– familienrechtliche 108
– für Leibesfrucht 111
– für unbekannte Beteiligte 111
– Sammelvermögen 111

Rechnungslegung
– Abfluß-, Zuflußprinzip 75
– Allgemeines 71 ff.
– Beschlüsse über Rechnungslegung 79
– Bilanz 76
– Einnahmen/Ausgaben 75
– Handelsgewerbe 76
– Privat- und Geschäftsvermögen 77
– Prüfung durch Vormundschaftsgericht 79
– über Renten 74 f.
– Sachverständige 79
– des Testamentsvollstreckers 192
– Rechtspfleger 41

Schenkungen
– durch Testamentsvollstrecker 183
– durch Vormund 48
Schlußrechnung 81
– und Vergütung 82
Selbstkontrahieren
– in Personengesellschaft 57
– Testamentsvollstrecker 180
– Vormund 52, 55
Sondervormund
– inländischer 26

Testamentsvollstrecker
– Alleinerbe 170
– Aufgaben 190
– Auseinandersetzung unter Miterben 191
– Entlassung 194
– Ernennung 168
– als GmbH-Geschäftsführer 180
– Interessengegensatz zu Erben 195
– Konfliktsituation mit Erben 190
– Kündigung 193
– Mißtrauen der Erben 194
– Nacherben Testamentsvollstrecker 172
– Nachlaßgericht 168
– Persönliche Voraussetzungen 169
– im Prozeß 175
– Rechnungslegung 192
– als Steuerschuldner 242
– als Treuhänder 174
Testamentsvollstreckung
– Abgrenzung 166
– Abwicklungsvollstreckung 181

Sachregister

- Anordnung 166
- Auseinandersetzungsguthaben 186
- Auseinandersetzungsverbot 182
- Beginn 187
- Beschränkungen 170
- Dauertestamentsvollstreckung 188
- Einzelunternehmen 184
- Einziehung 193
- Erbschaftsteuer 241 f.
- Erlöschen 192
- Erweiterungen 170 f.
- GmbH Anteile 187
- Konfusion 174
- Mitgliedschaftsrechte 186
- Nachlaß als Sondervermögen 174
- Personengesellschaften 185
- Pflichtteilsrecht 167
- Schenkung 183

Testamentsvollstreckerzeugnis 177
- Vermächtnis Testamentsvollstreckung 189
- Verwaltungsvollstreckung 184
- Vollmacht 175

Vergleichsverfahren 161
Vergütung des Nachlaßpflegers
- Besteuerung 243
- BRAGO 214
- Festsetzung 214
- Grundsatz 210
- Höhe 211
- Internationales Privatrecht 215
- Kosten 210
- Verfahren 213
- Vertragliche Vereinbarungen 211

Vergütung des Nachlaßverwalters
- Besteuerung 243
- gesetzlicher Anspruch 215
- Höhe 216
- Verfahren 217

Vergütung des Testamentsvollstreckers
- Abschlußgebühr (keine) 221
- Abwicklungsvergütung 220
- Berechnung 222
- Besteuerung 243, 246
- Bestimmung durch Erblasser 219
- Einkommensteuer 246
- Entnahme 236
- Erbschaftsteuer 245
- Ermittlung 221
- Fälligkeit 236
- bei Führungsaufgaben 231
- Grundsatz 218
- Herausgabe der Vergütung bei Zahlung durch Dritte 234
- Konstituierungsgebühr 220 f., 226
- mehrere Testamentsvollstrecker 237
- Mehrwertsteuer 235
- Möhring'sche Tabelle 223 ff.
- Prozentsätze 225
- Rheinisches Notariat 223, 225
- Vereinbarung mit Erben 219 f.
- Vermeintlicher Testamentsvollstrecker 238

Vergütung des Vormunds
- Besteuerung 243
- Ermittlung 204
- fehlerhafte Bestellung 207
- Gegenvormund 208
- gesetzliche Vergütung 206

253

Sachregister

- Umfang des Vermögens 205
- Vermögensverwaltung 205
- vertragliche Abreden 207

Vermögensverwaltung
- Grundsätze 23, 63 ff.
- Nutzungsprinzip 64
- steuerliche Pflichten 239 f.
- Substanzerhaltung 64
- durch Testamentsvollstrecker 191
- Wirtschaftlichkeit 63 f.

Vermögensverzeichnis
- Einkommensquellen 66
- Kosten 67
- Mündelvermögen 65
- Muster 68 ff.
- Wertermittlung 67

Vollmacht
- für Fall der Behinderung 21
- Gattungsvollmacht 49
- Generalvollmacht 49
- Nachlaßverwalter 152
- Testamentsvollstrecker 175
- durch Vormund 49

Vormund
- Ausschlußgründe 35 f.
- Auswahlkriterien 31
- Berufung zum 32 f.
- Bestellung unter Vorbehalt 42
- Entlassung 44
- Haftung gegenüber Mündel 58 f.
- Herausgabe des Mündelvermögens 82
- Interessenkollision
- Kenntnisse 37
- mit Mündel 47, 52
- Pflichten 59
- politische Einstellung 34
- Rechnungslegung 71 ff., 73
- Rechnungslegung über Renten 74 f.
- Rechtsgeschäfte mit Verwandten 52
- Rechtsgeschäfte über Personal- und Realsicherheiten 53
- Rechtsstreit mit Mündel 54 f.
- Religionszugehörigkeit 37, 47
- Schenkungen aus Mündelvermögen 48
- Selbstkontrahieren 52
- Vergütung s. dort
- Verjährung von Ansprüchen gegen 61
- Vertretung (außergerichtlich) gegenüber Mündel 54 f.
- Vertretungsmacht 46
- Vollmachtserteilung durch 49, 51

Vormundschaft
- Ablehnungsgründe 37
- Beginn 30
- Internationales Privatrecht 26
- Minderjährige 26, 29
- Nachwirkungen 84
- Rechtsnatur 22
- Übernahmepflicht 36

Vormundschaftsgericht
- Aufsicht durch 24
- Beratungspflicht 22, 43
- Entlastungserklärung 84
- Haftung 45
- Weisungsbefugnis (keine) 24

Kulturgüter in Privatbesitz

Handbuch für das Denkmal- und Steuerrecht

Von Wirtschaftsprüfer/Steuerberater Dipl.-Kfm. Dr. **Rudolf Kleeberg**
und Ltd. Ministerialrat Dr. **Wolfgang Eberl**
1990, 389 Seiten, Leinen.
ISBN 3-8005-6286-3
Bücher des Betriebs-Beraters

Denkmalschutz und Denkmalpflege sind ein allgemeines Anliegen geworden. In erster Linie ist jedoch der Eigentümer aufgerufen, die in seinem Besitz stehenden Kulturgüter zu pflegen und zu erhalten, soweit es seine finanziellen Mittel erlauben.

Alle Bundesländer haben Denkmalschutzgesetze, doch weichen diese nicht unerheblich voneinander ab. Dr. Wolfgang Eberl nimmt in dem Handbuch erstmals eine vergleichende Darstellung des Denkmalschutzrechts der Bundesrepublik vor, führt dazu eine umfangreiche Rechtsprechung der Verwaltungsgerichte an und gibt zahlreiche praktische Hinweise, um dem privaten Eigentümer das Denkmalschutzrecht verständlich zu machen.

Er bietet zunächst einen Überblick über die geltenden Vorschriften für Denkmalschutz und über die damit betrauten Organisationen, Ämter und Behörden, über die Voraussetzungen sowie die sich daraus ergebenden Pflichten, Nebenpflichten und Rechte der Eigentümer von Baudenkmälern. Die Folgen von Verstößen gegen die Pflichten und die Themen Enteignung und Schutz von Baudenkmälern in Spannungsfällen werden dargestellt.

Da die Förderungsmittel der Denkmalschutzbehörden beschränkt sind, stellen steuerliche Erleichterungen die zweite, unentbehrliche, finanzielle Säule für eine erfolgreiche Denkmalpflege dar. Dr. Rudolf Kleeberg, Wirtschaftsprüfer und Steuerberater, erläutert umfassend anhand der Rechtsprechung der Finanzgerichte und der Verwaltungsanweisungen die den privaten Eigentümer von Kulturgütern betreffenden steuerlichen Sondervorschriften.

Das Handbuch ist unentbehrlich für den privaten Eigentümer von Kulturgütern, für dessen Fachberater (rechts- und steuerberatende Berufe, Architekten, Anlage- und Finanzberater etc.), für Denkmalbehörden, Baubehörden, die Finanzverwaltung und die Verwaltungs-, Finanz- und Zivilgerichte.

**Verlag Recht und Wirtschaft
Heidelberg**

Wertsicherungsklauseln

Von Rechtsanwalt Dr. **Werner Dürkes** unter Mitarbeit
von Rechtsanwalt Dr. **Lothar Feller**.
10., neubearbeitete und erweiterte Auflage 1992.
Ca. 700 Seiten, Leinen.
ISBN 3-8005-1058-8
Bücher des Betriebs-Beraters

Wertsicherungsvereinbarungen, die für Verträge aller Art – mit oder ohne Genehmigung der Deutschen Bundesbank – rechtswirksam getroffen werden können, sollen sozialen Ungerechtigkeiten entgegenwirken.

Der Verfasser zeigt in der Neuauflage des bewährten Standardwerkes – nunmehr in der 10. Auflage – zuverlässig und nach neuestem Stand die verschiedenen Möglichkeiten auf, rechtswirksam Wertsicherungsklauseln zu vereinbaren und weist zugleich auf die mitunter mit solchen Klauseln verbundenen Gefahren hin.

Insbesondere werden die Neuerungen, die sich aufgrund der Weiterentwicklung von Rechtsprechung und Genehmigungspraxis der Deutschen Bundesbank vor allem für die Wertsicherung von Erbbauzinsen, für Kostenelementeklauseln, Ruhegeldvereinbarungen und Geldwertschulden ergeben haben, berücksichtigt.

Die Anzahl der praxisnahen Beispiele ist erneut vergrößert und der Entwicklung der Rechtsprechung angepaßt worden.

Auch die 10. Auflage wird für das gesamte Gebiet der Wertsicherungsklauseln ein unentbehrlicher Ratgeber sein.

**Verlag Recht und Wirtschaft
Heidelberg**